STEFAN SCHWEIGER

PLASTIK.

DER GROSSE IRRTUM

STEFAN SCHWEIGER

PLASTIK.
DER GROSSE IRRTUM

VOM SAGENHAFTEN AUFSTIEG DER KUNSTSTOFFE UND DEM PREIS, DEN WIR HEUTE DAFÜR ZAHLEN MÜSSEN

riva PREMIUM

Bibliografische Information der Deutschen Nationalbibliothek
Die Deutsche Nationalbibliothek verzeichnet diese Publikation in der Deutschen Nationalbibliografie. Detaillierte bibliografische Daten sind im Internet über http://dnb.d-nb.de abrufbar.

Für Fragen und Anregungen
info@rivaverlag.de

Originalausgabe
1. Auflage 2020

Nymphenburger Straße 86
D-80636 München
Tel.: 089 651285-0
Fax: 089 652096

Redaktion: Kerstin Brömer
Umschlaggestaltung: Isabella Dorsch
Umschlagabbildung: itestro/stock.adobe.com
Layout: Pamela Machleidt
Satz: Ortrud Müller – Die Buchmacher, Köln
Druck: GGP Media GmbH, Pößneck
Printed in Germany

ISBN Print 978-3-7423-1013-2
ISBN E-Book (PDF) 978-3-7453-0651-4
ISBN E-Book (EPUB, Mobi) 978-3-7453-0652-1

Bildnachweis: S. 26: Christian Jung/Shutterstock-com; S. 27: Unbekannt/https://wellcomeimages.org/indexplus/image/L0027569.html (CC BY 4.0); S. 29: Public Domain/CC: Agence de presse Meurisse/Bibliothèque nationale de France (gemeinfrei); S. 32: microstock3D/Shutterstock.com; S. 36: Serg64/Shutterstock.com; S. 44: WeStudio/Shutterstock.com; S. 49: ChiccoDodiFC/Shutterstock.com; S. 57: George Burba/Shutterstock.com; S. 61: Public Domain/CC: Unbekannt/http://www.deutsches-kunststoff-museum.de/rund-um-kunststoff/erfinder/leo-hendrik-baekeland/ (gemeinfrei); S. 78: FUN FUN PHOTO/Shutterstock.com; S. 82: ARIMAG/Shutterstock.com; S. 99: Dinga/Shutterstock.com; S. 128: OBprod/Shutterstock.com; S. 161: Picsfive/Shutterstock.com; S. 164: Standard Studio/Shutterstock.com; S. 169: Kanittha Boon/Shutterstock.com; S. 173: ViDI Studio/Shutterstock.com; S. 176: Mr.anaked/Shutterstock.com; S. 182: foto.grafs/Shutterstock.com

Inhalt

Einleitende Worte über 9 Milliarden unsichtbare Tonnen

In einem Team des Kulturwissenschaftlichen Instituts Essen arbeitete ich 2018 an einem Projekt, das den alltäglichen Umgang mit Kunststoffen sowie deren Wahrnehmung und Bewertung erforschen sollte. Wir begannen mit einer Umfrage, um ein Gefühl für die Fragestellung zu bekommen. Dazu saßen wir abwechselnd tageweise in einem Container vor dem Museum Folkwang in Essen. Eine Frage, die wir den Ausstellungsbesuchern stellten, lautete: »Auf welches Produkt aus Kunststoff könnten Sie verzichten?« »Auf alle!«, erklärten manche mit Kunststoffbrille auf der Nase und Smartphone mit geringen Mengen Seltener Erden – jedoch jeder Menge Plastik – in der Hand.

Daraus lernt man etwas über die postmoderne Blindheit für Werkstoffe, insbesondere für den Werkstoff, der unsere Zeit wohl am stärksten prägt: Plastik. In diesem Buch verfolge ich das Ziel, das Material sichtbar zu machen und nachzuzeichnen, wie es dazu kam, dass heute etwa 9 Milliarden Tonnen Kunststoff unseren Planeten überziehen.

Den Siegeszug des Kunststoffs sahen manche schon früh voraus: 1959 ließ der Dramatiker Ezio d'Errico in seinem Stück *Der Wald* einen Professor erklären: »Nach der Steinzeit und der Eisenzeit leben wir jetzt im Zeitalter der Kunststoffe.« 1967 erhielt der junge Ben, gespielt von Dustin Hoffman, im mit Preisen überhäuften Film *Die Reifeprüfung (The Graduate)* den Rat, sich beruflich auf Kunststoffe zu konzentrieren: »There's a great future in plastics.« Die Zukunft ist eine Projektion ins Ungewisse aufgrund einer Analyse der Vergangenheit. Die Kunststoffe hatten zu dem Zeitpunkt bereits eine lange Geschichte hinter sich. In den Fünfziger- und Sechzigerjahren befand man sich schon mitten im Plastikzeitalter und trotzdem wunderte man sich noch über die Möglichkeiten dieses vom Menschen selbst geschaffenen Stoffes. Was sind Kunststoffe nur für seltsam-mystische Werkstoffe, welche die Menschen als »Wunderstoff« (Mark Miodownik) faszinierten, bald für Rohstoffautarkie sorgen sollten, die nach den zwei Weltkriegen Massenkonsum ermöglichten, deswegen bald als Ausweis für billigen Geschmack fungierten und schließlich zum Gefahrgut für Mensch und Umwelt avancierten? Den Spuren dieses Materials will ich in diesem

Buch folgen. In kurzen Episoden wird die wechselvolle Mensch-Kunststoff-Beziehung nachgezeichnet und gezeigt, weshalb der Mensch die Plastikgeister, die er rief, nicht mehr loswird.

Vor Projektstart habe ich mich kaum um Kunststoffe gekümmert. Ich bin Politikwissenschaftler und Kulturanthropologe und wusste kaum etwas über die chemische Zusammensetzung der Kunststoffe, die ich tagtäglich benutze. Mir wurde klar, wie sehr Bruno Latour mit den Thesen seines Buches *Die Hoffnung der Pandora* den wunden Punkt des Menschen im Umgang mit den Dingen trifft: »Die Tiefe unserer Ignoranz gegenüber Techniken ist abgründig«, schreibt Latour. Ich selbst habe über Kunststoffe und ihre Rolle in meinem Alltag und unserer Welt bis vor einigen Jahren gar nicht nachgedacht. Wo befindet sich das Gummi meines abgefahrenen Reifens? Es war mir nicht einmal egal. Es existierte für mich überhaupt nicht als Fragestellung. Ich hatte das abgeriebene Material überhaupt nicht auf dem Schirm. Das meint Latour mit abgründiger Ignoranz. Abgefahrene Reifen existierten für mich nur extrem einseitig, als Kostenfaktor meiner Individualmobilität. Ich hatte einfach nur Angst vor den Reifenprofil messenden Ordnungshütern. Die Fragestellung nach dem Ort des abgefahrenen Gummi meines Autoreifens entfesselte meine intrinsische Motivation. Ich wollte mich näher mit Plastik auseinandersetzen. Ich wollte dasjenige sichtbar machen, was mir jahrelang verborgen geblieben war, obwohl – oder vielmehr weil – Plastik uns ganztägig umgibt und sogar noch in der Nacht nützlich ist. Auf welche Weise, wird später noch zur Sprache kommen (Kapitel 22).

Um dem Kunststoff-Mensch-Verhältnis auf die Schliche zu kommen, wollte ich die Spuren nachzeichnen, die Plastik in der Welt der Menschen gezogen hat und die wir bis vor Kurzem – wie den Wald vor lauter Bäumen – kaum erkennen konnten. Doch nun kehren die Kunststoffe als Plastikmüll zu uns zurück. Es steigt die Ahnung in uns hoch, dass die Zivilisation einem werkstofflichen Irrtum erlegen sein könnte. Aus der Natur scheint zurückgeworfen zu werden, was die Menschen jahrzehntelang in sie hineingeworfen haben. Kann es auf der anderen Seite aber auch sein, dass wir uns damit irren, dass die Kunststoffe das angeblich größte Umwelt- und Gesundheitsübel unserer Zeit darstellen? Ein Windrad einer stromerzeugenden Windkraftanlage hat Flügel aus Kunststoffen, ein Auto ohne Kunststoffe bringt zwangsläufig mehr Gewicht auf die Waage und hat folglich einen höheren Kraftstoffverbrauch und ohne künstliche Ersatzstoffe hätten Tiere wie der Elefant oder die Schildkröte niemals bis heute überlebt. Bei der Nachverfolgung der zahlreichen Irrtümer, die uns Menschen in die augenblickliche Situation gebracht haben, kann ich Latour nur zustimmen, wenn er schreibt, dass es »eine völlige Illusion« sei, »zu glauben, wir könnten die Technik beherrschen. Im Gegenteil, wir sind in dieses Gestell eingespannt« und irren immer weiter in der Hoffnung, uns immer besser zu irren und dadurch immer besser zu scheitern.

Irrungen, Wirrungen, Zufälle, Irrtümer, bahnbrechende Erfindungen, Vorurteile, Dystopien, Utopien und so manche Experimente, die zu teils erstaunlichen, teils skurrilen, teils gefährlichen und teils zu gar keinen Ergebnissen führten, möchte ich in diesem Buch vorstellen. Doch zunächst möchte ich eine Antwort auf die Frage versuchen, was denn Plastik eigentlich sei.

1. Was war und ist Plastik eigentlich?

Ich hatte als Schüler große Probleme, zu verstehen, was genau denn nun ein künstlicher Stoff sein soll. Mir kam das vor wie eine intellektuelle Einbildung, auch wenn ich es damals sicher nicht so formuliert habe. Schließlich stammt alles aus unserer Umwelt und letztlich doch aus der Natur. Und selbst wenn der Stoff nicht aus der nahe liegenden Umwelt kommen sollte, wird er deshalb doch nicht gleich künstlich. Mondgestein ist extraterrestrisch, aber doch nicht unnatürlich oder gar künstlich. Wie kann es Stoffe geben, die sich definitorisch außerhalb des Natürlichen bewegen? Vielleicht bieten die Definitionsversuche, der Herstellungsprozess und die aktuellen Konnotationen, die beim Wort »Plastik« mitschwingen, eine Antwort auf diese Frage.

Es gibt – Stand 2018 – laut dem Fraunhofer Institut UMSICHT mit Sitz in Oberhausen (Nordrhein-Westfalen) etwas mehr als 15 000 unterschiedliche Kunststoffe unter etwa 25 000 unterschiedlichen Handelsnamen. Diese schon horrend erscheinende Vielfalt steigert sich noch mit einer Vielzahl von Additiven, die man während des Herstellungsprozesses hinzufügen kann, um bestimmte Eigenschaften für spezielle Zwecke zu erhalten. Sogenannte Slip-Additive zum Beispiel sorgen bei Polyolefinfolien für eine Verringerung des Gleitreibewertes. In der Praxis zeigt sich dies bei Schrumpffolie, wie sie tagtäglich in Lagern über Gitterboxen gestülpt wird und die durch die Slip-Additive nicht wie bei der Frischhaltefolie in unseren Küchen ständig an sich selbst festklebt. Additive sorgen also für verbesserte Eigenschaften, haben jedoch ein stoffliches Eigenleben und in der Regel mehr Eigenschaften als diejenigen, die die Qualität und damit Verkäuflichkeit des Kunststoffprodukts erhöhen. Berühmt wie berüchtig ist das Additiv Bisphenol A, das sich unter anderem als Weichmacher zum Beispiel in Babyschnullern findet und unter dem starken Verdacht steht, bei Männern die Spermienzahl zu reduzieren, und das auch für Frauen keine gesundheitsförderliche Wirkung zu haben scheint. In der Wissenschaftsgemeinde anerkannte Studien, die das reliabel und valide untermauern, stehen jedoch noch aus. Bei Kunststoffen muss man also zwischen dem Kunststoff selbst und den Additiven differenzieren.

Problemlösung beginnt stets mit Problemdefinition und definieren bedeutet differenzieren. Nichtsdestotrotz bleibt Vorsicht die Mutter der Porzellankiste. Prävention besteht darin, dass man bei (Noch-)Nichtwissen erst mal vorsichtig ist. Gemeinhin wird dies als Vorsorgeprinzip bezeichnet. Das hätte der Menschheit beispielsweise bei der Atomkraft viel Leid und Jahrtausende von immensen Problemen erspart. Was da als kostengünstige Lösung aller Energieprobleme präsentiert wurde, zieht Lagerkosten in astronomischer Höhe nach sich.

Grammatisch stellt sich beim Wort »Plastik« das Problem, dass man von diesem Wort im Deutschen keinen anständigen Plural zu bilden vermag. Plastiken sucht man in Museen und Ausstellungen, bedauert aber nur selten deren Vorkommen im menschlichen Stuhl oder im Bier. Der frühe Plastikexperte Richard Escales (1863–1924) hat seine seit 1911 erscheinende Fachzeitschrift folgerichtig nicht *Plastik*, sondern *Kunststoffe* genannt und als besonders eingängigen Untertitel »Zeitschrift für Erzeugung und Verwendung veredelter oder chemisch hergestellter Stoffe mit besonderer Berücksichtigung von Kunstseide und anderen Kunstfasern, von vulkanisiertem und devulkanisiertem (wiedergewonnenem) und künstlichem Kautschuk, Guttapercha usw., sowie Ersatzstoffen von Zellhorn (Zelluloid) und ähnlichen Zellstofferzeugnissen, von künstlichem Leder und Ledertuchen (Linoleum), von Kunstharzen, Kaseinerzeugnissen usw.« gewählt. Escales hat versucht, Kunststoffe durch Aufzählung zu definieren, woran man aufgrund der Menge schon damals scheiterte. Kunststoffe galten zu Beginn des 20. Jahrhunderts als Ersatzstoffe. Der Kunststoffexperte Hans Sichling brachte dies für Kunstleder auf den Punkt: »Fragen wir uns nun, was man unter Kunstleder ganz allgemein versteht, so läßt sich nur sagen, daß es eben ein Produkt ist, das an Stelle von echtem Leder verwendet wird.« Sichling ist keine Ausnahme: Unter Kunstharzen verstand der Würzburger Professor Max Bottler in der Begriffsdiskussion der frühen Ausgaben von Escales' Zeitschrift »künstlich erzeugte Harzprodukte [...], welche in ihren Eigenschaften den natürlichen Harzen möglichst nahe kommen und hauptsächlich dazu bestimmt sind, natürliche Harze zu ersetzen«. Kunststoffe führten damals also ein Dasein als *zweite Wahl* und ihre Eltern hießen Not und Mangel. Ganz ablegen konnten die Kunststoffe dieses Image nie, auch wenn die Kunststoffexperten und -produzenten dies immer wieder versuchten.

Bereits zum 25. Jubiläum der Zeitschrift *Kunststoffe* wollte man die neuartigen Werkstoffe vom Dasein als Plan B emanzipieren. Es hieß in der sich selbst feiernden Jubiläumsausgabe, dass »aus den ursprünglichen Ersatzstoffen [...] neuartige, selbständige Werkstoffe [wurden], die ihre Vorbilder kraft ihrer hervorragenden Eigenschaften [...] für spezielle Anwendungsbereiche überflügelten und die zuletzt zur ausschließlichen Verwendung kamen«. Der Leiter der Fachgruppe Kunststoffe der Wirtschaftsgruppe Chemische Industrie und Direktor der Internationalen Galalith-Gesellschaft Hoff & Co. wandte sich in einem Leserbrief an die Fachzeitschrift und forderte, dass Kunststoffe »eine Gattung für sich bilden« und nicht länger »als sogenannte Ersatzstoffe angesehen werden dürfen«.

Ausgerechnet die Faschisten sprachen dann die Kunststoffe von ihrem Image als bloße Ersatzwerkstoffe frei. Der Grund dafür ist in politökonomischen Vorhaben der NSDAP zu finden. Die nationalsozialistische Führung wollte von anderen Staaten unabhängig sein und strebte eine rohstoffautarke deutsche Nation an. Daher unterstützte sie die Forschung zu Kunststoffen bereits kurz nach der Machtübernahme der NSDAP bis zur totalen Niederlage im Mai 1945. Es war durchaus politisch gewollt, dass Kunststoffe den Makel des bloßen Ersatzstoffes ablegen und zu eigenständigen Werkstoffen promoviert werden sollten und fortan als *deutsche* Kunststoffe zu gelten hatten.

Nach dem Zweiten Weltkrieg stand der Fertigungsprozess im Vordergrund der Definition und nicht die Frage, ob Plastik etwas ersetzen solle – und falls ja, was. Bis heute unterscheidet man zwischen vollsynthetischen und halbsynthetischen Kunststoffen, wobei heutzutage 99 Prozent der Kunststoffe aus Erdöl produziert werden und als vollsynthetisches Plastik zu definieren sind. Vollsynthetisch hergestelltes Bakelit war zwar schon recht früh bekannt, dennoch wurden Kunststoffe in der Frühzeit des Plastikzeitalters noch immer vor allem aus Milch, Leinöl, Blut, Knochen, Schießbaumwolle und anderen natürlichen Ausgangsmaterialien unter Hinzugabe weiterer Bestandteile wie Formaldehyd gewonnen.

Vollsynthetisches Plastik wird durch Polyreaktionen gewonnen. So nennt man die Synthesereaktion von Monomeren mit Monomeren mit dem Ergebnis eines polymer aufgebauten Makromoleküls. Das ist kein Mischen wie bei einem Cocktail. Der neu entstandene Stoff hat erstens neue Eigenschaften und kann zweitens nicht mehr in seine

Ausgangsbestandteile zerlegt werden. Einen Oldfashioned oder Manhattan könnte man im Labor unter großen Mühen in seine einzelnen Bestandteile zerlegen. Mischt man aber in der Badewanne kalt gewordenes Wasser mit heißerem, dann wird die Trennung des kalten und des warmen Wassers unmöglich. Dieses Badewannenphänomen nennt man Entropie. Bei der Synthesereaktion ist in ähnlicher Weise irreversibel etwas Neues entstanden, etwas Künstliches, ein anthropogenes Polymer.

Kunststoffe sind *die* Materialien des Anthropozäns, des Zeitalters, in dem vorrangig der Mensch der Erde seinen Stempel aufdrückt und das Holozän ablöst. Dieser Stempel wird für sehr lange Zeit sichtbar bleiben. Materialwissenschaftler vom Fraunhofer Institut schätzen, dass manche Kunststoffe sich in der Umwelt erst in 2000 Jahren vollständig biologisch abgebaut haben werden. Mehr als Schätzungen zu den Abbauzeiten kann die Wissenschaft noch nicht vorweisen. Klar scheint bislang nur: Es dauert sehr lange, bis Kunststoffe in der Natur abgebaut werden. Äußerst lange. Das ist der lange Arm des Plastiks, den auch der kurze Arm eines Legomännchens haben kann.

Nach den Entbehrungen der beiden Weltkriege hatte man für solche Problemstellungen noch keinen Blick. Die Menschen waren geradezu berauscht von den Möglichkeiten des Kunststoffs. Der französische Strukturalist Roland Barthes (1915–1980) sprach – vielleicht die Definitionsverschiebung bewusst erkennend – in den 1950er-Jahren von Plastik als einer »alchemistischen Substanz«, deren Geheimnis nicht allein im Wettbewerbsvorteil durch kostengünstigere und von ausländischen Märkten unabhängige Produktion liegt. Dieser Umschreibung nach war also mit dem Werkstoff Plastik ein Zauber verbunden. Und tatsächlich haben nüchterne Wissenschaftler das geschafft, was Alchemisten im Mittelalter verzweifelt versuchten: Aus einem Stoff von geringem ökonomischem Wert einen Stoff von hohem Nutz- und Marktwert zu erzeugen. Gold war es keins, aber dessen Wert wäre ohnehin durch eine mögliche Massenproduktion schnell gefallen. Entwickler und Wissenschaftler rücken in der Nachkriegszeit stärker in den Vordergrund, werden zu stereotypen Figuren, ähnlich wie unser heutiger Blick auf die Alchemisten des Mittelalters. So nennt Barthes in seinem Buch *Mythen des Alltags* sogar den einfachen Arbeiter mit Schirmmütze, den er bei der Bedienung einer Maschine auf einer Messe beobachtet hat, »halb Gott, halb Roboter«.

Barthes hat die Widersprüchlichkeit der Plastikwelt früh erkannt. Durch den günstigen und leicht formbaren Werkstoff meinen die Menschen, reich wie die Götter leben und die Welt nach ihrem Gusto formen zu können. Dabei stehen sie doch nur an Fließbändern und produzieren tagein, tagaus das gleiche, größtenteils unnötige Zeug mit den ewig gleichen Handgriffen. Während die Menschen eine Welt aus Kunststoffen formen, formt der Kunststoff ebenso ihre tagtäglichen Praktiken. Ohne Kunststoffe kein Coffee-to-go-Becher, keine Textmarker, kein Ablecken von Briefmarken, kein sympathischer Schuhtick, kein kunstseidenes Mädchen (Roman aus dem Jahre 1932 von der 1982 verstorbenen Irmgard Keun), kein männlicher Nylonstrumpffetisch, kein Tischtennis und keine Ü-Ei-Überschwemmung auf Langeoog. Auf die Überraschung am Strand dieser deutschen Insel werden wir noch zu sprechen kommen, ganz ohne Spannung, Spiel und Schokolade.

Kunststoffe haben unseren Alltag auf wundersame Weise verändert. Barthes nannte die Produkte, die aus Kunststoffen hergestellt werden können, ein Wunder. Doch hinter dem berauschenden Wunder stecken nüchterne Materialwissenschaft und die Verlockung, durch Investitionen aus Kapital mehr und immer mehr Kapital zu machen. Doch die Möglichkeiten, die materielle Kulturwelt so zu formen, wie man möchte, ließ auch die Wissenschaftler selbst in einem alten und doch neuen Glanz erscheinen. Die 1935 gegründete und per Satzung eng an die nationalsozialistische Ideologie gebundene »Fachgruppe Kunststoffe der Wirtschaftsgruppe Chemische Industrie« hatte zur Zeit ihrer Gründung die Telegrammadresse »Alchimie 13«.

Mit der beginnenden Umweltbewegung richtete sich der Blick auf Kunststoffe ab den 1970er-Jahren verstärkt auf das Fortexistieren des Kunststoffes nach dem Ende seiner Nutzungsphase. Diese Sichtweise war vollkommen neu. Zuvor hatte die Erde als eine unendliche Senke gegolten, quasi als Lokus, den man unendlich mit Unrat füllen kann. Mehr noch: Man dachte nicht mal darüber nach, dass die Erde eine Senke sei. Es war nicht nur fehlendes Wissen, sondern eine fehlende Fragestellung. In der Wissenschaft bezeichnet man solche (Un-)Wissenskonstellationen als *unknown unknowns*. Zudem hatten die Menschen die Erde als Widerpart empfunden, den sie durch ihre Kultur niederzuringen hätten. Francis Bacon (1561–1626) brachte dies durch seinen Ausspruch »Wissen ist Macht« auf den Punkt. Der Philosoph Bacon ging davon aus, dass der Mensch seine Welt durch eigene Anschauung verstehen kann und dass die Erde mithilfe dieses Wissens durch den Menschen beherrscht werden kann. Es ging Bacon nicht um die Macht von Menschen über Menschen, sondern um die Macht des Menschen über die Natur, die Nutzung der Möglichkeiten, die die Natur uns bietet, als auch die Zähmung ihrer Gewalt.

Plastik brachte eine neue Möglichkeit, die Bacon nicht auf seiner Rechnung hatte und auch nicht haben konnte: die vermeintliche Verabschiedung des Menschen von der Natur; gleichsam ein Ende des Kampfes gegen die Natur. Durch die Existenz vollsynthetischer Kunststoffe konnte sich die Menschheit von der Natur lossagen. So dachten die Menschen damals oder zumindest verhielten sie sich so, als würden sie das denken.

Die Frage danach, was Plastik denn nun sei, wurde über einen Zeitraum von mehr als 100 Jahren sehr unterschiedlich behandelt. Vom Ersatzstoff für Naturprodukte wurde es zum Material, das Massenkonsum ermöglichte, um schließlich aufgrund des an Wert verlierenden symbolischen Kapitals als Billigware abgetan zu werden. Mit dem ersten Bericht des 1968 gegründeten Club of Rome bröckelte die Fantasie, ein unendliches Wirtschaftswachstum auf einem endlichen Planeten generieren zu können. Es folgten Ölkrise, die Tankerhavarie der Torrey Canyon und das Ende des Bretton-Woods-Systems. In dieser Gemengelage erblühte erst zart die Umweltbewegung und tat dann immer lautstärker ihre Plastikablehnung mit »Jute statt Plastik« kund. Diese Kunststoffablehnung war aber stets an ein bestimmtes und bestimmbares Milieu in der Zivilgesellschaft gebunden. Erst seit der Entdeckung des Mikroplastiks im Jahr 2004 und der damit verbundenen Gefahr für Leib und Leben des Menschen bekam das Plastikproblem einen politischen Rang, der Forschungsgelder mit sich bringt. Politisch ist Plastikmüll nämlich ein konfliktarmes Wohlfühlthema. Von links bis rechts, vom Leiharbeiter bis zum Vorstandschef, Klein und Groß, Alt und Jung, niemand findet Plastik in der Umwelt gut, nicht mal der Kunststofflobbyist. Der Kunststofflobbyist möchte, dass sich möglichst viel Plastik im Einkaufswagen der auf Konsumenten reduzierten Bürger befindet. Anschließend findet er selbst bei der Entsorgung noch Möglichkeiten, aus dem Kapital seiner Geld- und Auftraggeber über Recycling noch mehr Kapital zu machen. Deswegen soll der Konsument nach Konsum seinen Joghurtbecher ausspülen und richtig sortieren, quasi unbezahlte Vorarbeiten für die Recyclingindustrie leisten.

Plastikmüll ist ein Rohstoff und damit auch ein Handelsstoff. Alle Lastkraftwagen, die ein großes A auf ihrem Heck prangen haben, fahren nichts als Abfall durch die Gegend. Das machen die nicht nur aus Jux und Tollerei. Daran verdient jemand Geld.

Vom segensreichen Werkstoff bis zum Killer gab es viele Sichtweisen auf Plastik. Für dieses Buch gilt, dass Kunststoffe jeweils das sind, als was sie in der jeweiligen Periode begriffen wurden. Zunächst folgt eine Unterscheidung zwischen synthetischen und halbsynthetischen Kunststoffen und anschließend das erste Rezept für einen halbsynthetischen Kunststoff, das uns ein bayerischer Mönch hinterlassen hat.

2. Halbsynthetische Kunststoffe: natürlich und künstlich

Die Menschheit produzierte lange Zeit nur sogenannte halbsynthetische Kunststoffe, also Plastik, welches größtenteils aus natürlichen, nachwachsenden Materialien produziert werden kann. Heute nennt man sie oft verkaufsfördernd Biokunststoffe, was Umweltfreundlichkeit suggeriert, die aber nicht in jedem Fall eingehalten werden kann. Tabak ist analog dazu auch ein nachwachsendes Naturprodukt, doch die Inhaltsstoffe sind weder in Lunge noch im Gebirgsbach mit positiven Effekten verbunden – und bei halbsynthetischen Kunststoffen besteht in der Regel nur ein Teil aus nachwachsenden Rohstoffen, während ein anderer Teil aus Laboratorien stammt.

Zu Beginn des Plastikzeitalters gab es nur halbsynthetische Kunststoffe. Kunststoffe entsprangen in der industriellen Praxis der noch in den Kinderschuhen steckenden Plastikära dem Bedürfnis, auch aus Abfällen noch ökonomischen Wert zu pressen. Der Umweltschutz spielte dabei keine Rolle, sondern allein unternehmerische Vernunft. Diese Form von Vernunft, die von stetem Mangel und steter Not ausgeht, aber den Himmel an Unternehmensgewinnen verspricht, erzeugte anscheinend Kreativität. Gerade nach dem Ersten Weltkrieg und der horrenden Inflation infolge des weltweiten Konjunktureinbruchs der Jahre 1921 und 1922 mahnten viele Experten, Abfallstoffe als Wertstoffe anzusehen und als Werkstoffe zu nutzen. Dazu boten sie reichlich kreative Vorschläge. »Das Blut des geschlachteten Tieres wird mittelst eines trichterartigen Messers aufgefangen und restlos in einen Behälter geleitet. Gleich am Schlachtort wird Formaldehyd zugesetzt. [...] 100 l Blut ergeben etwa 14 kg Trockenmasse, die in Form zackiger, kleiner Koksstückchen erscheint.« Mit Blutkunststoff wollte der Autor dieses hier zitierten Artikels der Zeitschrift *Kunststoffe* die deutsche Knopfindustrie retten, die vor allem durch italienische Mitbewerber unter Druck geriet. Ein anderer Autor befand, es sei »eine ungeheure Verschwendung volkswirtschaftlich wichtiger Werte, wenn man bedenkt, daß Blut genau denselben Prozentsatz an Eiweiß und Nährwerten besitzt wie bestes Fleisch. [...] Eine solche Verwertung [...] erfordert der Neuaufbau des Volkes und der Industrie.«

Verschwendung wurde damals als tatsächlich materielles Problem verhandelt, nicht wie heute als Wachstumsmotor der Wirtschaft oder Hipster-Lifestyle. Heute haben wir kein Input-Problem. Alles scheint auf ewig überall zu haben zu sein. Manchmal frage ich mich – beim Gang durch den Supermarkt –, wo nur all das ganze Zeug herkommt. Wo damals materielle Probleme herrschten, ist die Kritik an Verschwendung Teil einer postmaterialistischen Haltung. Kapitalistische Verhältnisse ordneten jedoch damals schon Produktion und Distribution von Waren. Es wurde von den Kaufleuten nach Möglichkeiten gesucht, am Kunststoffboom teilzuhaben. Firmen wie Lehmann & Voss & Co. aus Hamburg vertrieben das sogenannte Blutmehl zur Kunststoffherstellung. Es werden auch Verfahren beschrieben, wie man aus Sojabohnen oder Holz Kunststoffe gewinnen kann. Mit Abfällen aus Zelluloid, Stearinpech, Asphalt, Teerölen und Baumwolle, die im rechten Verhältnis gemischt werden, erhält man laut Patent der Firma Franz Goertz, die eine Fabrik für Schuhputzpräparate betrieb, eine Ausfüllmasse für Schuhwerk. Aus Frankreich stammte 1934 der Vorschlag, aus Rinderknochen Knochenleim herzustellen und daraus Schaufensterpuppen zu fertigen.

Jeder Nationalstaat suchte in den 1930er- und 1940er-Jahren, aus heimischen Rohstoffen Kunststoffe zu fertigen. Während sich die Vereinigten Staaten von Amerika bereits auf die Produktion von Plastik aus Erdöl fokussierten, setzte Brasilien 1940 auf den Versuch, plastische Massen aus Kaffeebohnen herzustellen. Der deutsche Forscher Herbert Köhle soll laut Informationen der deutschen Zeitschrift *Kunststoffe* aus dem Jahr 1940 solche Ideen schon Jahre zuvor gehabt haben. Doch aus Zeiten des Dritten Reiches sind Quellen, die Deutsche als schlauer, schneller und besser als Angehörige anderer Nationen darstellen, mit höchster Vorsicht zu genießen.

Solche Ideen werden heute wieder aufgegriffen: Die Hochschule Hannover forscht zur Herstellung von Kunststoffen aus Kaffeesatz. Sollte das gelingen, könnte Starbucks zu einem neuen Rohstofflieferanten für Kunststoffhersteller avancieren. Im Moment verschenken manche Filialen dieses weltumspannenden Konzerns mit den skurrilen Kaffeespezialitäten ihren Kaffeesatz als Gartendünger. Auch aus dem Mehl von Sojabohnen wollte man Phenolharz-Pressmassen herstellen. Insbesondere die gute Färbbarkeit des Materials hob man dahingehend hervor. Heute gilt die Ernährung mit Sojaprodukten als besonders klimaschonend. Jedoch landet Soja in der Hauptsache in Futtertrögen und zu selten auf Tellern. Zudem verbraucht der Sojaanbau Flächen, die dann nicht mehr Bäumen zur Verfügung stehen, die als Gratisdienstleistung der Natur CO_2 abbauen. In der Kunststoffproduktion sind die verwendeten Mengen kaum relevant, was sie aber nicht von den Umweltsünden losspricht. Wir sind mit der globalen Erwärmung an einem Punkt angelangt, an dem bald jeder dürre Baum zählt.

Während des Zweiten Weltkrieges war die deutsche Forschungsszene nahezu panisch auf der Suche nach Möglichkeiten zur Produktion neuer Kunststoffe. Die Forschungen zur Herstellung von Kunstfasern aus Meeresalgen beispielsweise scheiterten jedoch an der sich ständig verändernden Zusammensetzung von Meeresalgen bei sich verändernden Witterungsverhältnissen. Allein zur Frühjahrszeit erschien es möglich, die richtige Zusammensetzung zu erhalten. Da aber auch dies zu unsicher war, unterließ man weitere Forschungsanstrengungen auf diesem Gebiet. Auch hier versuchen heute Pioniere der Biokunststoffe Fuß zu fassen. Dem Franzosen Rémy Lucas gelingt, was den Deutschen zur Zeit des Naziregimes nicht gelang: die Herstellung von Biokunststoff aus Algen. Der Sohn von Algenzüchtern vertreibt inzwischen Verpackungen, die er an Großbäckereien ausgibt, zudem produziert er Strandspielzeug für Kinder. Doch der niedrige Kohlenhydratgehalt der Algen lässt Experten daran zweifeln, ob diese Idee sich wirklich trägt. Mehr als Füllmaterial werden sie kaum bieten können.

Essen könnte man die Algen auch. Wenn es ums Essen geht, werden die Menschen schnell moralisch. Kein Wunder, denn über 40 000 Jahre war der volle Magen eines der Hauptthemen der Menschen. Heutzutage entspinnt sich die Debatte meist am Mais: Tank oder Teller, lautet hier die Frage. Journalisten und Autoren greifen dieses Thema nur zu gern auf, weil sie damit eine Nähe zum Leser herstellen können. Die Leser kann man deshalb so gut einfangen, weil die Beifahrer im Individualverkehr auf den Land- und Bundesstraßen oft minutenlang in Maisfelder hineinträumen können. Kritiker sprechen gar von einer Vermaisung der Landschaft. Man diskutiert in diesen Texten die moralisch aufgeladene Frage, ob man aus Mais Bioethanol gewinnen sollte, um diesen als Kraftstoff für die Individualmobilität zu nutzen, oder ob man damit die Hungernden in der Welt ernähren sollte. Statistisch gesehen ist es zwar inzwischen wahrscheinlicher, dass man aufgrund von

Fettleibigkeit frühzeitig den Plastiklöffel abgibt, aber das hilft dem einzelnen Hungernden auch nicht weiter. Dort, wo noch Hunger grassiert, erscheint es unangebracht, grobschlächtige Statistiken zu zitieren, während man sich Formfleisch von Tieren aus Massentierhaltung zwischen zwei Industriebrötchenhälften einverleibt. Die Debatte könnte man also auf die Alternativen Tank, Plastikteller oder Essen ausweiten. Aus Mais lässt sich schließlich auch Plastik gewinnen. Während des Zweiten Weltkrieges konnten die deutschen Kunststoffspezialisten nur spekulieren, wie die Amerikaner das anstellten und wie sie zu ihren damals sogenannten Mazeín-Kunststoffen gelangten.

Auch heutige Biokunststoffe werden aus Mais hergestellt. Die Tatsache, dass sie aus nachwachsenden Rohstoffen hergestellt werden, bedeutet jedoch erstens nicht, dass diese in der Umwelt besser abgebaut werden können, und geht zweitens damit einher, dass dafür Landfläche aufgebracht werden muss, die nicht anders genutzt werden kann, und dass womöglich Waldflächen für den Anbau gerodet werden müssen. Drittens bedeutet dies, dass der Austrag von Pestiziden notwendig wird, möchte der Maisbauer auf dem Markt konkurrenzfähig bleiben, und viertens schlicht und ergreifend, dass es moralisch durchaus fragwürdig ist, potenzielle Nahrungsmittel zu Kinderspielzeug zu verarbeiten, solange auf dieser Erde noch Kinder hungern. Es ist eine politische Frage, die jedoch viel zu wenig politisch geführt wird. Stattdessen wird sie an die Kassen der Warenhäuser und Supermärkte sowie immer mehr an die Bestellsysteme im Internet delegiert. Demokratie soll man inzwischen wohl mit dem Geldbeutel erledigen. Für mich ist das eine komische Vorstellung. Soll man denn nun auch Heroin erlauben in dem Glauben, dass die Zahl der Nachfrager mit gutem Zureden schon abnehmen werde? Die westlichen Gesellschaften sind bevölkert von Plastikjunkies und auch ich tippe gerade auf Plastiktasten mit Blick auf einen Plastikmonitor, gekleidet in Polyester werde ich gleich einen Schluck stilles Mineralwasser aus einer Plastikflasche trinken. Prost.

Halbsynthetische Kunststoffe lassen manche Ekel empfinden, wenn sie sich vorstellen, dass die Verpackung ihres Duschgels aus Blut- und Knochenmehl gefertigt wurde. Positiv bewerten dagegen viele, dass hier die Pole Kultur und Natur miteinander verknüpft werden. Halbsynthetische Stoffe wirken natürlicher, dadurch sympathischer, und erhalten auf diese Weise ein Image von Nachhaltigkeit und Ursprünglichkeit. Nichtsdestotrotz hat man es auch bei halbsynthetischen

Kunststoffen mit Kunststoffen zu tun, auch wenn die Füll- oder auch Werkstoffe aus Pflanzen, Tieren oder schnödem Abfall gewonnen werden.

Während des Zweiten Weltkrieges wurden die halbsynthetischen Kunststoffe Heimstoffe, seltener auch Sparstoffe genannt. Sie sollten den Nachschub für die deutsche Wehrmacht sichern. Heute sollen sie uns vor einer Verschlimmerung der selbst verschuldeten Ökokrise retten. Das eine hat nicht funktioniert. Das andere wird wahrscheinlich auch nicht funktionieren. Der Blick in die Zukunft ist jedoch immer voll glänzend schimmernder Potenzialität. Jede Idee erscheint als Zukunftsfantasie vielversprechender, als ihre Umsetzung dann hergibt, vor allem, weil im Rausch der ersten Idee, des ersten Prototyps die Nebenwirkungen der Innovation noch gar nicht überblickt werden können. Kurz gesagt gilt der alte Spruch: »Prognosen sind schwierig, vor allem, wenn sie die Zukunft betreffen.«

Für eine nüchterne Zukunftsprognose hilft daher vielleicht ein Blick zurück in Zukunftsvorstellungen früherer Jahre. Der amerikanische Genforscher Chris Somerville wird im Magazin *DER SPIEGEL* im Jahr 1995 als »Prophet eines neuen Biozeitalters« gefeiert, da er zu zeigen vermochte, dass aus Zuckerrüben Plastik hergestellt werden kann. Ausgerechnet aus Zuckerrüben, einer Kulturpflanze, die sich der Mensch aus der Wilden Rübe *(Beta vulgaris)* herangezüchtet hat. Wo endet hier das vom Menschen aus der Kultur heraus definierte Natürliche und wo beginnt die Künstlichkeit? Im Jahre 1997 war sich der Danone-Geschäftsführer Bernard Hours sicher, dass in »zehn Jahren [...] die gesamte Milchindustrie ihre Produktion auf naturnahe Verpackungen umgestellt« haben würde. Nun sind mehr als zwanzig Jahre vergangen und die große Mehrheit der Joghurtbecher wird nach wie vor nicht aus halbsynthetischem Material hergestellt. Selbst wenn das der Fall wäre, dann wäre der Nutzen, gemessen an einer Ökobilanz, gar nicht geklärt. Danone zeigte sich 2001 beleidigt und begründete das Ende dieser Forschung mit der hohen Zahl der »Fehlwürfe« der Kunden. An der Unzulänglichkeit und Unzuverlässigkeit der Bürger – so wurde der Anschein erweckt – scheitern die Nachhaltigkeitsbemühungen der Industrie. Der Schwarze Peter, er landet doch immer zielsicher beim Bürger in seiner Rolle als Geldgeber, als Konsument. Danone warb mal für einen Fruchtjoghurt mit dem Spruch: »Irgendwann kriegen wir euch alle!« Sie scheiterten mit ihren »naturnahen

Verpackungen« an ihrem eigenen Anspruch, nicht am blöden Verbraucher. Wenn der Hund den Hasen nicht erwischt, gilt nicht der Hase als der Schuldige. In der Welt der Nahrungsmittelindustrie wird dies anders gesehen. Es ist die wohlbekannte alte Leier: Immer sind die anderen schuld; am besten eine amorphe Masse. Denn wenn alle schuld sind, da jeder irgendwas kauft, dann trägt irgendwie niemand Schuld – oder nur eine diversifizierte und damit so geringe, dass es sich nur um kleine Umweltsünden und nicht um Umweltverbrechen handelt, und kleine Sünden sind schnell vergeben. Der Katholik spricht ein Vaterunser und betet einen Rosenkranz herunter und schon heißt es: »Schwamm drüber!« Aufwandsarm sind alle ent-verantwortet und können so weitermachen wie bisher. Schön praktisch eingeschweißt sind die wenigen Äpfelsorten, die man noch kaufen kann. Privatunternehmen verdienen sich mit diesem billigen Verpackungsmaterial eine goldene Nase. Der Verbraucher hat's weiterhin bequem, es gibt keine Druckstellen auf dem Obst, und die kleinen Aufkleber auf den Äpfeln sind im Park schnell abgekratzt und weggeschnippt, während Steuergelder aufgewendet werden müssen, um die Freiflächen, Straßen und all die anderen öffentlichen Plätze vom Plastikmüll zu befreien. Jeder macht, was jeder macht, und entschuldigt sich mit dem Verhalten der anderen, damit das Rad der Wirtschaft sich weiterdrehen kann.

Die Bürger sind Plastikjunkies, sie wollen den billigen Kick, den Konsumrausch. Es ist, wie der Ruhrpottbarde Herbert Grönemeyer trällert: »Kaufen macht so viel Spaß.« Die Firmen, die mit Plastik Kapitalberge anhäufen, sind die Dealer für diesen Spaß, bis die günstigen Kredite aus der Fernsehwerbung (»Das kann ich auch!«, »Der Wie-für-mich-gemacht-Kredit«) von den Konsumwilligen mitsamt Zins, Gebühr und Mahnkosten zurückgezahlt werden müssen. Und wie Junkies so sind, lassen sie sich leicht verwirren. Es fällt den Konsumenten sehr schwer, zwischen Biokunststoffen und biologisch abbaubaren Kunststoffen zu unterscheiden. Dies ist in Fragen nachhaltigen Konsums jedoch von entscheidender Bedeutung. Nur weil nachwachsende Rohstoffe als Füllstoffe dienen, ist das Produkt aus Kunststoff nicht zwingend biologisch abbaubar. Und was biologisch abbaubar bedeutet, ist den Konsumenten auch nicht klar. Es bedeutet nämlich nicht, dass man den Kunststoffabfall wie abgenagte Apfelgehäuse oder Dünger ansehen kann. Sogenanntes Bioplastik im Meer, auf Äckern, auf dem hauseigenen Kompost oder im Wald unterliegt anderen Bedingungen als die

Verwertung auf einem Industriekompost, der eine besondere Umgebung mit speziellen Bedingungen bietet. Verrottet der Kunststoff nur dort, dann kann der Beitrag zum Umweltschutz gering sein. Es kann sogar sein, dass sich so manch einer denkt: »Ach, ich werf's einfach in die Hecke an der Ecke, ist ja ein Biokunststoff.« Schon ist mehr verloren als gewonnen und würde dann bestätigen, dass das Gegenteil von gut gut gemeint ist.

Umweltschutz war für den nächsten Protagonisten der Kunststoffgeschichte, die voller Missverständnisse steckt, kein Thema. Wolfgang Seidel experimentierte im ausgehenden Mittelalter mit Ziegenkäse als Hauptbestandteil von Plastik. Dank Georg Schnitzlein, der bereits 1981 zur Geschichte dieses Stoffes forschte und dessen Schriften es noch immer wert sind, gelesen zu werden, können wir uns heute beispielsweise Schmuck aus diesem frühen Kunststoff in der eigenen Küche selbst zusammenkochen.

3. Plastik aus Ziegenkäse

Mit dem ausgehenden Mittelalter kamen Kunststoffe nicht aus reinem Zufall in die Welt. Man begann, anders zu denken. Immanuel Kants Definition von Aufklärung als »Ausgang des Menschen aus seiner selbst verschuldeten Unmündigkeit« ist nur der Endpunkt einer längeren Entwicklung, die nicht nur innerhalb des philosophisch-wissenschaftlichen Diskurses stattfand. Dieser »Ausgang« war kein einzelner kleiner Schritt wie von Neil Armstrong (1930–2012) bei der Mondlandung, sondern ein Zusammenspiel sehr vieler winziger Schritte verschiedener Menschen in sehr vielen unterschiedlichen Bereichen. In kleinen Stolperschritten emanzipierte sich die Chemie von der Religion und der Alchemie. Dazu hat der Benediktinerpater Wolfgang Seidel (1492–1562) schon sehr früh beigetragen. Dessen wichtigste Lebensstationen befanden sich an der Universität in Ingolstadt, bei den Benediktinern am Tegernsee und im Kloster Andechs. Alle drei Orte sind wichtige Orte in der Kulturgeschichte bayerischen Bieres, aber Seidels große Leidenschaft war das Fertigen von Sonnenuhren und Kalenderscheiben. Zu damaliger Zeit war dies Hightech. Man kann hier quasi von Kalenderscheibe und Lederhose sprechen, in Anlehnung an den ehemaligen Bundespräsidenten Roman Herzog (1934–2017), der 1998 mit »Laptop und Lederhose« den Weg Bayerns vom Agrarland zum Technologiestandort zusammengefasst hat.

Wolfgang Seidel war nicht nur als Technikexperte bekannt, er war zudem als Gastprediger sehr beliebt. Ein Weg in dieser Mission führte ihn nach Augsburg, wo er im Jahre 1550 predigte. Dort lernte er – so vermutet es der Forscher Georg Schnitzlein – Bartholomäus Schobinger (1500–1585) kennen, einen äußerst geschäftstüchtigen Augsburger Eisen- und Textilhändler, von dem er vermutlich das Rezept zur Herstellung von Kasein erhielt. Ob Schobinger ein Tüftler war oder die Idee aus alten Quellen hatte, lässt sich heute nicht mehr rekonstruieren. Schobinger bedauerte – wie wir dem Briefwechsel mit seinem studierenden Sohn entnehmen können –, dass er selbst keine akademische Ausbildung hatte. Von der zeitlichen Abfolge her wäre es möglich, dass Schobinger das Rezept alten Schriften entnahm, doch dazu müsste er des Griechischen oder Lateinischen mächtig gewesen sein, was ohne Besuch einer Akademie als sehr unwahrscheinlich erscheint. Das Kasein jedenfalls war den Menschen schon lange bekannt. Bereits im antiken Rom wurde Kasein als Klebstoff und für die Farbgebung für Statuen verwendet. Es lassen sich heute noch in dem durch einen Vulkanausbruch untergegangenen Pompeji Kaseinspuren nachweisen. Den Ausgangspunkt von Kunststoffen setze ich jedoch weder in der Spätantike noch bei Schobinger, sondern bei Seidel, weil er den Stoff neu und aufklärerisch interpretierte. Es geht nämlich nicht nur um das Material selbst, das Entscheidende ist, wie die Menschen über das Material sprechen oder, im Sinne des Postkonstruktivisten Bruno Latour, wie die Beziehung zwischen menschlichen und nichtmenschlichen Akteuren sich gestaltet. Die unbeseelten Dinge sind schließlich keine leeren Blätter, die der Mensch vollkommen willkürlich bekritzelt. Die nichtmenschlichen Dinge legen einige Handlungsprogramme nahe, andere ferner und schließen wieder andere vollkommen aus. Wolfgang Seidel erkannte im Kasein ganze Welten von möglichen Handlungsprogrammen. Dies zeigt sich schon in seinem kurzen Rezept: »Ein durchsichtige materi machen, gleich wie ein schons horn, die man mag formen, wie man will, die auch durchsichtig bleibt, man mag sie auch ferben.« Hier zeigt Seidel aufklärerisches Denken, das freilich auch immer mit der Hybris verbunden ist, dass der Mensch grundsätzlich das Potenzial besitze, alles zu tun, was er sich vorzustellen vermag.

Jeder, der Zeit und Muße dazu hat oder bei seinem Nachwuchs die Lust an Materialwissenschaften entfachen möchte, kann das Seidel'sche Kasein noch heute nach seinem Rezept nachkochen. Allerdings braucht es zum Gelingen entweder viel Glück oder viel Geduld, um über Versuch und Irrtum zu einem zufriedenstellenden Ergebnis zu gelangen. Man holt vom Discounter oder Supermarkt eine oder besser gleich zwei Packungen mageren Ziegenkäse, öffnet die Plastikverpackung, entsorgt diese nach allen Regeln der Kunst des dualen Systems, schneidet den Ziegenkäse in kleine Würfel und gibt Wasser hinzu. Dieses Gemisch lässt man einen ganzen Tag kochen. Dann nimmt man den Topf vom Herd und lässt den Inhalt abkühlen. Eine dicke Masse setzt sich am Boden fest. Das vom Käse weiß gefärbte Wasser schöpft man weitestgehend ab. Seidel gibt vor, dass man anschließend noch etwas heißes Wasser hinzuzugeben hat und kräftig rühren muss. Dies soll man so lange tun, bis eine durchscheinende Masse übrig bleibt, die etwa die Konsistenz von Quark hat.

Eine große Kunst ist es, aus Ziegenkäse halbsynthetischen Kunststoff zu gewinnen. Das daraus gewonnene Kasein ist einer der ältesten Kunststoffe.

Diese Masse legt man dann in eine angewärmte Lauge. Auch hier verschweigt Seidel viel. Weder erfährt man, welche Lauge man verwenden, noch, wie stark sie angewärmt werden soll. Hier braucht es also Übung, Gottvertrauen oder eben einfach Glück. In der wissenschaftlichen Literatur über Seidel findet man Hinweise darauf, dass er mit der Lauge Kalkmilch gemeint haben könnte. Um diese zu erhalten, muss man Kalziumhydroxid mit Wasser verdünnen, bis man eine milchige Flüssigkeit erhält. Den Vorgang nennt man auch Kalklöschen und dabei ist höchste Vorsicht geboten. Man hantiert mit Gefahrstoffen. Kalziumhydroxid kann man jedoch im normal zugänglichen Internet bestellen. Den umständlichen Weg ins Darknet braucht man nicht anzutreten. Ein halbes Pfund bekommt man in der Regel schon für unter 10 Euro. Der ehemals leckere Ziegenkäse wird so zu einer Masse, die man in eine Form gießen kann. Nach dem Erkalten kann man die Form vorsichtig zerschlagen oder abziehen und hat dann beispielsweise ein kleines Medaillon aus Kasein. Selbst gemachter Schmuck nach einem Rezept aus der ganz frühen Neuzeit der Geschichte. Annäherungsweise könnte man sagen, man hätte es – bei gutem Gelingen – mit einer Duroplaste zu tun. Duroplasten zeichnen sich dadurch aus, dass sie nach ihrem Erhärten nicht mehr verformt werden können, und das ist bei dem Rezept von Seidel gegeben.

4. Mit Pyrotechnik zum Geistesblitz

Alexander Parkes erblickte 1813 im damals industriell, also metallisch geprägten Birmingham - als geborener Erfinder - das Licht der Welt und verschied 1890 im Londoner Stadtteil Dulwich. Die Quellen widersprechen sich in der Zahl seiner angemeldeten Patente, aber sicher ist, dass er eine ganze Menge zur Metallurgie beigetragen hat.

Parkes interessierte sich nicht nur für Werkstofflehre, er hatte zusammen mit zwei Frauen insgesamt zwanzig Kinder. Seine zweite Frau war eine gute Freundin seiner ältesten Tochter. Wie sich dadurch die Chemie zwischen ihm und seiner Tochter veränderte, ist nicht überliefert. Ein anderes Ergebnis eines physikalisch-chemischen Prozesses ist hingegen gar nach ihm benannt. Es handelt sich um einen der ersten Kunststoffe der Neuzeit, das Parkesine.

Alexander Parkes konnte mit seinem Parkesine-Plastik auf dem Markt nicht punkten. Trotzdem hätten Kunststoffe ohne diesen Zwischenschritt nicht ihren Siegeszug antreten können.

Das Parkesine, im Deutschen auch oft Parkesin geschrieben, ist ein thermoplastischer Kunststoff, der aus Schießbaumwolle hergestellt wird. Thermoplastisch verrät als Begriff schon, was das Besondere an seiner Erfindung war: Das Parkesine konnte durch Wärmeeinwirkung formbar gemacht werden und blieb nach dem Abkühlen in dieser Form. Doch das von Parkes verwendete Material hatte noch weitere Eigenschaften. Wenige Gramm Schießbaumwolle in einem Aschenbecher lassen den Raucher durch einen hellen Blitz aufschrecken, wenn er die Asche seiner Zigarette ordnungsgemäß in den Aschenbecher schnippt. Der Aschenbecherschreck ist heute online für unter 50 Cent erhältlich.

Erfunden hat die Schießbaumwolle im Jahre 1845 Christian Friedrich Schönbein (1799-1868) aus Basel - durch Zufall. Der Vater von zehn Kindern arbeitete nachts in der zum Labor umgebauten Küche der Familie. Dabei verschüttete er Schwefel- und Salpetersäure. Die Pfütze wischte er mit der Schürze seiner Frau auf und hängte das baumwollene Kleidungsstück zum Trocknen vor dem Kamin auf. Mit einer kleinen Stichflamme ging die Schürze in Flammen auf. Die Reaktion seiner Frau am nächsten Morgen ist leider nicht überliefert. Zusammen mit Rudolf Christian Böttger (1806–1881) analysierte er seinen Zufallsfund. Die beiden verkauften ihre Entdeckung für 30 000 Gulden an die österreichische Regierung. Die nutzte diesen Zufallsfund dazu, die Feinstaubbelastung der Soldaten im Krieg zu senken. Das zuvor genutzte Schießpulver hatte das Schlachtfeld in Rauch gehüllt. Schießbaumwolle hingegen ist in der Benutzung rauchfrei. Damit war der Weg frei zur Erfindung der das Schlachtfeld verhüllenden Rauchbombe. Doch das ist der Strang einer anderen Kulturgeschichte.

Den mit Schießbaumwolle gefertigten Werkstoff, Parkesine, stellte Parkes auf der Weltausstellung 1862 in London vor. Schon bald erhielt Parkesine einen Eintrag in der *Allgemeinen Deutschen Real-Encyklopädie*, Band 11: »Parkesin nennt man verschiedene in neuerer Zeit aufgekommene Stoffe.« Auch in den Enzyklopädien steht man also den vom Menschen geschaffenen Werkstoffen entweder zu ratlos oder nicht ignorant genug gegenüber. Es klingt danach, als ob die Autoren der Enzyklopädie die frühen Kunststoffe als kurzlebige Mode abtun wollten. Vielleicht war die falsche Begriffsverwendung sogar Absicht, um einen bildungsbürgerlich-konservativen Abscheu zum Ausdruck zu bringen. Ob Parkes sich gefreut hätte, die Ableitung aus seinem Namen schon als Sammelbegriff für Kunststoffe zu finden? Zumindest wäre er heute viel stärker im kollektiven Gedächtnis eingebrannt und würde sicher nicht wie in der 1998er-Ausgabe des Kunststofflexikons oder der Broschüre *Die Kunststoffmacher* des Kunststoff-Museums-Vereins Düsseldorf unerwähnt bleiben. Vielleicht würde auch Microsofts Rechtschreibprogramm das Wort Parkesine kennen.

Doch selbst seine zahlreichen direkten Nachkommen bauten Parkes keine Denkmäler, was daran liegen könnte, dass sein Erfolg recht kurzlebig war. 1866, vier Jahre nach der Prämierung seines Parkesine auf der Weltausstellung, gründete Parkes in London eine Firma, die bereits zwei Jahre später ihre Schulden nicht mehr bedienen konnte. Da half ihm auch die Bronzemedaille der Weltausstellung nicht weiter. Für ein gutes Geschäft war der halbsynthetische Kunststoff Parkesine einfach zu teuer in der Herstellung. Preislich konnte Parkesine nicht als Ersatzprodukt mit den Ein- und Verkaufspreisen von Naturprodukten Schritt halten. Parkes versuchte noch verzweifelt, an der Qualitätsschraube zu drehen, um den Preis den Anforderungen des Marktes anzupassen. Doch auch dieses Manöver nützte nichts mehr – im Gegenteil. Alles, was dadurch gewonnen war, war ein schlechter Ruf, und damals wie heute gilt: Image ist alles! Vielleicht hat Parkes mit seinem Billigschmuck und seinen Marmorimitationen in Stilfragen aber auch einfach nicht den Geschmack der Zeit getroffen. Das Parkesine ereilte das gleiche Schicksal wie später Video 2000, Karl Klammer (Windows Word) und HD DVD: Es verschwand vom Markt und geriet weitgehend in Vergessenheit. Einige wenige Stücke aus diesem Ersatzelfenbein finden sich heute in London im Besitz der Plastics Historical Society. Sie könnten aber auch im Museum of Failure in Helsingborg in Schweden ausgestellt werden.

Der technische Fortschritt ist eine Aneinanderreihung von Fehlversuchen. Die Vorstellung, dass große Umwälzungen mit einem Schlag kommen, ist unsinnig. Die Nachwelt erfährt schließlich von einzelnen Stationen in Form von Geschichten, deren Wahrheitsgehalt fragwürdig ist. Newton hat viel Hirnschmalz aufbringen müssen, um der Erdanziehungskraft auf die Spur zu kommen. Er ist keineswegs einfach unter einem Baum eingeschlafen und dann, von einem herabfallenden Apfel an der Stirn getroffen, mit einem Heureka-Moment erwacht. Parkes Fehlleistung war ebenfalls ein wichtiger Schritt in Richtung Plastikära.

Ohne Hilaire de Chardonnet hätte es wohl länger gedauert, bis sich die Beine von Frauen in Kunstseide hätten hüllen können. Seine Chardonnet-Seide war jedoch aufgrund ihrer leichten Entzündlichkeit kein Verkaufsschlager.

Parkes ist nicht der Einzige, der nahezu in Vergessenheit geraten ist. Hilaire de Chardonnet (1839–1924) fertigte aus der gleichen pyrotechnischen Substanz wie Parkes Kunstseide. Schon bald aber war diese Kunstseide vor allem als Schwiegermutter-Seide bekannt. Kleidung aus diesem Material eignete sich hervorragend als Geschenk zur Vorbereitung von tragischen Unfällen zur Reduktion der Anzahl unangenehmer Verwandter. Saß die böse Schwiegermutter oder die reiche Erbtante von Chardonnet-Seide umhüllt zu nah am Kamin, konnte sich die Lebenssituation des Schenkers – zumindest monetär – risikoarm verbessern lassen, indem das Leben der oder des Beschenkten plötzlich endete. So zumindest der Mythos. Tatsächlich war die Seide einfach nur leicht entflammbar. Trotzdem ist solch eine populäre Namensgebung dem wirtschaftlichen Erfolg eines Produkts nicht zuträglich.

Parkesine als auch Chardonnet-Seide floppten beide kaum überraschend aufgrund ihrer Gefährlichkeit, waren jedoch die Wegbereiter für das Zeitalter der Kunststoffe. Und meist wird dort, wo Wege bereitet werden, um die Rolle des Trendsetters gestritten. Wer hat's erfunden, wer hat's begründet? Bei Mode ist der Kaufzeitpunkt ein den Konsumenten auf- oder abwertendes Kriterium. Obgleich man stets modisch gekleidet sein möchte, will man Kleidungsstile am liebsten bereits vorgeführt haben, als sie noch nicht modisch waren. Ist man in dieser Disziplin jedoch dauerhaft erfolgreich, dann würde man zu keinem Zeitpunkt modisch aussehen. Es käme auf die Gedächtnisleistung der anderen an, sich an die getragene Kleidung zu erinnern.

Beim Streit um Erfindungen ist es kaum anders, nur dass es hier nicht um ausgegebenes Geld für Konsumgüter geht, sondern darum, Geld für Investitionen zu erhalten. Im Falle der Plastikerfindung stritten nach der Weiterentwicklung von Parkesine zum Xylonite durch einen Mitarbeiter Parkes, nicht nur Alexander Parkes und der Erfinder des Zelluloids, John Wesley Hyatt, von dem in den Kapiteln 5 und 6 die Rede ist, miteinander. Auch andere kämpften um Ruhm oder es wurde für sie um den Titel »Vater des Zelluloids« gekämpft. So stritt Robert C. Schüpphaus aus New York publizistisch erst für James A. Cutting aus Boston als den chronologisch ersten Erfinder von Zelluloid im Jahre 1854 und dann für Daniel W. Spill, der durch seine Weiterentwicklung des Zelluloids dieses erst nutzbar gemacht hatte. Schüpphaus nannte die Erfindungserzählung um den heute berühmten Hyatt eine »geschickt in die Welt gesetzte und nachher mutig und zäh verteidigte Legende«. Den Rechtsstreit gewann zwar Parkes, aber der Name Xylonite ist heutzutage ebenso unbekannt wie Parkesine oder James A. Cutting. Ganz im Gegensatz zu Hyatt, der es ins Kunststofflexikon schaffte.

5. Billardkugeln mit Knalleffekt

John Wesley Hyatt (1837–1920), der Erfinder der Kunststoffbillardkugel im Jahre 1869, war kein ausgebildeter Wissenschaftler, er war wie Parkes (vgl. Kapitel 4) ein Tüftler. Einmal bemerkte Hyatt, dass er froh sei, nicht so viel zu wissen wie ein Chemieprofessor, sonst hätte er sich viele Experimente gar nicht zu machen getraut.

Hyatt trieben Wettbewerbe an. Die Verlockungen des Ruhms und schnellen Reichtums machten ihn risikofreudig. Die Firma Phelan & Collander lobte ein Preisgeld von 10 000 Dollar für einen Ersatzstoff für Elfenbein aus, aus dem Billardkugeln gefertigt werden konnten. Billardkugeln aus Elfenbein waren sehr teuer, da sie nur aus bestimmten Zonen der Elefantenstoßzähne gefertigt werden konnten, schließlich mussten sie aus einem Stück sein, um die gewünschten Eigenschaften für den Sport zu haben. Das Wort »Elfenbein« leitet sich aus dem Mittelhochdeutschen ab und bedeutete ursprünglich ganz unspektakulär Elefantenknochen. Das Besondere am Elfenbein, das damals verwendet wurde, war, dass es oft gar nicht von Elefanten stammte. Nilpferde, Walrosse, Narwale und sogar in Sibirien ausgegrabene Mammuts bildeten das Rohstofflager des weltweiten Elfenbeinhandels. Mammutelfenbein wird noch heute »gefördert« und ist legal erhältlich. Seit zehntausend Jahren tote Mammuts können schwerlich als schützenswerte Art durchgehen. Durch das Fortschreiten der Erderwärmung wird es immer einfacher, diesen Schatz zu heben, da in Sibirien die Permafrostböden auftauen. *DER SPIEGEL* berichtete 2017 vom gefährlichen Leben russischer Knochenjäger, die mit ihrem Suchverfahren ganze Landschaften verheeren. Die Qualität des Mammutelfenbeins ist allerdings nicht berauschend, was bei dem Alter auch nicht verwundern sollte.

Hyatt aber benötigte weder magischen Beistand von Elfen noch wollte er gefrorenen sibirischen Boden aufhacken. Er machte sich aus eigenen Kräften und mit Experimentierfreude daran, das Parkesine auf das nächste Level zu heben. Er benutzte ebenfalls Schießbaumwolle, auch Kollodium genannt, als Beschichtung, aber zusätzlich das Lösungsmittel Kampfer. Damit fertigte er Ersatzbillardkugeln, die den üblichen Billardkugeln beinahe zum Verwechseln ähnlich sahen. Sonderlich beliebt aber waren seine Billardballen (sie wurden damals tatsächlich »Ballen« und nicht »Kugeln« genannt) nicht. Kollodium verwendet man heute nicht nur zum Verkleben der Zitzen von sogenannten Ausstellungskühen, damit diese nicht in ungünstigen Showmomenten Milch herumspritzen, sondern auch zur Herstellung von Sprenggelatine. Man ahnt es schon: Schon wieder hat man es mit einer explosiven Mischung zu tun. Beim Billardspiel erklang im Falle von Hyatts Ballen nicht immer das popkulturell bekannte Klicken beim Zusammenstoß der Kugeln, sondern manchmal auch eine kleine Explosion. In einer Dankesrede zur Verleihung der goldenen Perkin-Medaille im Jahre 1914, die man in Escales Zeitschrift *Kunststoffe* nachlesen kann, berichtet Hyatt von einem Brief, in dem ein Besitzer eines Saloons in Colorado folgende Zeilen an ihn richtete: »Ich selbst bin unbekümmert, aber jedes Mal wenn die Kugeln zusammenstoßen, ziehen alle Männer im Raum ihren Revolver.«

Der heute popkulturell bekannte sanfte Klick aufeinanderstoßender Billardkugeln machte bei den ersten Ersatzstoffen hin und wieder einen Knall, der in Saloons zu gefährlichen Missverständnissen führen konnte.

Es ist nicht überliefert, ob Hyatt die 10 000 Dollar für diese mehr oder minder mittelmäßige Leistung jemals ausbezahlt wurden. Aber in dieser Erfindung steckte viel Potenzial, aus Geld mehr Geld machen zu können. Folgerichtig suchte Hyatts Bruder Investoren in New York und die beiden Geschwister wurden 1873 Firmenbesitzer in Newark in New Jersey. Doch schon wenige Jahre später machte ein Brand, bei dem mehrere Arbeiter schwer verletzt wurden, alles zunichte. Hyatts Bruder ging nach Paris und gründete dort eine Fabrik für Bürsten, Spiegel und Kämme aus Zelluloid. Hyatt selbst suchte sich Mitstreiter und fand diese in Frank Vanderpoel und Charles A. Seely. Es folgten neben zähen juristischen Auseinandersetzungen um Patentrechte auch neue Erfindungen, die vor allem im Maschinenbereich lagen, was Hyatt, der keine akademischen Weihen vorzuweisen hatte, das Wohlwollen der akademisch gebildeten Chemiker endgültig entzog. Für sie gehörte er zur Berufsgruppe der Mechaniker. Er galt nicht mehr als einer der ihren und war es sowieso nie so recht gewesen.

Die Wissenschaft hinkte der Industrie mit ihren Tüftlern hinterher. K. J. Breuer schrieb 1924 in der *Zeitschrift für Erzeugung und Verwendung veredelter oder chemisch hergestellter Stoffe*: »[...] wie so oft schon scheiterten auch hier die Praktiker an dem eigensinnigen Gedanken, alles allein machen zu wollen und der Wissenschaft keinen Einblick zu gönnen.« Man spürt förmlich, dass sich hier um Wissen und Technik zwei Systeme rankten, die verschiedene Sprachen nutzten und unterschiedliche Ziele verfolgten und sich deshalb nicht verstehen konnten. Die kommerziell orientierte Technik interessierte sich nur für das »Wie« und kam durch diese Spezialisierung sehr gut voran. Das »Warum« und »Wozu« standen bei ihr schon fest: Es sollte Geld mit Erfindungen verdient werden. Die Universitäten hingegen funktionierten schon damals – im Sinne des deutschen Soziologen Niklas Luhmann (1927–1998) – nicht nur nach der binarischen Unterscheidung in Gewinn/Verlust, sondern interessierten sich vielmehr für die Unterscheidung wahr/unwahr. So fanden diese beiden Systeme nie so recht zusammen, was für die Fortentwicklung von Wirtschaft, Gesellschaft und Politik nicht immer gut war und ist.

Auf sein Schaffen zurückblickend, wurde Hyatt nachdenklicher: »Ich habe beträchtliches flüssiges Geld erhalten, das meiste davon ist von flüchtiger und entzündbarer Natur gewesen. Das Alter sollte Weisheit mit sich bringen.« Es scheint fast so, als ob er im Alter auf seine Erfindungen, aber vor allem auf seine berufliche Karriere als Narretei zurückblickte. Auf lange Sicht ist seine Narretei der Beginn einer ganz großen Materialgeschichte, aber zu seinen Lebzeiten wurde daraus noch nicht das große Plastikzeitalter.

Hyatt, Parkes und all die anderen Kunststoffpioniere sind auf ihre spezielle Art Künstler. Sie bewegten sich außerhalb der Gelehrtenstuben, waren geradezu manisch in ihrer Suche nach dem neuen Material, nach der neuen Welt, doch beide blickten nicht gerade glücklich auf ihr Lebenswerk zurück. Was, wenn sie heute wüssten, wie es um die Weltmeere steht, wo die Natürlichkeit der Natur auf die Kunst der Kultur trifft und Dissonanzen hervorruft? Was würden sie sagen? Würden sie sich verantwortlich fühlen? Sollten sie es? Sie wurden – manchmal erst *post mortem* – als Heilsbringer gefeiert, doch heute blicken wir schockiert auf die Folgen ihrer Entdeckungen und Erfindungen, wenn – wie *SPIEGEL ONLINE* im Mai 2019 berichtete – selbst in der tiefsten Tiefsee eine Plastiktüte zu finden ist. Hat sich die westliche Welt getäuscht, hat sie sich täuschen lassen von den wunderbaren Annehmlichkeiten der Kunststoffe? Platon (427/428–348/347 v. Chr.) sprach vom Guten, Wahren und Schönen. Das Schöne, das Annehmliche aber ist nicht das Gute, ist nicht das Wahre. Es hält uns vielmehr vom Guten ab und versperrt die Sicht auf das Wahre. Sind wir bei den Kunststoffen in diese Falle getappt? Sind Kunststoffe überhaupt schön oder nur schön praktisch, und falls sie praktisch sind, kann man durchaus die Frage stellen, für wen sie praktisch sind. Wohin führt uns unser Weg noch, der mit Steinkeilen begann und nun bei Smartphones, vorwiegend aus Plastik, zu gabeln scheint? Führt er uns in eine von Einsicht und Nachhaltigkeit geprägte Zukunft oder woandershin?

All diese Fragen lassen sich kaum beantworten. Vielleicht sind solche Fragestellungen auch gar nicht zielführend, denn die Vergangenheit besteht aus interpretierbaren Fakten, die Zukunft aber wird aus Visionen geformt. In die Zukunft können wir hineinhandeln, aber nur auf Grundlage des Wissens um die Vergangenheit. Mehr ist dem Menschen nicht vergönnt. Die Langzeitfolgen unseres Handelns vermögen wir nicht abzusehen. 40 000 Jahre lang war dies aufgrund der Ohnmacht des menschlichen Verhaltens und Handelns in den meisten Fällen nicht sonderlich relevant, aber heute, mit den Kunststoffen, der Atom- und Kohlekraft sowie dem horrenden weltweiten Fleischkonsum, ist es *una otra cosa*, wie der Spanier sagt: etwas ganz anderes. Wir stehen in Ver*antwort*ung für kommende Zeiten, in denen wir eigentlich gar nicht mehr antworten können. Es ist eine Verantwortung ohne Rechenschaftspflicht.

6. Zelluloid – keine Bilder für die Ewigkeit

Zelluloid wurde nach einigen Verbesserungen von Hyatts Erfindung aus Zellulosenitrat und Kampfer synthetisiert. Das Zelluloid, oft auch Zelluloid geschrieben, gehört damit zur Klasse der halbsynthetischen Stoffe, ebenso wie der Blutkunststoff oder Kunststoffe aus Knochenmehl. Setzt man eine sehr enge produktionsorientierte Definition an, könnte man infrage stellen, ob Zelluloid überhaupt ein Kunststoff ist. Doch die Dinge sind, was die Menschen in unserem Untersuchungszeitraum unter ihnen verstanden haben.

Ob von Hyatt, Parkes, Cutting oder Spill erfunden, das Zelluloid war nun in der Welt und die Fachpresse zeigte sich alsbald begeistert. So war 1878 in der Publikation *Kunst und Gewerbe,* Wochenschrift zur Förderung der deutschen Kunstindustrie, zu lesen, dass Hartgummi vom Zelluloid überflügelt werden würde. Die Autoren des Beitrags vermuteten, dass in den USA schon eine Reihe von Fabriken bestünden, die Zelluloid herstellten. Genau wusste man es in Deutschland aber nicht. Auch damals schon sicherte Geheimhaltung den wirtschaftlichen Standortvorteil.

Nun suchte man nach Einsatzmöglichkeiten für das relativ neue Material. Eine fand man recht früh bei der Herstellung von Pferdegeschirren. Doch ein Einsatz des neuen Werkstoffs prägte das Bild der Nutzung besonders nachdrücklich: Der erste einschlägige Einsatzort des Zelluloids war ab den 1890er-Jahren die Filmbranche. Auch hier mussten Gerichte entscheiden, wer denn die ausschlaggebende Idee als Erster gehabt hatte. Wiederum trafen Profession und Tüftelei aufeinander, doch diesmal nicht in Gestalt von Wissenschaft und Unternehmertum, sondern ein Amateur stritt sich gerichtlich mit Personen, die von Berufs wegen her mit der Fotografie verbandelt waren. Auf der einen Seite stand Hannibal Goodwin (1822–1900), ein Amateurfotograf. Der Begriff des Amateurs leitet sich von dem lateinischen Wort *amare* ab, das mit »lieben« übersetzt werden kann. Es handelt sich also um jemanden, der etwas aus Liebhaberei tut. Den Gegensatz zu ihm bildet der Profi. Profi ist ein Begriff, der nahelegen könnte, dass eine Person etwas nur des Profits wegen macht. So wird auch heute noch verstanden, welcher Beruf einer Frau gemeint ist, wenn jemand sagt, sie sei »eine Professionelle«, was man wegen einer wohlbegründeten politischen Korrektheit sicherlich nicht mehr sagen sollte, was jedoch nichts daran ändert, dass wir die kulturellen Codes noch immer verstehen. Auf der anderen Seite stand bei diesem Rechtsstreit also der Profi, genauer gesagt George Eastman (1854–1932), der die Firma Kodak mitbegründete.

Hannibal Goodwin ging als Gewinner aus diesem Streit hervor. Seit 1914 ehrt ihn eine Gedenktafel und seit 1960 trägt ein Gletscher in der Antarktis seinen Namen. Er hatte einen Zelluloidfilm auf eine Spule gelegt und damit den Rollfilm erfunden. Das war der Grundstein für bewegte Bilder, zuvor hatte man nur mehr oder minder automatisierte Daumenkinos gekannt. Der Film wurde also ausgerechnet von einem Leiter eines episkopalischen Gotteshauses erfunden.

Heute werden keine Bilder mehr auf Zelluloid gebannt. Seit den Fünfzigerjahren nutzt man sogenannten Sicherheitsfilm, der sich nicht entzündet.

Der südkoreanische Künstler Nam June Paik (1932–2006) entwickelte einen Film, der nicht mehr auf Zelluloid gebannt war, sondern auf sogenannten Sicherheitsfilm. Ab 1951 war der Zelluloidfilm nämlich verboten. Zu groß schätzte man die Gefahr der Selbstentzündung ein. Aber in der Sprache blieb der Begriff erhalten, obgleich nun Zelluloseacetat oder Polyester anstelle von Zelluloid als Informationsträger genutzt wurden. Filme werden umgangssprachlich und vor allem in der Mediensprache noch immer »auf Zelluloid gebannt«, auch wenn sie sich in den meisten Fällen nur noch auf einem kleinen USB-Stick oder auf einem anderen Datenträger befinden, der unabhängig von der Art der Daten ist. Der Begriff Zelluloid verselbstständigte sich im Filmbereich, ohne weiterhin eine faktische materielle Anbindung zu haben. Im Zeitalter des digitalisierten Films verweist der noch immer verwendete Begriff »Zelluloid« auf die Materialität, und diese wirkungsvolle Materialität wird durch das vorhin erwähnte Kunstwerk Paiks deutlich: Paik zeigte 1964 als Kritik an der Bilderflut einen nicht belichteten Film, auf dem nur eine zunehmende Anzahl von Kratzern und Staub zu sehen waren. Filme auf materieller

Basis, also aus Kunststoffen, können demnach bereits als künstlerische Basis angesehen werden. Analog dazu ist der Fall der Vinylplatte zu sehen. Dieser schwarzen Scheibe, die für viele die Welt bedeutet, ist das Kapitel 19 in diesem Buch gewidmet, aber die Analogie sei hier schon gestattet: Beim Musikgenuss durch das Abtasten der Spurrillen einer Schallplatte durch eine Nadel hört und spürt man, dass sich ein kratzig-rauschendes Soundbett bildet, in das sich die Bässe kuscheln können. Analog dazu wirkt das Zelluloid, das Polyester oder das Zelluloseacetat beim Filmgenuss. Es transportiert Informationen, beispielsweise über das Alter des Filmmaterials und den Umgang mit selbigem, wie Paik deutlich machte.

Wie ein Film auszusehen hat, hat sich in unser kollektives Bildgedächtnis eingebrannt. Ausgerechnet Kunststoffe erwecken bei Filmen im Gegensatz zum Digitalen durch ihre analoge Anwendung die Assoziation des Natürlichen. Doch das ist selbstverständlich ebenso konstruiert wie der Kunststoff selbst. Der 2018 emeritierte Münsteraner Volkskundler Prof. Dr. Andreas Hartmann nannte das in anderem Zusammenhang in einer Vorlesung »die Sehnsucht nach dem Ursprung«, und zwar nach einem Ursprung, der als rein und richtig konzipiert wird und von dem jede Abweichung kulturpessimistisch und/oder moralisch infrage gestellt werden kann. Nur: Diesen Ursprung hat es nie gegeben. Doch nicht nur solch kulturwissenschaftliche Fragestellungen verbinden sich mit der Abkehr vom Material beim Film. Neuere, schärfere und immer noch flachere Fernsehmonitore können uns heute durch den sogenannten Soap-Opera-Effekt den Filmgenuss rauben. Das Bild ist so gestochen scharf, berechnet fehlende Bilder so exakt nach, dass jeder James-Bond-Film auf einmal so wirkt, als hätte eine C-Jugend-Mannschaft im Fußballtrainingslager einen Agentenfilm nachgestellt. Die Unschärfe, das Leiden des Materials unter den Jahren gehören doch zur Fiktion dazu, stützen sie. Regisseure wie Christopher Nolan *(Interstellar)*, J. J. Abrams *(Star Wars: Das Erwachen der Macht)*, Judd Apatow *(Jungfrau (40), männlich, sucht)* und Quentin Tarantino *(Pulp Fiction)* haben mit ihrem Einfluss einen planwirtschaftlich anmutenden Vertrag zwischen Kodak und Hollywood konstruieren können. Die Filmstudios kaufen jedes Jahr eine bestimmte Menge Kunststofffilm, damit die Produktion nicht eingestellt wird.

Doch das kulturelle Gedächtnis ist nicht auf die Ewigkeit ausgelegt. Die beiden Geisteswissenschaftler Jan und Aleida Assmann sagen, dass solche Informationseinheiten nur über etwa 80 Jahre hinweg überliefert würden. Danach gehe der Bezug zur Lebenswelt einer bestimmten Epoche weitgehend verloren, weil keine unmittelbare Relevanz mehr zum eigenen Leben und zu dem des Familien-, Freundes- und Bekanntenkreises besteht. Die Geschehnisse werden historisiert. So ist der Dreißigjährige Krieg trotz all seiner Grausamkeit und seiner Einschnitte in individuelle und familiäre Biografien in unserer heutigen Gesellschaft kein Bestandteil lebendiger privater Erinnerungskultur. Falls das Ehepaar Assmann recht behalten sollte, dann wird der Kunststofffilm trotz der Abwehrkämpfe durch einige sehr erfolgreiche Regisseure den Weg des Polyfons und der Hauchbilder gehen. Das Polyfon ist inzwischen erklärungsbedürftig, und Hauchbilder, also kleine Bildchen, die sich verbiegen, wenn man sie mit Atemluft anhaucht, locken weder die Generation Digital noch die Generation Analog hinter dem Ofen hervor. Die Sehgewohnheiten werden sich ebenfalls anpassen und der Kunststofffilm wird irgendwann ebenfalls historisiert und erklärungsbedürftig sein.

7. Vorsicht, leicht entflammbar: Kleidung als Feuerfalle

Des Zelluloids zweiter großer Einsatzbereich diente der sozialen Verortung einer neuen Schicht von Arbeitnehmern, die weder zu den Arbeitern gehörten, die sich die Hände schmutzig machten, noch zur ökonomischen Elite, die mit dienendem Personal in Stadtvillen und Landhäusern ihr Leben genoss. Sie blieben in der Forschung lange ein blinder Fleck, weil der Mensch lieber in Gegensätzen und Ähnlichkeiten denkt, als sich der Pluralität und den Widersprüchen der Wirklichkeit zu widmen.

Die Angestellten waren in ihrem Konsumverhalten ein »compositum mixtum« (Armin Triebel), orientierten sich aber eher an der bürgerlichen Oberschicht. Proletarischer Habitus galt als etwas, das man sich abtrainieren sollte. Dies fand unter anderem in der Kleidung Ausdruck. Angestellte trugen gern weiße Zelluloidkragen. Die Kragen aus Zelluloid waren beständig und mussten kaum gewaschen werden. Aufgrund von fehlendem Kleingeld und fehlendem Personal waren dies Eigenschaften, die dieser durch die Industrialisierung aufkommenden Schicht der Angestellten zupasskamen. Kleidung war auch damals schon ein Mittel zur Abgrenzung. Dabei wurde mit dem Zelluloidkragen ein Trick angewandt. Der pflegeleichte, abnehmbare Zelluloidkragen zeigt oder gaukelt vielmehr vor: Ich habe genügend Ressourcen, um jeden Tag ein sauberes weißes Hemd tragen zu können. Diese Unterscheidung findet sich noch immer im englischen Sprachgebrauch, wo man zwischen *blue collar worker* und *white collar worker* differenziert. Im Deutschen würde man von Anzugträgern und Personen im Blaumann sprechen.

Auch hier galt, dass, wer schön sein möchte, leiden muss. Trendy waren für Männer Kragen, die bis zu 15 Zentimeter hoch waren. Je höher der Kragen, desto höher das (symbolische) Kapital, so dachte man, weil man damit kommunizierte, dass man sich jede Menge Stärke und Personal, welches damit umzugehen weiß, leisten konnte. Ein solch hoher Kragen schnürt schon bei normalen Stoffen ein und scheuert auf der Haut. Beim abnehmbaren Kragen aus Zelluloid steigert sich dies Ungemach ungemein. Synthetik aus den 1980er-Jahren ist schon nicht bequem, aber Zelluloid führte damals sicherlich zu zahlreichen roten Hälsen inklusive pickligen Hautirritationen.

Nicht nur Kragen, sondern auch Manschetten und Hemdbrüste, auch Vorhemden genannt, wurden aus Zelluloid vertrieben. Zuvor trug man Hemdbrüste und Kragen aus Papier, die sich jedoch leicht aufrollten, rissen und bei Regenwetter durchweichten. Vielleicht gab es deshalb zur Zeit der Zelluloidkragen viele Karikaturen, die auf die Wasserresistenz des Materials anspielten. Man findet auf Postkarten und anderen Medien badende Kinder mit Vorhemd und Kragen und vornehm dargestellte Herren, die cool bleiben, während sie mit Wasser abgespritzt werden.

Wasser in der Nähe zu wissen, war für den trügerisch gestylten Mann von Welt, der etwas von chemischen Vorgängen verstand, gewiss beruhigend, denn natürlich verlor das Zelluloid auch als Kragen oder Vorhemd nicht seine Feuergefährlichkeit. Im Jahr 1927 wollte wohl ein Meister, also ein Facharbeiter, zumindest textilmodisch zur Zwischenschicht der Angestellten aufschließen. Das wurde ihm bei einem Brand zum Verhängnis. Der Jahresbericht des *Reichsarbeitsblatts* aus dem Jahr 1928 vermeldete: »Zu seinem Unglück hatte der Meister Vorhemd und Kragen aus Zelluloid an, die sofort Feuer fingen und sich durch Luftabschluß mit aufgedrückten Kleidungsstücken nicht löschen ließen und schwere Hals- und Brustverbrennungen entstanden.« Entweder war die allgemeine Risikoeinschätzung des Alltags zu dieser Zeit – vielleicht auch durch die Erfahrung des Ersten Weltkrieges – eine andere als heute, oder der Druck, soziales Ansehen zu erringen, war in der Zeit zwischen den beiden Weltkriegen so stark ausgeprägt, dass man bewusst Gefahren für Leib und Leben in Kauf nahm. Es war ja mitnichten so, als hätten die Menschen nicht gewusst, dass Zelluloid modisch vielleicht brandheiß, aber eben auch brandgefährlich war. Mutige, am besten vielleicht Nichtraucher, können noch heute über das Internet historische Zelluloidkragen erwerben. Zwischen 10 und 50 Euro kostet die Mutprobe zur Zeit der Niederschrift dieses Buches.

Zelluloid wurde auch zur Produktion von Kinderspielzeug verwendet. Im April 1921 schrieb der Kunststoffexperte E. J. Fischer, dass der »Hauptrepräsentant« bei Kinderspielwaren »seit fast 50 Jahren das bekannte Zelluloid« sei. »Seine Vorzüge zur Herstellung von Spielzeug sind hinlänglich bekannt, aber auch seine Nachteile. Zu Letzteren zählt hier die große Feuergefährlichkeit, wodurch manches Unglück hervorgerufen worden ist.« Nicht nur hier zeigt sich, dass im Umgang mit Kunststoffen die Folgen wirtschaftlicher Produktion kaum ins Auge gefasst wurden. Mögen die Pioniere auch wenig Ahnung von Mikroplastik gehabt haben, die Auswirkungen, die ihre Produkte verursachten, waren für sie sowieso höchstens von nachrangiger Bedeutung. 1938 kam man in England nach intensiver Prüfung zum Schluss, dass empfohlen werden sollte, Kämme und Puppen mit der Aufschrift »Zelluloid« zu kennzeichnen. Heute würde solch ein Material schon allein wegen der Gefahren nicht mehr auf den Markt kommen oder zumindest keinen fünfzigjährigen Siegeszug antreten.

Es sei noch angemerkt, dass sich diese Sorglosigkeit nicht durch eine große Kinderschar erklären lässt, denn die Zwischenschicht der Angestellten neigte eher dazu, nicht mehr als zwei Kinder zu haben. Die in Mode gekommene Ratenzahlung machte in Verbindung mit den hohen Ausgaben für Kulturgüter den Erhalt des Lebensstandards – und damit auch den des sozialen Ansehens – nur mit einer geringen Kinderzahl möglich.

Ein Leben mit dem Druck, zwischen bürgerlicher und proletarischer Schicht bestehen zu müssen, ist hart. Auf diese Härte wurden die Mädchen mit Zelluloidpuppen der Firma Schildkröt vorbereitet. Zelluloidpuppen weisen, verglichen mit heutigem Kinderspielzeug, eine unangenehm kantige Härte auf. Zur Zeit der ersten großen Angestelltenschwemme musste die Schildkröt-Zelluloidpuppe aber hergezeigt werden können. Die Verschuldung für solche und andere Kulturgüter sahen die Angestellten in großer Zahl als notwendig an. Man wollte ja nicht mit Arbeitern verwechselt werden. Man wollte Teil einer Zwischenschicht sein, aber mit Ambitionen nach oben und nicht nach unten. »Die aus'm Büro« eben, »die mit dem weißen Kragen«. So pflegte man seine Schätzchen, so gut man konnte, sodass man lange in der Gesellschaft etwas hermachen konnte.

In Mode waren auch Pelzkolliers, also Pelz, der so aussieht, als würde einem das Vieh schlafend um den Hals hängen. Es kam vor, dass der Dame von Welt nach ihrem Besuch des Kaffeehauses auffiel, dass ihr Marder seine Nase verloren hatte. Dies geschah so häufig, dass es sich lohnte, für künstliche Mardernäschen aus Zelluloid Werbung zu machen. Diese längere Nutzungsdauer war sicherlich ein Argument zum Kauf von Echtpelz, was dem ein oder anderen Marder mehr das Leben kostete. Das auch Zellhorn genannte Material wurde anscheinend in den 1920er-Jahren nicht nur in Fabriken verarbeitet. Die Politik sah sich im Juli 1923 sogar genötigt, eine »Verordnung über die Verarbeitung von Zellhorn in der Hausarbeit« zu erlassen. Aber trotz der erhöhten Brandgefahr gab man sich dezent arbeitgeberfreundlich: »Wird Gaslicht oder Petroleumlicht benutzt, so dürfen nur Hängelampen verwandt werden, die wenigstens 1 Meter höher als der Arbeitstisch hängen und unter denen ein Blechbehälter zum Auffangen auslaufenden Petroleums, herabfallender Funken, heißer Lampenteile usw. angebracht ist.« Mit dem Arbeitnehmerschutz war es anscheinend noch nicht gut bestellt, dafür erscheint die heutige Forderung nach Homeoffice sogar etwas angestaubt. Heimarbeit ist kein allzu neues Phänomen. Die Kunststoffproduktion und -verarbeitung hatte sie befeuert, manchmal allerdings leider im wahrsten Sinne des Wortes.

8. Tischtennissport – explosiv von 1891 bis 2014

Der neue Kunststoff Zelluloid galt schon bald nach seiner Erfindung als begehrenswert, jedoch auch als gefährlich. Aus gutem Grund transportiert DHL bis heute keine Tischtennisbälle aus Zelluloid. Pingpongbälle aus Zelluloid sind ein Gefahrgut, da das Material leicht brennbar ist. Der Tischtennissport ist in unserer Gegenwart ein seltsames Phänomen. Vorbei ist die Zeit, in der er in der Breite als Hobby ausgeübt worden ist. Der plastiklastige Tischtennissport steht dem ebenfalls kunststofflastigen Tischkickern gegenüber. Ich habe meinen Zivildienst in der Psychiatrie eines bayerischen Klinikums absolviert. Dort stand vor den halboffenen Stationen eine Tischtennisplatte und die Patienten konnten sich Schläger und einen Ball bei den Angestellten des Krankenhauses ausleihen. Seit dieser Zeit begegnen mir Tischtennisplatten und das nichtprofessionelle Tischtennis seltsamerweise immer im Zusammenhang mit Menschen, die im Leben auf irgendeine Weise Pech gehabt haben.

Als in meinem ehemaligen Institut Prof. Dr. Claus Leggewie, Träger des Verdienstordens des Landes Nordrhein-Westfalen, in den wohlverdienten Ruhestand ging und von einer weniger an aktuellen politikwissenschaftlichen Themen interessierten Direktorin aus Frankfurt am Main abgelöst worden ist, wurde keine Tischtennisplatte angeschafft. Wie in den hippen Start-ups soll etwas anderes für die Zerstreuung der dort nun eingezogenen Literaturwissenschaftler sorgen: der Kickertisch. Auch in hippen Start-ups ist dieses Spiel nahezu unverzichtbar. Das Kickerspiel steht anscheinend für aufkeimenden Erfolg, egal ob sich dieser dann wirklich einstellt. Man findet den Kicker kaum an den Orten der Lebensprobleme. An solchen Orten wird Tischtennis gespielt. In Kneipen ließe sich das noch nachvollziehen, schließlich sollen keine Tischtennisbälle über die Biertische fliegen. Doch ist die Verwunderung unumgänglich, denn den Trunkenen werden doch auch spitze Dartpfeile anvertraut. Der Kickertisch scheint ein positives Statement zu sein, das Tischtennisspiel hingegen steht in meinen Augen für Resignation. Aber das sind nur persönliche Eindrücke, ohne wirklich empirischen Hintergrund.

Tischtennis – ein Spiel mit dem Feuer, finden zumindest Paketdienste und stufen Tischtennisbälle aus Zelluloid als Gefahrgut ein.

Der Tischtennisball ist eines der letzten Dinge, bei denen wir im Alltag auf Zelluloid treffen. Doch auch im Tischtennissport setzt sich inzwischen der sogenannte Plastikball durch. Bei der Tischtennis-Europameisterschaft 2014 in Lissabon errang bei den Damen das deutsche Team und bei den Herren die portugiesische Mannschaft den ersten Platz, ohne dass ein Schläger Zelluloid berührte. Damit geht eine Tischtennisära zu Ende. Erst spielte man das Spiel mit Gummibällen. Seit 1891 aber wird Tischtennis mit Zelluloidbällen gespielt und nun kommt ein Plastikball. Doch ist Zelluloid nicht der Familie der Plastikprodukte zuzurechnen? Auch wenn Zelluloid nur halbsynthetisch ist, mit einem Kunststoff hat man es hier sicherlich zu tun. Hier ist analytisch jedoch mehr zu finden als nur eine sprachliche Undifferenziertheit. Das Tischtennisspiel mit Zelluloidbällen wird als natürlich empfunden, sodass Plastik darin sprachlich anscheinend keinen Platz finden kann. Plastik steht hier also sowohl noch für die Neuerung als auch für den inadäquaten Ersatz. In Internetforen werden unter Hobbyspielern der neue Ball und seine Eigenschaften heiß diskutiert. Weniger problematisiert wird dabei allerdings der Klang. Der Name Pingpong leitet sich schließlich vom Klang des Spiels ab. Der Ton fällt mit den neuen Bällen jedoch dunkler aus. So wird irgendwann der umgangssprachliche Name für den Tischtennissport erklärungsbedürftig werden. Simpel gestrickte Geister werden vielleicht bald meinen, es sei ein Sport aus China, obgleich er in England erfunden wurde.

Dies wirft die Frage auf, was denn eigentlich ein Original sein könnte. Das Original ist auf den Ersatz viel stärker angewiesen als der Ersatzstoff auf das Original. In unseren Köpfen hat sich Plastik so fest als Ersatzstoff verankert, dass es sprachlich möglich ist, Plastik durch Plastik zu ersetzen und das Ersatzprodukt Zelluloid zum Original zu erklären. Ein Original zu sein, bedeutet, dass man es mit Unverfälschtem zu tun hat. Doch was bedeutet es, »unverfälscht« zu sein? Welches nichtmenschliche Ding ist noch unverfälscht? Die Zuckerrübe ist eine Züchtung, das Schaf verendet, wenn Mensch es nicht schert, und Zelluloid ist in Laboratorien entwickelt worden. Es gibt kein Original-Zelluloid. Es ist das Alter und die Gewohnheit, die für uns Dinge wie Tischtennisbälle zum

Original werden lassen. In uns allen scheint damit eine Sehnsucht befriedigt zu werden. Eine Sehnsucht nach einer verständlichen Ordnung, einer Ordnung, die sich ohne menschlichen Eingriff ordnet. Wir konstruieren die Natur damit als ordentlich und haben damit recht wie auch unrecht. Die Natur hat der Mensch erfunden, damit er seine Welt einer anderen Welt gegenüberstellen kann. So erfindet er auch einen Plastikball, den er dem Zelluloidball gegenüberstellen kann, Unser Kopf meldet Wahrhaftigkeit beim Gewohnten und Lüge beim Unbekannten.

Unbekannt ist auch vielen Lottospielern, auf welche Bälle sie starren, wenn sie auf das finanziell sorgenfreie Leben hoffen. Den wilden Flug der Bälle bei 6 aus 49 unternehmen Tischtennisbälle aus Zelluloid. Ob diese auch bald von Plastiktischtennisbällen abgelöst werden müssen, liegt an der Haltbarkeit der Zelluloidbälle. Wenn sie einzeln ausgetauscht würden, würden sich wie beim Tischtennis die Flugeigenschaften ändern. Einige Glücksritter mit ausreichend Tagesfreizeit könnten sich dann den Kopf darüber zerbrechen, welche Zahl mit erhöhter Wahrscheinlichkeit den Millionengewinn bringen könnte. Im Internet wird viel über die neuen Eigenschaften des auch Polyball genannten neuen Tischtennisballs diskutiert. Es geht um Fragen, welche Strategien der Polyball befördert und welche Taktiker es mit diesem Ball schwerer haben werden. Eine Interessengruppe hat sich auf jeden Fall durchgesetzt. Mit dem Polyball ist das Spiel langsamer geworden. Da könnte man nun mit der Stirn runzeln und sich fragen, seit wann in der sich stetig beschleunigenden Welt eine Verringerung der Geschwindigkeit von Vorteil sein könnte. Natürlich geht es auch hier um die Mehrung von Kapital. Das Tischtennisspiel war vor dem Polyball so schnell, dass der Zuschauer kaum folgen konnte. Geld bringt aber nur, was auch im Fernsehen geguckt wird, denn da können die Unternehmen reichweitenstark ihre innovativen Produkte bewerben. Das ging auf Kosten der Spieler. Die Rotation des Polyballs hat sich verändert, und das zeigt sich, wenn man auf hohem Niveau spielen möchte. Bei der Weltmeisterschaft im Jahre 2014 hatten die Tischtennisbälle noch eine Naht und erinnerten so noch an die alten Zelluloidbälle. Auf der ISPO-Messe des Jahres 2018 wurde bekannt gegeben, dass fortan nur noch nahtlose Bälle über oder in das Netz der Tischtennisplatte geschlagen werden sollen. Ist die Welt nun sicherer? Vielleicht ein wenig, aber sie ist auch um ein Geräusch ärmer, das Ping und das Pong beim Tischtennis.

9. Die Kunststoffinnovation industrialisiert altes Handwerk

Gibt es in der Technik Innovationssprünge, die sich massiv auf die Arten des Wirtschaftens, also auf die Herstellung und Verteilung von Kapital und Gütern, auswirken, dann entsteht eine sogenannte »Engels' Pause«, benannt nach dem reichen Fabrikerben Friedrich Engels (1820–1895), dem finanziellen Gönner des berühmten Nationalökonomen Karl Marx (1818–1883). Mit »Engels' Pause« sind Irritationen auf dem Arbeitsmarkt gemeint, die unter anderem Arbeitslosigkeit nach sich ziehen. Erst einige Zeit nach der Vernichtung zahlreicher Arbeitsplätze entstehen durch die technische Innovation neue Arbeitsplätze anderer Art.

Bevor zum Beispiel Schilder erfunden wurden, war Wegweiser zwar kein berauschender und hoch angesehener, aber doch ein normaler Beruf gewesen, und es dauerte seine Zeit, bis sich der Schildermacher als angesehener Lehrberuf herausbildete. So wie man einmal den Schmied kannte, kannte man früher auch den Kammmacher, wenngleich nicht im gleichen Ausmaß. Es gab anscheinend zu damaliger im Gegensatz zur heutigen Zeit mehr zu schmieden als zu frisieren. 1926 bekam der Fabrikdirektor A. Bahls in der Fachzeitschrift *Kunststoffe* die Möglichkeit, die Künste seiner Fabrik zu beschreiben, in welcher er die Massenherstellung von »Frisierkämmen oder Haarordnungskämmen« betrieb. Er nahm das Angebot gern an und erklärte wenig allgemeinverständlich: »Für den Arbeitsgang selbst (das Fräsen) ist lediglich die Spannkluppe auf dem Arbeitstisch entgegen der Umlaufrichtung der Fräser zu verschieben, und zwar so, daß die Führungsleiste stets am unteren Ansatz des Fräsers bezw. des Fräsdorns in Anlage bleibt, bis der Rohkamm in seiner ganzen Länge bearbeitet ist.« So simpel ist die Massenfabrikation von damals sogenannten »Haarordnungskämmen«.

Bahls fertigte zwar nicht am Fließband, sondern an Werkbänken, dennoch endeten mit dem Zelluloid zahlreiche Handwerke sowie die Hausarbeit, die viele Landwirte durch den Winter brachte. In Fernsehdokumentationen besticht Deutschland durch die bewegten Bilder des rührigen Berlin der Zwanzigerjahre, tatsächlich aber war

Deutschland in der Fläche landwirtschaftlich geprägt, wohingegen die industriellen Zentren lediglich punktuelle Anziehungspunkte bildeten. Den Bauern vom Lande filmte jedoch kaum jemand, und so fehlt den heutigen Doku-Machern der Content und in unseren Köpfen fehlen die Bilder.

Auch Bürsten wurden nach Beginn der großen Plastikzeit nicht mehr an dunklen Wintertagen auf Bauernhöfen hergestellt. Damit war ihre Herstellung auch nicht mehr Teil bäuerlicher Erziehung, was die Menschen immer mehr von ihren Produkten entfremdete, da sich die Fertigung nun hinter Mauern zutrug, zu denen nur Befugte Zutritt hatten. Wiederum durfte Bahls aus Eilenburg von seinen Fertigungsmethoden in der Fachzeitschrift berichten. Das Interessante an seinem Artikel ist diesmal jedoch nicht seine für den Laien schwer nachvollziehbare Beschreibung, sondern die Art und Weise, wie er für seine Produkte den Anschein von Wertigkeit erzeugen wollte: »Ein gutes Erzeugnis muss auf den ersten Blick den Anschein erwecken, als handle es sich hier um eine Bürste mit aus dickem, festen Zelluloid hergestellten Bürstenrücken; die Holzeinlage soll jedenfalls nicht vermutet werden können.« Das Imitat läuft dem Naturprodukt den Rang ab. Zumindest hofft Bahls anscheinend, dass seine Kunden dies ebenso sehen. Nimmt man die Produktionsausweitung als Maßstab für die Trefflichkeit von Bahls' Einschätzung, muss man ihm recht geben. Es folgen Brillengestelle, Schachteln, Dosen, Zahnbürsten und das Zellusilber. Mit dem von Dr. Heinrich Wiesenthal im Februar 1935 als »außerordentlich dekorativ« beschriebenen Zellusilber, dessen »auffallende Schönheit«, »natürlich Erfahrungssache« ist und auf einem »Fabrikationsgeheimnis« beruht, konnten Knöpfe, Hutschmuck oder Werbeschilder gefertigt werden. Kunststoff beginnt zu dieser Zeit zu glänzen und zu funkeln. Plastik bekommt langsam, aber sicher die Macht zugeschrieben, Begehrlichkeiten auszulösen, und kann seinen Nimbus des billigen Ersatzes nach und nach abstreifen. Die Menschen im nationalsozialistischen Deutschland sollten sich an die Ersatzstoffe nicht nur gewöhnen. Man versuchte, Akzeptanz für sie zu schaffen. Unter anderem deswegen ließ man den Kunststoff jetzt glitzern und funkeln. Dieser Glanz des Zelluloids war eigentlich ein Schatten, denn es ging nicht darum, der Menschheit oder der Wissenschaft Fortschritt zu bringen, sondern darum, Deutschland von ausländischen Rohstofflieferanten unabhängig zu machen und kriegstauglich zu wirtschaften.

Seit seiner gesetzlichen Zurückdrängung in den 1950er-Jahren spielt Zelluloid – abgesehen vom Spleen einiger Cineasten und bis vor Kurzem von Tischtennisbällen – kaum noch eine Rolle. Polyvinylchlorid, bekannter unter seiner Abkürzung PVC, hat das Zelluloid abgelöst. Einst galt Zelluloid als Werkstoff der Zukunft und es gab ruppige Auseinandersetzungen über die Verfügbarkeit von Kampfer. Diese Zeiten sind längst vorbei. Kampfer dient heutzutage vor allem der Abwehr von Motten, aber früher war Kampfer das Suchtmittel der Kunststoffproduzenten.

10. Die Milch macht's: Eine Katze erfindet den Modeschmuck

Menschen haben mal gute, mal weniger gute und auch ziemlich schlechte Einfälle. Doch woher diese kommen, ist in den meisten Fällen schwer zu rekonstruieren. Man sitzt da und plötzlich wird einem etwas klar. Man hat einen Einfall, kann aber die Inspiration zu diesem Einfall nicht erkennen, den Pfad zum Einfall nicht zurückverfolgen. Manchmal gelingt es aber doch. Zuweilen stammen die Ideen der Menschen aus der Tierwelt. Ähnlich auch in diesem Fall.

Wahrscheinlich waren es die typisch divenhaften Bewegungen einer Katze, die dem Modeschmuck, den die Teilnehmerinnen bei Guido Maria Kretschmers *Shopping Queen* auf dem Fernsehsender VOX so hektisch einkaufen, den Durchbruch brachten. Die Katze stieß im Labor von Adolf Spitteler (1846–1940), dem Bruder des Literaturnobelpreisträgers und weit berühmteren Carl Spitteler (1845–1924), eine Flasche Formaldehyd in eine Schüssel Magermilch und die Milch wurde zu einer festen Masse. Die Legende überliefert nicht, ob das Kätzchen die Milch dann gekostet hat. Ich hoffe nicht. Ob nun Wahrheit oder Dichtkunst, diese Anekdote zeigt, dass wir es mit einem halbsynthetischen Kunststoff zu tun haben, welcher der Seidel'schen Linie des Kaseins, des Käsestoffs, folgt. Käse hat im Gegensatz zur Schießbaumwolle die Eigenschaft, weder zu explodieren noch zu brennen. Hält man Kunststoff, dessen Basis Milch ist, an eine Flamme, dann riecht es nur ein wenig nach verbrannter Milch. Es braucht also nicht mehr eine mutige Machobrust, um sich als der höheren Schicht zugehörig zu verkleiden.

Kunststoffe demokratisierten den Schmuck. Erst durch Kunststoffe konnten sich alle ausreichend behängen.

Spitteler – wie bei dem Chemiker Günter Lattermann nachzulesen ist – arbeitete eigentlich an etwas anderem als an der Erfindung des Modeschmucks. Er wollte einen Wettbewerb gewinnen. Den damaligen Schulmeistern war es ein Graus, den Schülern über den Weg der schwarzen Schiefertafeln Wissen einzubläuen. Die Schrift war schlecht erkennbar und Hygieniker warnten vor der Methode. Da witterte der Unternehmer Wilhelm Krische (1859–1909) ein einträgliches Geschäft und lobte einen Preis für eine nicht brennbare und weiße Schreibtafel aus. Spitteler sprang sofort darauf an. Er versagte bei seinen Versuchen, Kasein auf Pappe zu kleben, jedoch auf ganzer Linie.

Spitteler war kein Chemiker und er ist auf keiner Immatrikulationsliste einer Universität zu finden. Er war gelernter Kaufmann, der als Angestellter vor allem in Indien Geschäfte tätigte und wohl ein bewegtes Leben führte. Er trennte sich von seiner Frau, was damals sicherlich besonders kritisch beäugt wurde, da er mit der Haushälterin durchbrannte. Selbst im hohen Alter hatte er noch Lust auf Neues und ließ sich als Kunstmaler ausbilden. Ohne seine Katze hätte er sich der Legende nach jedoch nicht schon früh als Privatier einem solchen Leben widmen können. Nachdem seine Katze und er das Kasein verbessert hatten, erkannte Wilhelm Krische das ganz anders gelagerte und viel größere Potenzial dieser Entdeckung – und die Schiefertafeln blieben dunkel, bis Tageslichtprojektoren (im DDR-Sprech: Polylux) in die deutschen Klassenzimmer gerollt wurden. Gemeinsam mit Spitteler meldete Krische 1897 das Patent zum »Verfahren zur Herstellung hornartiger Massen aus Casein« an.

Doch das Verfahren war noch nicht wirtschaftlich genug. Je nach Dicke des Materials konnte es Monate dauern, bis die Masse getrocknet und verkaufsbereit war, sodass sie von kunstfertigen Händen bearbeitet werden konnte. Die Lagerkosten wachsen einem so über den Kopf und die Zeit zwischen Investition und Ertrag zieht sich allzu lang. Es brauchte eine Weiterentwicklung der Herstellungsmethoden. Sie spürten, dass da noch Luft nach oben war, aber sie wussten auch, dass sie dies allein nicht bewältigen konnten. Weder Krische noch Spitteler hatten das Know-how und das Kapital, ein solches Vorhaben zu finanzieren. Was sie aber beherrschten, war, maximale Gewinne zu erwirtschaften. So verkauften sie ihr Patent gleich zweimal. Einmal in Deutschland an die Vereinigten Gummiwarenfabriken Harburg-Wien und in Frankreich an die Compagnie Française de la Galalithe. Wie man daran sieht, war das Kasein-Kind von Spitteler und seiner Katze schon getauft worden. Sein Name setzt sich zusammen aus dem griechischen *gálaktos*, was im Deutschen mit »Milch« übersetzt wird und woher auch der Begriff Galaxie für die Milchstraße stammt, und *líthos*, dem Stein. Galalith ist ein eingetragener Markenname in Deutschland. Der Stoff selbst hat gar keinen Namen, es gab nur Handelsnamen. Der Kapitalismus stand schon in voller Blüte. Das Ding selbst existiert nicht für sich als ein Selbstzweck, sondern ist von vornherein Mittel zum Zweck des Geldverdienens und braucht daher nur Handels- beziehungsweise Markennamen. Der eigentlich namenlose Kunststoff wurde auch unter den Handelsnamen Neolith (Deutschland), Erinoid und Lactoid (England), Kyloid (USA), Glorith (Tschechoslowakei) sowie Casolith (Niederlande) vertrieben. Man stelle sich vor, wir würden das Wort »Papiertaschentuch« gar nicht kennen, sondern einzig »Tempo« und andere von Marketingspezialisten erdachte Begriffe, wie zum Beispiel »Softies«. Der künstliche Stoff, allein ersonnen zum Verkauf, nicht zur Lösung eines technischen Problems, bekommt nur Namen, die den Verkauf befeuern sollen, und zerspringt auf diese Weise diskursiv in ein, zwei, viele Kunststoffe. Auch heute kennen wir etwa 15 000 unterschiedliche Kunststoffe, aber circa 25 000 unterschiedliche Handelsnamen. Das gaukelt uns Vielfalt vor, wo doch eigentlich nur Monotonie industrieller Produktion herrscht. Der Leibnizpreisträger von 2012, Thomas Bauer, der an der Universität Münster lehrt, scheint recht zu haben, dass es nur so wirkt, als ob unsere gemeinsam geteilte Welt immer mehrdeutiger wird. In Wahrheit gibt es immer weniger Dialekte, immer geringere Artenvielfalt und in jeder Innenstadt H&M, K&L, C&A, Tchibo, kik, Topshop, NewYorker und Zara mit den immer gleichen Wohlstandsprodukten, die zum Teil in elendigen Verhältnissen hergestellt werden.

Das Fehlen eines Begriffs für den neuen Kunststoff, Galalith, ja das Desinteresse an der Entwicklung eines solchen Begriffs zeigt den Anbeginn der kapitalistischen Pseudovielfalt. Die Einfalt wird überkleistert durch eine Inflation an Markennamen, die dem Verbraucher Produktdiversität vorgaukelt. Der Verbraucher nimmt das gerne an und gaukelt sich selbst Kennerschaft und Sachverstand vor, indem er sich einredet, er könne minimalste Unterschiede benennen und sich damit vor seinen Arbeitskollegen, Familienmitgliedern und Vereinsbrüdern profilieren.

Verwundert hatte die Namensvielfalt unsere beiden Protagonisten, Krische und Spitteler, wahrscheinlich nicht. Sie hatten die Erfindung schließlich an zwei Firmen verkauft. Doch schon bald wurde den Entscheidern in beiden Firmen klar, vor welch galaktischer Aufgabe die angestellten Techniker standen, um gewinnträchtiges Werkeln zu garantieren, und so schlossen sie sich 1904 zur Internationalen Galalith-Gesellschaft Hoff & Co. AG Harburg zusammen. Es war nicht leicht, für einen Stoff aus Käse Investoren zu finden. Doch die Erfolge des Zelluloids gepaart mit dessen Gefahren zündeten als Argumente. Das Zelluloid bekam Konkurrenz. 1907 startete die Galalith-Gesellschaft Hoff & Co. AG Harburg ihre Werbekampagne im *Kolonial-Adreßbuch*. Die Farben werden als »die schönsten und leuchtendsten, die es gibt« gepriesen. Natürlich fehlt nicht der Seitenhieb auf das Konkurrenzprodukt Zelluloid. Der heute sogenannte Unique Selling Proposition (USP) war die Sicherheit. Damit griff das Galalith das Zelluloid an und traf dessen wunden Punkt mit gesalzener Wucht. Gegenstände aus Galalith könnten »jedem Kinde mit aller Ruhe in die Hand gegeben« werden, hieß es im *Kolonial-Adreßbuch*. Hoff & Co. wollte dort auch gleich auf etwaige Vorbehalte antizipativ eingehen. Das Galalith sei »absolut geruchslos und durchaus nicht feuergefährlich«, heißt es weiter. Die Geruchlosigkeit ist ein Verkaufsargument, das man bei einem Käseprodukt auch 1942 noch hervorheben musste: »Der Chemiker hat selbstverständlich dafür gesorgt, daß Geruchsattacken, wie sie von vollreifem Limburger oder Harzer Käse ausgeübt werden können« nicht vorkommen, schreibt Frederick Nissen in seinem Buch *Kampf mit Molekülen*. Heute würde man vielleicht mit dem Argument der Natürlichkeit argumentieren und vielmehr herausstellen, dass die Chemiker daran kaum etwas verändert haben. Hier zeigen sich die Unterschiede im Umgang mit Natürlichkeit und Künstlichkeit in den unterschiedlichen Zeitschichten.

Ab 1910 wurde Galalith im verbesserten Trocknungsverfahren hergestellt und ab 1915 konnte die Effizienz durch Verwendung spezieller Maschinen gesteigert werden. Gefärbt wurde oft mit Anilin (vgl. Kapitel 14). Gerade Kämme aus Galalith erfüllten den Wunsch der Nutzer, keine Reibungselektrizität zu erzeugen. Das bedeutete, dass das Phänomen der »elektrischen Haare« mit einem Kamm aus Milchstein nicht auftreten konnte. Reibt man einen aufgepusteten Luftballon an einem behaarten Kopf, dann kann man das Phänomen Reibungselektrizität nachstellen. Das Galalith wurde ganz passabel vom Markt angenommen. Schon 1913 wurden 4,3 Prozent der deutschen Milchproduktion für die Herstellung von Galalith aufgewendet. Tatsächlich importierte man deswegen sogar Milch aus Argentinien, Neuseeland und Frankreich.

Bis zum Jahr 1914 bestand im Deutschen Reich keine große Nachfrage an Magermilch. Ihr Geschmack war nicht beliebt, sie war in rohem Zustand anfällig für Bazillen, die Hausfrauen waren damit nicht vertraut und durch diese geringe Nachfrage war die Magermilch mancherorts sogar teurer als die fettere Vollmilch. Dies änderte sich 1914 mit dem Beginn des Ersten Weltkrieges. Die angebliche Kriegsbegeisterung der Bevölkerung entstammt nicht den Geschichtswissenschaften, sondern vielmehr dem Roman *Im Westen nichts Neues* von Erich Maria Remarque (1898–1970) sowie den Fotografien, bei deren Entstehung eher der Fotograf durch sozial erwünschtes Verhalten beim Akt des Fotografierens gegrüßt wurde, als dass man einen herannahenden Krieg begrüßte, wie der Freiburger Historiker Prof. Dr. Jörn Leonhard herausgearbeitet hat. Es lassen sich Hamsterkäufe und Wehklagen der Landwirte wegen des zu befürchtenden Mangels an Arbeitskräften zur Erntezeit nachweisen. Von allgemeiner Kriegsbegeisterung kann keine Rede sein. Und: Die Befürchtungen waren berechtigt. Wie bei Leonhard zu lesen ist, durften bereits im Februar 1915 wegen Rohstoffmangels in Wien Guglhupf, Krapfen und Strudel nur noch an zwei Tagen in der Woche produziert werden. Schnell wurden an der Heimatfront die Lebensmittel knapp. Die Importe blieben wegen des Krieges aus und künstlicher Kautschuk für die Bereifung der Fahrzeuge und Zelluloseacetat für die Tragflächen der wenigen Flugzeuge waren nun von größerer Bedeutung als Galalith. So wurde Magermilch zu einer nachgefragten Ware und das Angebot an Galalith nahm ab.

Nach dem Ende des Ersten Weltkrieges und der Inflation der beginnenden 1920er-Jahre kehrte das Galalith zurück und zwar in die Architektur des Bauhauses und an die Hälse und Arme von Frauen in Form von künstlichem Schmuck. Nun darf man aber nicht glauben, dass die Magd, das Dienstmädchen oder die Telefonistin mit dem Milchstein behängt war. Das war den Damen vorbehalten, die mindestens zur mittleren Oberschicht gehörten. Dass dieser Schmuck aus Milch hergestellt worden war, war den Trägerinnen in der Regel gar nicht klar. Noch 1924 findet sich das Galalith in der achten Auflage des Buches *Spezialitäten und Geheimmittel*. Die Herkunft des Galaliths wurde von den Schmuckhändlern anscheinend lieber nicht thematisiert. Dabei bestimmt das Material die Möglichkeiten und Grenzen der künstlerischen Bearbeitung. Wir haben es hier mit einem halbsynthetischen Stoff zu tun, der noch nicht über die schier unbegrenzten Möglichkeiten der vollsynthetischen Stoffe verfügt. Galalith ist eine Duroplaste und kann nicht gegossen werden. Es wurde den Schmuckherstellern meist in Platten in den gewünschten Farben geliefert und dort durch Drehen, Bohren, Schleifen und Schnitzen in Form gebracht. Um eine Massenproduktion leisten zu können, waren also einfache Formen das Mittel der Wahl. Das passte jedoch wunderbar in die Art-déco-Welle und verschaffte vor allem der rheinland-pfälzischen Firma Jakob Bengel bis in die 1930er-Jahre einen sehr guten Absatz auf dem Schmuckmarkt. Dass der Modeschmuck aus Galalith ausgerechnet in Idar-Oberstein seine Hauptstadt fand, lag wohl an der direkten Bahnverbindung nach Paris. Zumindest behauptet dies die Fachliteratur. Man kannte durch diese Direktverbindung die neuesten Trends schneller als alle anderen. Allein auf Bestreben der Firma Bengel, so ist der Fachliteratur zu entnehmen, konnte man auf dem Bahnhof sowohl Hin- als auch Rückfahrtickets nach Frankreich erstehen. Wahrscheinlich wollte man so an Pariser Bahnhöfen Zeit sparen. Dies sagt auch etwas über Beschleunigungstendenzen der Moderne, die der Jenaer Professor Hartmut Rosa für die Gegenwart herausgearbeitet hat.

Manche nennen das Aufkommen des Modeschmucks in den Zwanziger- und Dreißigerjahren des vergangenen Jahrhunderts einen Schritt hin zur Demokratisierung der Schmuckwelt, wie zum Beispiel Eleanor Gordon und Jean Nerenberg. Wahrscheinlich war es jedoch eher ein Versuch eines Unternehmens, über den vielleicht sogar als lästig empfundenen Umweg der Ware mehr Kapital zu machen. Coco Chanel wurde mit der Vermassung des Schmucks reich und berühmt. Man brauchte sich nicht mehr zu schämen, wenn man sich mit falschem Schmuck schmückte. Es eröffnete sich ein Massenmarkt, auch weil man inzwischen in Massen zu produzieren wusste. Auch wenn es sich um nicht so ganz billigen Schmuck handelte, zeigt sich hier der Ursprung unserer Plastikprobleme. Als es nur Naturmaterialien gab, war Schmuck der Oberklasse vorbehalten. Die breite Masse konnte nur entweder bewundernd gucken oder neidisch werden, je nach Charakter und politischer Ideologie. Nun ist es ja schön, wenn Menschen an der Welt und deren Material partizipieren können. Doch die Folgen sind eben auch ein großer Müllberg, der uns heute erdrückt. Freilich ist es nicht das Galalith, das uns die Probleme bereitet. Es ist die Haltung, dass jeder alles haben soll, wenn auch nur aus Ersatzstoffen. Doch die Konsumdroge hält nicht lang, es braucht höhere Dosen und kürzere

Frequenzen des Reizes. Die Demokratisierung des Konsums durch das nur scheinbar Besondere wurde dann auch schnell durchschaut und sogar Schmuck wurde zur Wegwerfware. Was vor Jahrtausenden noch mystische Bedeutungsinhalte besaß, aufgeladen war mit Religion und Ritual, ist heute nur interessant im farblichen Zusammenspiel mit anderen Wegwerfprodukten. Ihren materiellen Ursprung hatte diese Haltung zu Schmuck im Galalith. Neben aller Gesellschaftskritik darf man aber auch nicht außer Acht lassen, welch neue Türen das Material für Designer aufgestoßen hat. 1929 interpretierte Gérard Sandoz (1902–1995) die Möglichkeiten, falschen Schmuck herzustellen, als künstlerische Chance: »Lassen wir uns nicht, was den Werkstoff betrifft, Partei ergreifen. Ich meinerseits bin der Ansicht, dass es zuallererst nötig ist, an die Linie und das Gesamtvolumen des zu schaffenden Schmuckstücks zu denken.« Die Schönheit, die Idee des Künstlers rücken für Sandoz durch den Modeschmuck in den Vordergrund. Die Kaufmotivation als Geldanlage und der Materialwert in den Hintergrund. Hier erkennt man durch den damaligen Blick auf das Galalith schon die ersten Anzeichen eines »kognitiv-kulturellen Kapitalismus« (Andreas Reckwitz), der sich erst heute so richtig entfaltet. Nicht mehr das Material steht im Vordergrund, sondern die Idee, die Autorschaft, das Urheberrecht. Der Kopf und die Hände des Künstlers beginnen, die Hauptrolle zu spielen. Das Materielle rückt in den Hintergrund. In den Worten von Sandoz klingt dies alles schon an. Modeschmuck, der durch Galalith möglich wird, wird also politisch als Demokratisierung, wirtschaftlich als Gewinnmöglichkeit und künstlerisch als Chance für den Künstler, sich auszuprobieren, gedeutet.

Als die Kriegsvorbereitungen Nazideutschlands einsetzten, wurde immer weniger Schmuck produziert. Das Galalith wurde zur Isolation von elektrischen Kabeln und zur Herstellung anderer kriegswichtiger Materialien benötigt. Die NS-Führung stellte sich schon darauf ein, irgendwann nicht mehr mit Milch- und Kaseinimporten rechnen zu können. Galalith wurde ab 1935 zum Modellbau von Kriegsflugzeugen benutzt. Sogenannte Wiking-Flugzeuge, hergestellt in der gleichnamigen Berliner Firma, sollten es den Soldaten ermöglichen zu erkennen, was und wer da über ihnen fliegt. Schließlich wollte man das sogenannte »friendly fire« verhindern. So bezeichnet man die Kugeln, die den eigenen Landsmann und nicht den als Feind konstruierten Soldatenkollegen treffen.

Die Zeiten hatten sich geändert. Die »goldenen Zwanziger« waren vorbei, deren Glanz eher von einem Ersatzstoff herrührte als von echtem Gold. Diese angeblich goldenen Jahre dauerten auch gar nicht so lange, wie es die Bezeichnung als Jahrzehnt nahelegt. Bis 1924 herrschte Hyperinflation und im Oktober 1929 brach die Weltwirtschaftskrise auf die Menschen herein. Das schimmernd Glänzende dieser Jahre war also nur kurz und nicht überall zu sehen und nicht für jedermann zu haben. Noch weniger natürlich später im Krieg. Das Galalith wurde wieder besonders, weil man es im Alltagsleben immer seltener sah. Es konnte sogar als Abzeichen verwendet werden. So zum Beispiel geschehen im Januar 1941 bei der Sammlung für das Kriegs-WHW mit dem Motto »Für Mutter und Kind«. Jeder männliche Spender erhielt das Abzeichen »Salzburger Berge« und jeder weibliche Spender »Blumen« aus Galalith. So entsteht sozialer Druck. Wer kein Galalith-Abzeichen trug, schien sich nicht um das großdeutsche Gemeinwohl zu scheren. Schmuck ist immer auch Kommunikation und bedingt somit auch Ausschlussmechanismen. Das Erwachsenenleben unterscheidet sich hinsichtlich Kleidung und Accessoires kaum von dem auf dem Schulhof. Man spricht nur weniger darüber und grenzt weniger offensichtlich aus.

Nach dem Ende des allein von Deutschland vom Zaun gebrochenen Weltkrieges verdrängten die vollsynthetischen Kunststoffe das halbsynthetische Galalith. Nichts verschwindet jedoch so ganz. Bahnfahrer freuen sich ob des leisen Klangs von Stricknadeln in ihrem Abteil. Die Milch macht's möglich! Gitarrenspieler nutzen noch heute gern Galalith-Plektren. Es ist also nicht nur der Modeschmuck, den wir Spittelers Katze verdanken, sondern auch manch schmachtender Blick, wenn jemand am Strand bei untergehender Sonne die Akustikgitarre auspackt und mit einem Plektrum aus Käse die Saiten anschlägt. Kann man als Mann so die ersten zarten Bande knüpfen, kann es sogar manchmal so weit kommen, dass sich einige Monate später stillende Mütter erneut Gedanken um Galalith machen. Heutzutage kann man sich Schmuck aus Muttermilch herstellen lassen. Das ist nichts anderes als Galalith-Schmuck. Dieser Anbieter, der im Internet zu finden ist, verarbeitet auch gebrauchte Nabelschnüre und Plazenta. Was für den Leser vielleicht skurril klingen mag, bedeutet gerade Müttern von sogenannten Sternenkindern sehr viel. Es ist manchmal das Einzige, was ihnen bleibt.

11. Kneten, formen, modellieren – Plastilin erobert die Kinderzimmer

Sigmund Freud (1856–1939), der Begründer der Psychoanalyse, beschäftigte sich mit den unterschiedlichen Phasen der frühkindlichen Entwicklung. Er unterschied die frühe orale Phase von den darauffolgenden analen und ödipalen Phasen. Zwischen diesen frühkindlichen Phasen und der Pubertät verortete Freud die sogenannte Latenzphase.

In der analen Phase entwickelt das Kind einen Stolz auf das erste selbst hergestellte Produkt, den eigenen Kot. Kleine Kinder möchten gern damit spielen, was in unserer Gesellschaft jedoch als verpönt gilt und auch tatsächlich unhygienisch ist. So gibt man den Kindern schon seit Anfang des 20. Jahrhunderts Knetmasse, oft auch Plastilin genannt, als Ersatzstoff zum Kneten, zum Formen und zum Modellieren. In Freuds Worten handelt es sich dabei um eine Sublimierung eines Triebes. Das bedeutet, dass anstelle des eigentlichen Triebziels ein ähnlich gelagertes Bedürfnis befriedigt wird. Dies hat zwar destruktivere Folgen für Teppiche, insbesondere für Flokatis, als menschlicher Stuhl, ist aber gesellschaftlich wesentlich akzeptierter.

Die Karriere der Knetmasse begann gar nicht als Kunststoff. Trotzdem wurde die Plaste bzw. das Plastilin immer als Teil der Kunststoffwelt gesehen.

Das Plastilin wurde im Jahr 1890 von Franz Kolb erfunden, einem Apotheker aus München mit privatem Hang zur Künstlerszene. Dort fühlte er sich wohl und wollte mitreden können. Also nahm er sich eines Problems der Künstler an, die ein Material haben wollten, das sie ganzjährig nutzen konnten, um ihre kreativen Einfälle materielle Realität werden zu lassen. Der Name, Plastilin beziehungsweise Knetmasse, führt einen auf eine falsche Fährte. Bei Plastilin handelt es sich im engeren Sinne gar nicht um einen Kunststoff. Plastilin besteht in der Regel aus Wasser, Mehl, Zitronensäure und Speiseöl und ist zwar nicht für den Verzehr geeignet, aber nicht tödlich und so für Kinder ab zwei Jahren empfohlen. Die Firma, die Kolb gründete, existiert noch heute und nutzt seinen Namen. Dort ist Industrieplastilin erhältlich, das benötigt wird, um Modelle – auch im Maßstab 1:1 – zu kneten.

Das Plasticine von William Harbutt erhielt neun Jahre nach Kolbs Erfindung ein englisches Patent. Er verwendete Vaseline, Kalziumkarbonat und Stearinsäure für seine Knetmasse. Hier haben wir es dann mit Kohlenwasserstoffverbindungen zu tun, also mit einem Kunststoff. Diese Masse und nicht das Plastilin aus München wird nicht nur von Kindern in ihrer analen Phase genutzt, sondern dient Filmkünstlern, Figuren wie Wallace und Gromit zu erschaffen. *Wallace & Gromit* heißt eine mehrteilige Komödie, die in der Stop-Motion-Technik aufgenommen worden ist. Wallace ist ein schrulliger Erfinder, der zusammen mit seinem Hund, der nach einem Dichtungsring benannt ist, Abenteuer erlebt. Auch Frank Zappa, der neben der Musik Filme produzierte, nutzte solch eine Filmtechnik, die im Szenejargon Claymation heißt.

Sophie Kruse, die Tochter von Käthe Kruse, der berühmten Puppendesignerin, erfand – wie man auf der Website der Firma Staedtler erfahren kann – 1939 eine Knetmasse, die aus Polyvinylchlorid und Weichmachern besteht. Wo Plastilin beim Auseinanderziehen noch Rissspuren zeitigte, hatte das sogenannte Fimoik von Kruse in etwa die Konsistenz von gekühlter Vaseline. Erst 1964 fand sich durch einen Firmenverkauf der Handelsname Fimo. Fimo gibt Hobbybastlern die Möglichkeit, die entstandenen Figuren im Backofen auszuhärten und beispielsweise als Schlüsselanhänger zu verschenken. Auch hier verdrängte der Werkstoff PVC natürliche Werkstoffe und war mehr als ein Ersatzstoff, der günstiger zu produzieren war. PVC zeigte Eigenschaften, die denen des ursprünglichen Materials in vielerlei Hinsicht überlegen waren. Anstelle von Ersatzstoffen kann man hier von Innovationsstoffen sprechen.

Auch außerhalb von Kunst und Erziehung nutzt man Knetmasse. Durch die Hinzugabe von Epoxidharz erhält man eine Masse, die relativ schnell fest wird. Bei Umzügen aus Miethäusern braucht man diese Knetmasse. Man kann damit Risse und Löcher, die Nägel und Schrauben hinterlassen haben, kitten. Wegen seiner Eigenschaften wird solch eine Knetmasse auch Powerknete genannt.

Bei aller Fortschrittsskepsis, bei allem Wissen und der daraus resultierenden Kritik: Knetmasse ist eine tolle Erfindung mit Eigenschaften, die es Kindern erlauben, ihre anale Phase zu überwinden, ohne dass man sich als Elternteil allzu sehr ekeln muss, die wahrhaft tolle Filmchen ermöglichen und gute Einsatzmöglichkeiten für Architekten und Künstler bieten. Vielleicht tritt der saure Nebeneffekt erst noch zutage, aber bislang hat sich das Zeug gut bewährt, und es ist auch gesünder für den Nachwuchs, wenn man nicht seinen natürlichen Regungen nachgibt und ihn stattdessen seine anale Phase mit Knetmasse ausleben und überwinden lässt.

12. Baekelands Bakelit – die wundersame Natürlichkeit des Künstlichen

Das Bakelit ist der erste Kunststoff, der den Titel anthropogenes Polymer wirklich verdient. Es handelt sich um einen vollsynthetischen Kunststoff, an dem nichts mehr natürlich ist. Kein Blut, keine Baumwolle, keine Muttermilch, keine Lederabfälle und auch keine anderweitigen Verbindungen der zu überwindenden, weil den Menschen einengenden Natur wurden mehr benötigt, um zu formen, was man wollte, wie der Benediktinermönch Seidel (vgl. Kapitel 3) über das Kasein frohlockte. Die scheinbare Abkoppelung der Kulturwelt der Menschen von der Naturwelt scheint in den Materialwissenschaften damit vollendet, war aber nur ein erster Schritt hinein in diesen Fehlschluss. Die Natur schlägt nicht zurück, sie agiert nicht. Die Natur bildet die Hinterbühne des Schauspiels, das der Mensch aufführt, immer als Zuschauer und Akteur gleichermaßen, und in der Regel wird jeder mehrfach besetzt. Und manchmal fällt eine Kulisse im Theater um und man sieht das unaufhaltsame kausale Wirken der Natur. Aus vollsynthetischen Kunststoffen fertigte man besonders feste Kulissen, die die Natur jedoch ebenfalls durchweichte. Die erste Schicht dieser Kulisse bildet das Bakelit und hin und wieder fliegt ein Gegenstand aus Bakelit über die Kulissen der Vergangenheit auf die Bühne unserer Gegenwart. So war in der Zeitung *Seattle Times* im Jahre 2006 ein Lehrstück über die langfristigen Folgen des Kunststoffeinsatzes zu lesen: Im Zweiten Weltkrieg verlor ein amerikanisches Kriegsschiff ein Bauteil aus Bakelit mit der Bezeichnung VP 101 und sechs Jahrzehnte später tauchte es im Magen eines Vogels wieder auf.

Diese Form der Ausrüstung der US Navy machte der belgisch-amerikanische Chemiker Leo Hendrik Baekeland (1863–1944) möglich. Baekeland war begeisterter Hobbyfotograf, ein Hobby, das sich am Ende des 19. Jahrhunderts nur wenige leisten konnten. Als er die Möglichkeit bekam, in einer amerikanischen Firma, die sich mit Filmentwicklung verdingte, zu arbeiten, ließ er seine Professur an der Universität in Gent ruhen. Er machte dort einige Entdeckungen und Erfindungen, die zu verbessertem Druck von Fotos führten. Darüber hinaus war er jedoch vor allem mit Routinetätigkeiten betraut. 1892 entschloss er sich deshalb, als unabhängiger Berater zu arbeiten. Privat wie beruflich begann für Baekeland dann eine Krisenzeit. Es dauerte, bis er mit seiner Selbstständigkeit Fuß fassen konnte, was seine Ehe stark belastete. Mit seinem Velox-Papier scheiterte Baekeland anfangs aufgrund der komplexen Anwendung, die lange und schwer zu lesende Anleitungen notwendig machte. Der niederländische Sozialwissenschaftler Wiebe E. Bijker, auf den ich mich in diesem Kapitel beziehe, arbeitete Mitte der 1990er-Jahre heraus, wie unsichere Amateure Baekelands Anweisungen Schritt für Schritt folgten, wohingegen die Profis ihrer Erfahrung vertrauten, und so die Amateure mit Velox-Papier bessere Ergebnisse erzielten als professionelle Fotografen. Die wenigen Amateure aber reichten zunächst nicht für den kommerziellen Erfolg. Es dauerte, bis die teuer bezahlten Profis von den Amateuren gelernt hatten. Aber letztlich gelang dem Velox-Papier der Sprung aus der Amateurnische. 1900 hatte Baekeland dadurch die finanziellen Möglichkeiten, sich ein eigenes Laboratorium zu bauen und eine Hilfskraft zu bezahlen.

1902 begann Baekeland, sich für ein Verfahren aus Phenol, einem Abfallstoff aus der Steinkohledestillation, und Formaldehyd, einem synthetischen Kunststoff, zu interessieren. In Europa gab es unterschiedliche Versuche, einen Ersatz für Schellack aus diesen Stoffen zu erschaffen. Außer unbrauchbarer Pampe kam jedoch nichts heraus. Den entscheidenden Einfall hatte Baekelands Hilfskraft, Nathaniel Thurlow. Er, die unscheinbare und bis heute nahezu unbekannte Hilfskraft, fand das richtige Gemisch, um einen satisfaktionsfähigen Schellackersatz herstellen zu können. Thurlow erkannte die Tragweite seiner Erfindung nicht, Baekeland jedoch schon. Der heute naiv erscheinende Nathaniel Thurlow unterschrieb einen Vertrag mit Baekeland, in dem er sich selbst aller Rechte an dem neuen Stoff begab, und nur wenige Monate später meldete Baekeland seinen Werkstoff zum Patent an. Am 18. Februar 1907 wurde das Patent erteilt. Doch dies war noch nicht die Geburt des Bakelits, sondern nur die eines Schellackersatzes, eines Vorläufers des Bakelits.

Im Grunde hätten wir anstelle von Leo Hendrik Baekeland besser Nathaniel Thurlow, Baekelands geniale, aber strategisch ungeschickte Hilfskraft, durch ein Bildnis ehren sollen, aber von ihm war kein Foto aufzutreiben.

Der Sozialkonstruktivist Wiebe E. Bijker arbeitete sich für sein Buch *Of Bicycles, Bakelites, and Bulbs: Toward a Theory of Sociotechnical Change* durch die Notizen und Tagebücher Baekelands und berichtet davon, dass dessen Assistent Thurlow im Juni 1907 für einige Tage nicht im Labor arbeitete und Baekeland währenddessen seine große Erfindung machte. Baekeland machte sieben Versuche mit seinem Schellackersatz. Er wollte die Einsatzmöglichkeiten »seiner« Erfindung mit Holz untersuchen. Schnell merkte er, dass er kurz davor war, einen neuen Stoff zu erfinden. Vier Tage bevor er die eigentliche Entdeckung machte, notierte er in sein Tagebuch, dass er einen neuen Stoff, sollte er jemals einen erfinden, »bakalite« nennen würde. Die Arbeiten, um vom flüssigen zum gummiartigen bis hin zum widerstandsfähigen Bakelit zu kommen, beschreibt Baekeland als fieberhafte Tage, in denen er vier unterschiedliche Formen des neuen Stoffes anhand der Konsistenz – vom Bakelit A über Lack bis zum Bakelit D, einem harten Kunststoff – differenzierte.

Noch während des Prozesses überlegte Baekeland, wie sich bei Bijker nachlesen lässt, welche kommerziellen Möglichkeiten sich daraus ergeben könnten. An Konsumprodukte dachte er noch nicht. Er sah vielmehr in der Produktion Einsatzmöglichkeiten. An Volksempfänger, Lichtschalter, Telefone oder Haarföhne konnte er damals auch noch nicht denken, aber selbst auf eine Verwendung für Billardkugeln kam er nicht.

Am 13. Juli 1907 wurde das Patent für Bakelit erteilt. Es folgten einige Verbesserungen, die Baekeland im Oktober 1907 patentieren ließ. Baekeland wurde zum Star unter den Kunststoffexperten. In seinen öffentlichen Verlautbarungen stellte er seine vier unterschiedlichen Bakelit-Kunststoffe dem Zelluloid gegenüber, womit das Duell zwischen Galalith und Zelluloid zu einem Dreikampf auf dem Markt der Ersatzstoffe wurde.

Zu Beginn hatten die Firmen große Probleme, mit dem neuen Material zu arbeiten. Sowohl die Maschinen als auch die Fähigkeiten und Fertigkeiten der Arbeiter waren noch nicht für das neue Material bereit. Baekeland hatte jedoch aus seiner anfänglichen Niederlage bei der Vermarktung des Velox-Papiers gelernt und machte die gleichen Fehler nicht noch einmal. Er arbeitete eng mit den Produzenten zusammen. Baekeland gründete 1910 seine eigene Firma, die Bestand hatte, bis sie 2004 aufgekauft wurde. Das Bakelit war solch ein ökonomischer Erfolg, dass Baekeland nicht nur in Deutschland und an anderen europäischen Standorten Dependancen eröffnete, sondern als erster Besitzer eines westlichen Unternehmens eine Fabrik in Japan betrieb.

Besonders macht das Bakelit nicht allein der Umstand, dass es der erste vollsynthetische Kunststoff ist und damit der erste aus der Reihe, von denen die heutigen Umweltprobleme ausgehen. Das Bakelit wirkt trotz seiner künstlichen Produktionsweise natürlich. Dies liegt in erster Linie daran, dass es Gebrauchsspuren mit ästhetisch ansprechender Patina zeigt. Daher sind die alten Bakelit-Telefone selbst heute noch als museales Ausstellungsstück wie auch als Wohnaccessoire beliebt. Ihr Alter schreibt sich in sie ein. Das macht sie uns Menschen ähnlicher. Zwischen den beiden Polen Künstlichkeit und Natürlichkeit, mit denen wir unsere Weltsicht strukturieren, schiebt solch ein sichtbarer Alterungsprozess das Bakelit hin zur Natürlichkeit. So passen Produkte aus Bakelit, wie zum Beispiel Lichtschalter oder Türklingeln, ins Programm von Manufactum, das sonst aus Gründen der Nachhaltigkeit auf den Vertrieb von Kunststoffprodukten weitestgehend verzichtet. Auch auf eBay finden sich noch zahlreiche authentische Produkte aus Bakelit, unter anderem Militaria und andere Gegenstände aus Kunststoff aus dem Dritten Reich. Ich mag mir gar nicht ausmalen, welche Menschen aus welchen Gründen solche Souvenirs sammeln. Mit einigen beispielhaften Gründen für diesen Abscheu sowie mit dem Umgang des Dritten Reiches mit Ledererersatzstoffen wie Buna oder Igelit für die Schuhindustrie und dessen nationalistischer Rohstoffpolitik im Allgemeinen befasst sich Kapitel 13.

13. Die Autarkieträume der deutschen Nazis

Bis heute ist die Rohstoff- und Energieautarkie für nationalistische Politik ein wichtiges Ziel. Die Motivation dazu speist sich aus einem paranoiden Sicherheitsbestreben, das als Streben nach wirtschaftlicher Unabhängigkeit von Rohstoffen aus anderen Ländern propagiert wird. Der Nationalist begegnet anderen Nationen grundsätzlich mehr als nur skeptisch. Überall wittern Anhänger nationalistischer Ideologien Bedrohung, Erpressung oder gar einen evolutionären Kampf zwischen Kulturen, in dem nur der Stärkere bestehen kann, was meist aus einem Übersetzungsfehler bei Charles Darwins (1809–1882) Ausspruch »Survival of the fittest« herrührt. Darwin meinte schließlich Anpassung an die Naturgegebenheiten und nicht körperliche Stärke. Handel möchte der Nationalist nur aus der Position der Stärke heraus betreiben, niemals aus der Position der Schwäche, die aus einem Mangel herrührt. Der Nationalist verkauft deshalb lieber, als dass er kauft. Das macht seine Nation reich. Daher soll alles möglichst mit Überschüssen im eigenen Land produziert werden.

Es ist ein Grundmerkmal rechter Parteien, andere Nationen zu kriminalisieren. Dieses Muster zeigt sich bereits nach einer kurzen Recherche, zum Beispiel in der Publikation *Energie und Lebensmittel – Grundlagen zur Freiheit*, die auf der Website der Freiheitlichen Partei Österreichs (FPÖ) mit einem Vorwort von HC Strache (FPÖ), der im Mai 2019 über die Ibiza-Affäre politisch ins Straucheln geriet, gratis heruntergeladen werden kann. Als Herausgeber ist Norbert Hofer (FPÖ) angegeben, der nur knapp nicht Bundespräsident Österreichs geworden ist und der zur Zeit der Niederschrift dieses Buches als neuer Parteichef der FPÖ gehandelt wird. In dieser Publikation heißt es auf Seite 56: »Eine Abkehr vom fossil-atomaren Altsystem stellt auch den einzigen Ausweg aus politischer Erpressbarkeit zwischen den Nationen dar.«

Neben der Erzählung eines ständig drohenden Ausnahmezustands findet sich freilich auch die politökonomische Forderung, man habe die eigene Wirtschaft mit seinem Geld dringlicher zu stützen als die Wirtschaft anderer Nationen. Die internationale Staatenwelt wird dabei geformt, als wäre sie wie ein sportlicher Wettbewerb aufgebaut, bei dem die eigene Position gestärkt werden muss. Dabei handelt es sich natürlich auch um eine Absage an internationale Solidarität, wenn man sich links wähnt, und eine Absage an internationale Kooperation durch Handelsbeziehungen, wenn man sich politisch als wirtschaftsliberal einstuft. Der Nationalist stemmt sich gegen international wirksame moralische Verpflichtungen ebenso wie gegen die kalte Rationalität eines staatenübergreifenden Wirtschaftssystems, in dem durch wechselseitigen Handel ein Mangel ausgeglichen werden soll.

Alle drei Ideologien – der Nationalismus, der Sozialismus und der Neoliberalismus – haben die Realität zum Gegner. Der Nationalist kann nicht ernsthaft glauben, dass man alles, was die Menschen am Markt nachfragen, im eigenen Land herstellen kann. Deswegen fordert der Nationalist im Namen der von ihm selbst erfundenen Nation (Benedict Andersen) der Bevölkerung ständig Opfer ab; Opfer, die das Individuum im Gesamtzusammenhang der Nation zum Helden werden lassen. Im Dritten Reich wurden aus Kunststoffen Heimstoffe und Sparstoffe. Die Menschen sollten ein neues Verhältnis zu Kunststoffen bekommen. Sie sollten anfangen, sie prima und innovativ zu finden, sie als eine Erfindung zu preisen, wie sie nur Deutsche zustande bringen können. Aus der Not wollten die Nazis eine Tugend machen, beziehungsweise den Ersatzstoff zum begehrten Original. Der Sozialist weiß hingegen insgeheim, dass es keine Zärtlichkeit zwischen Völkern gibt. Der linke Sozialist erträumt sich ein simples Narrativ von einem System mit guten Arbeitern und bösen Kapitalisten und weiß nach dem Aufwachen, dass nur eines wirklich gerecht verteilt ist: Laster, Leidenschaften und Untugenden. Weder will der Arbeiter auf die Annehmlichkeiten der Kunststoffe verzichten noch der Kunststoffproduzent auf seine Gewinne – obwohl sie sich einig sind, dass ein Strand voller Plastikmüll weniger schön ist als ein einsamer Traumstrand. Demokratisiert man den Traumstrand und lässt die Touristenmeute auf ihn los, dann macht man daraus den Plastikmüllalbtraumstrand. »Alles für alle« führt oft zu einem »Nix für niemanden«. Eine gerechte Verteilung kann zu unerwünschten Ergebnissen führen. Der Staat reguliert deswegen den Zugang zu bestimmten Dingen. Lenkungssteuern zum Beispiel für Tabak und Treibstoff oder vergünstigte Steuersätze wie für Bücher verändern die Zugänglichkeit von Waren, Dienstleistungen oder Lebenschancen. Die Reichen kritisieren die Steuerlast vielleicht, aber die Lenkungssteuern können die gut Betuchten in der Regel nicht davon abhalten, ihr Leben wie gewohnt fortzusetzen. Doch das verleiht dem Neoliberalen, der den Strand den Reichen vorbehalten wissen will, nicht gleich die grüne Öko-Ehrennadel. Der Neoliberale weiß, dass Mangel an Rohstoffen, Werkstoffen und Energie nur ausgeglichen wird, wenn jemand dafür bezahlt. Jeder Mangel kann behoben werden, außer dem Mangel an Kapital beziehungsweise an Haushaltsmitteln. Ist zum Beispiel ein Staat nicht mehr liquide, geht er also als sportlicher Verlierer im Kampf um Wettbewerbsvorteile vom Platz. Zu seiner Schande wird er noch vom Gewinner gerügt, warum er denn gegen ihn im Kampf der Standortpolitiken verloren habe. Seltsamerweise ist der Zuschauer nicht verwundert. Der Sieger ist doch auf den Verlierer viel stärker angewiesen als der Verlierer auf den Gewinner. Ohne den Verlierer wäre der Gewinner ja gar kein Sieger. In der sogenannten Griechenlandkrise trat dies deutlich zutage. Das Geld, das Griechenland für Rüstung und andere Gegenstände ausgegeben hat, ist ja nicht weg, sondern unter anderem auch in die Taschen der Bewohner von exportstarken Nationalstaaten gewandert. Wir leben in einer Welt, in der das Wirtschaften wie die Fußball-Bundesliga gesehen wird, nur dass der Absteiger kein Mitleid bekommt, sondern bittere Vorwürfe, fast so, als hätte dessen Abstieg dem Ligaersten in irgendeiner Weise geschadet. Kurz und gut: Der ganze Plastikschrott, mit dem das Kapital sich selber mehrt, muss letztlich in Massen verkauft und damit demokratisiert werden. Der Kuchen, der aus Gewinninteressen verteilt wird, soll wachsen und wachsen und wachsen. Der Konsument soll alle Waren in sich hineinstopfen, ungeachtet aller Nebenwirkungen. Es geht in der neoliberalen Ideologie jedoch nur um ein abstraktes Wachstum, von dem vielleicht bald keiner mehr etwas hat. Es geht nicht um Zugewinn an Lebensfreude, Gesundheit, Wahrheit, Zukunftssicherheit, sondern um die Mehrung von Geld. Abstrakt bleibt das Wachstum, weil die Menschen sehr wenig über die Mehrung von Geld wissen. In einer repräsentativen Umfrage, die von Klaus Kraemer und seinem Team im Forschungsprojekt »Vertrautes Geld« in Österreich durchgeführt wurde, trat dies deutlich zutage. 68,92 Prozent der österreichischen Bevölkerung glauben, dass Geld durch äquivalente Mengen des Materials Gold gedeckt sei, wie Kraemer in der Zeitschrift *Mittelweg 36*, der Zeitschrift des Hamburger Instituts für Sozialforschung, berichtet.

In einer nationalsozialistisch gegliederten Vorstellung vom Zusammenleben der Menschen auf diesem Planeten wird der Wille zur national begrenzten Solidarität zur Pflicht, und das zeigt sich auch bei Kunststoffen. So schrieb Kurt Brandenburger im Frühjahr 1938 in seinem *Kunststoff-Ratgeber*: »Die Verwendung von Heimstoffen ist eine Pflicht gegenüber der deutschen Wirtschaft. Dieser Pflicht wird sich niemand entziehen wollen.« Es galt und gilt im Populismus auf der politisch rechten Seite: »We first!« Welches Konstrukt dieses »Wir« auch immer umfassen mag. Heinrich Detering hat dazu mit »Was heißt hier ›wir‹?« eine interessante Studie zur Sprache der AfD vorgelegt. Gerade zu Kriegszeiten, in denen der Handel oftmals nahezu ganz versiegt, zeigt sich diese obskure »Wir-Haltung« in besonders reiner Form und sogar am Schuhwerk der Menschen. Anne Sudrow hat sich in ihrer Dissertationsschrift intensiv und äußerst lesenswert mit dem Schuh im Dritten Reich befasst. Der Titel der Arbeit lautet *Der Schuh im Nationalsozialismus. Eine Produktgeschichte im deutsch-britisch-amerikanischen Vergleich* und sie ist im Wallstein Verlag erschienen. In erster Linie, aber nicht ausschließlich, beziehe ich mich im Folgenden auf diese ausgezeichnete Doktorarbeit.

Mit der Machtübertragung an die NSDAP, die wesentlich mehr umfasst als diesen einen Tag im Januar 1933, den die Nazis symbolisch hervorhoben, begann Deutschland sich immer stärker von anderen Ländern zu entfremden und sich in einem jammervollen Opferdiskurs nicht mehr verstanden zu fühlen. Dieses Einigeln bei gleichzeitigem Expansionsdrang schaffte das optimale Betriebsfeld für den Einsatz von Kunststoffen. Man hoffte, mit diesen Stoffen Rohstofflücken schließen zu können, autark leben zu können, auf niemanden angewiesen zu sein. Schon früh wurde daran gearbeitet, für den zivilen Markt Schuhe herzustellen. Es sollte an einer möglichen Heimatfront an nichts mangeln. Diese Lehre hatte die NSDAP aus dem Ersten Weltkrieg gezogen. Mit dem Beginn des Krieges am 1. September 1939 begann bereits das Einsparen von Originalstoffen. So wurde bereits im November 1939 die Verfügbarkeit von Lederschuhen für die Wehrmacht eingeschränkt. In der Dissertation von Anne Sudrow finden sich die Belege, wie die Kunststoffindustrie damit an Bedeutung gewann. War die Entwicklung von Kunststoffschuhen zunächst eine sozialpolitische Notwendigkeit, so galt die Entwicklung von Lederersatzstoffen als kriegswichtig. Nazideutschland war, was beispielsweise Gerbstoffe anbelangte, von Auslandslieferungen abhängig. Zur Lederherstellung war auch Chromsalz dringend notwendig. Bis zum April 1944 hatte die bis dahin neutrale Türkei Chromsalz nach Deutschland exportiert, aber mit dem Kriegseintritt der Türken hatte auch das ein Ende.

Kunststoffe waren aber nicht nur quantitativ für die Produktion notwendig. Die Marschstiefel der deutschen Armee bestanden aus eisenbeschlagenen Ledersohlen, und das war im kalten Russland von Nachteil. Schließlich ist Eisen nicht nur ein guter Wärmeleiter, sondern auch ein guter Kälteleiter. Bei den großen Auftritten der Armee auf Paraden, die der deutsche Führer abnahm, machte das laute Marschieren martialischen Eindruck. Im Häuserkampf jedoch leben Leisetreter deutlich länger.

An der Schuhentwicklung zeigte sich die Grausamkeit des Deutschlands zu Zeiten des Dritten Reiches in aller Deutlichkeit. Im Konzentrationslager in Sachsenhausen wurde eine Schuhprüfstrecke eingerichtet. Die Wissenschaftlichkeit dieser Grausamkeit ist nicht nur unter ethischen Gesichtspunkten vollkommen indiskutabel. Sie brachte auch kaum Erkenntnisse. Die Tester wurden weder nach ihren subjektiven Eindrücken noch nach ihrer Schuhgröße gefragt. Das sogenannte Schuhläuferkommando war eine Strafe innerhalb des Konzentrationslagers. Tagtäglich betrug die Zahl der durch Produkttests ermordeten Menschen bis zu zwanzig Personen. Die zu testenden Schuhe kamen von zahlreichen Firmen. Eine davon ist die heute noch existierende Firma Salamander. Durchsetzen konnten sich Lederfaserstoffschuhe, die sogenannte Igelit-Sohle und ein Schuh mit einem hohen Buna-Anteil von 27,5 Prozent.

Igelit wurde auch nach dem Krieg noch verwendet. Die ersten in Deutschland wieder gefertigten Regenjacken waren aus ebendiesem Igelit. Sie wurden mit dem Spruch »Hast du Igelit im Haus, kannst du auch bei Regen raus« vermarktet. Das Produkt – ein Kunststoff, der in der Hauptsache aus Lederabfallstoffen gewonnen wurde – musste jedoch im Zuge der Zerschlagung von I.G. Farben erst umbenannt werden und verschwand dann vollkommen vom Markt. Zuletzt benutzte man diesen Kunststoff, aus dessen Nebenprodukt man Brühwürfel hergestellt hatte, bis man merkte, dass das ziemlich ungesund ist, anstelle von Glas in Fenstern. Anfang der 1950er-Jahre wurde die Herstellung komplett verboten.

14. Literarische Plastiklügen: Anilin – Roman eines Farbstoffes

Anilin wurde als Färbemittel verwendet. Es ist ein Beispiel dafür, wie ein halbsynthetisch hergestellter Stoff literarische Ehren erhält, wobei sich in diesem Fall der Begriff Ehre als positiv konnotiertes Wort verbietet. Es handelt sich dabei um den Roman *Anilin - Roman eines Farbstoffes* von Karl Aloys Schenzinger (1886–1962), der sich mit viel Geduld und Mühe auch in einer Hörbuchfassung antiquarisch noch besorgen lassen müsste.

Berühmtheit erlangte der promovierte Arzt Schenzinger vor allem durch sein Buch *Hitlerjunge Quex*, das im Jahre 1932 erstmals als Fortsetzungsroman im *Völkischen Beobachter* erschien und später sehr erfolgreich verfilmt wurde. *Anilin* erschien 1937 und war der erste einer Reihe von Romanen des in Neu-Ulm geborenen Schriftstellers, die sich mit Stoffen der Chemie und der Physik beschäftigten. Von ihm erschienen noch 1939 der Roman *Metall* und 1950 *Atom*. Schenzinger war also sowohl zur Zeit des Nationalsozialismus als auch danach tätig und gleichermaßen erfolgreich.

Von seinem Werk *Anilin* existieren zwei Versionen. In einer neu erschienenen Nachkriegsauflage wurden die derbsten Stellen neu arrangiert, um eine Version zu erhalten, die weniger faschistoid erscheint. Hieß es in der ersten Version noch: »Der künstliche Werkstoff bedingt heute die Zukunft der deutschen Nation. Der künstliche Werkstoff ist zur deutschen Lebensfrage geworden«, so ruderte man in der Ausgabe von 1951 zurück: »Der künstliche Werkstoff bedingt heute die Zukunft der deutschen Wirtschaft.« Solche Veränderungen ziehen sich durch das gesamte Buch. In dieser entschärften Form wurde der »Roman eines Farbstoffes« in einer Auflage von 1,6 Millionen gedruckt und bis mindestens 1973 immer wieder durch die Verlage Wilhelm Andermann und Wilhelm Heyne, beide aus München, auf den Büchermarkt geworfen. Lena Höft hat in ihrer Staatsexamensarbeit, auf die ich mich hier fast durchgängig beziehe, die Unterschiede der beiden Versionen sorgsam und peinlich genau herausgearbeitet. Sie zieht zwei Schlüsse: Erstens, dass das Buch im Dritten Reich die Aufgabe hatte, die Naturwissenschaften in den Dienst der politischen Führung zu stellen, und zweitens, dass die »im Nationalsozialismus bewährte[n] Denk- und Deutungsmuster« nach Ende des Krieges weitergeführt und durch das »Interesse der Bevölkerung an Schenzingers Büchern noch gerechtfertigt« wurden.

Ich komme zu den gleichen Schlüssen. Kaum zu glauben, dass die Landauer Spruchkammer Schenzinger trotz seiner propagandistischen Tätigkeit und seines Erfolgs in diesem Metier das Prädikat »Mitläufer« anheftete. Es kam ihm wohl zugute, dass er nicht Mitglied der NSDAP geworden war. Trotzdem war Schenzinger starker Nutznießer der Hitler-Diktatur. In ihr und durch sie feierte er Erfolge und er half dem Nationalsozialismus mit seinen Schriften beim Aufstieg. Wenig verwunderlich ist sein Erfolg in der Nachkriegszeit. Die »Stunde Null« ist ein politisches Konstrukt: Lebensstil, Common Sense und von Kindesbeinen anerzogene und gern angenommene Weltinterpretationen legen Menschen nicht von einer Sekunde auf die andere ab. Das können sie auch gar nicht. Die distinkten Bedürfnisse nach Kultur ändern sich nicht schlagartig. Dazu brauchte es eine nachfolgende Generation in allen Institutionen, die bereit war, die alles vertilgende »Stunde Null« infrage zu stellen.

In Schenzingers Romanen vermischen sich ohne Kennzeichnung Fakten und Fiktion der Naturwissenschaftler und reihen sich Erzählungen wie Perlen an einer Kette entlang der Entwicklung eines Materials oder einer Energiequelle auf. Dabei dringt aus jeder Perle in Schenzingers *Anilin – Roman eines Farbstoffes* boshafte Weltanschauung, wenn auch relativ unaufdringlich im Subtext. Es ist ein Beispiel dafür, wie den Menschen Ideologie eingeimpft werden kann. Schon im ersten Teil des Buches wird man dessen gewahr. Der Naturstoff Indigo wird in Indien abgebaut. Die Arbeitsbedingungen für die Einheimischen werden als sehr hart und die Kolonialisten als unerbittlich beschrieben. Ein gewaltsamer Konflikt zwischen einem Aufseher und einem Plantagenarbeiter, der die Stauden erntet, steht dafür *pars pro toto* und endet mit dem Tode des Aufsehers. Die Engländer, die in Deutschland sowohl politisch als auch volks- und rassekundlich als hoch entwickelt angesehen wurden, zeichnet die Unmenschlichkeit aus, die der deutsche Held, Konrad Falke aus Lübeck, der sich aber Conny Hawk nennt, durch sein Handeln bloßstellt. Indien besteht für den Helden jedoch auch abgesehen von den Engländern aus Unordnung, Sünde und Verlockungen. Fremdländische Verführungskünste lassen den weißen Hauptakteur des ersten Teils in sexuelle Untreue fallen, wobei dieser sein Inneres offenbaren darf, wohingegen seine exotische Geliebte dem Leser keine Gedanken preisgibt und aufgrund ihrer rudimentären Sprachkenntnisse für ihn ein Buch mit sieben Siegeln bleibt. Als chaotisch und unangenehm wird Indien beschrieben: Die Fabrikhäuser stehen wahllos herum. Moskitos überall.

Als in dem Dorf der Verführerin von Konrad Falke alias Conny Hawk die Pest ausbricht, soll ein Feuerkranz um die Behausungen gelegt werden, um die weißen Engländer zu schützen. Bevor die Arbeiten dafür erledigt werden können, schleicht der verführte Conny Hawk in die Siedlung, um seine geliebte Tschahaja zu retten. Doch ihr Vater liegt im Sterben, und sie beharrt darauf, bestimmte hinduistische Rituale ausführen zu müssen und deshalb die Siedlung nicht verlassen zu können. Es trifft also wissenschaftliche Rationalität auf Religion, Tradition und Emotion. Der Held Conny Hawk schickt sich an, beide Prinzipien zu verletzen. Er gefährdet seine weißen Kollegen aufgrund seiner Gefühle und möchte die Hindutraditionen brechen. Er kann Tschahaja nicht überzeugen und wird von ihrem Vater verflucht. Am nächsten Tag erwacht er mit großer Zuversicht, aber auch großem Durst: »Er schleppte sich zum Verwaltungsgebäude hin, trank vier Whisky-Sodas hintereinander.« Als er bemerkt, dass seine Kollegen die ganze Siedlung angezündet haben und auf fliehende Menschen schießen, flippt er aus und wird in eine Arrestzelle gebracht, der er nicht mehr lebend entkommt: »›Lungenpest‹ sagte der Arzt und verließ eilig die Zelle.«

In diesem ersten Teil findet sich, auch wenn die Sprache entschärft wurde, ein Narrativ der Nationalsozialisten. Himmlers Posener Reden aus dem Jahr 1943 folgen dem am klarsten. Der Grundtenor bezüglich des Mordes an Millionen von Juden lautete: Man muss tun, was man tun muss, auch wenn es einem grausam erscheint, und dabei trotzdem anständig bleiben. Dieser verqueren Rationalität ist Hawk nicht gefolgt und musste sterben. Lena Höft interpretiert in ihrer Staatsexamensarbeit aus dem Jahr 2014 den Tod Conny Hawks als Strafe dafür, zwei unterschiedliche Rassen mischen zu wollen. Dies erscheint mir zwar als durchaus mögliche Interpretation, wenn man bedenkt, dass sich das Werk an Leser im Erscheinungsjahr 1937 richtete, aber die Liebe zwischen Tschahaja und Hawk wird in dieser Hinsicht nicht thematisiert. Ich glaube, dass in der Person Conny Hawks etwas anderes gezeigt werden sollte. Es ging Schenzinger darum zu zeigen, dass

Gnade, Liebe, Emotionalität, Glaube und individualisierte Empathie zum Untergang der eigenen Gemeinschaft führen können. Unerbittliche Härte und kaltes, rationales Handeln allein bringen positive Ergebnisse hervor. In Schenzingers Werk steht der Weiße, der sich mit dem Handtuch die Haut reibt, bis sie brennt, einem pestverseuchten Indien als unterdrückter Nation gegenüber. Auf der einen Seite befindet sich der rational denkende Kulturmensch, auf der anderen Seite der religiöse, ausgebeutete Naturmensch, der seine Unterdrückung und sein Unglück als Schicksal annimmt. Doch Hawk ist selbst Teil der Ausbeutung und entstammt einer kolonialistischen Gesellschaft, die von ihm nicht grundsätzlich, sondern nur in der Art der Ausführung kritisiert wird, die er mit seinem empathischen Verhalten kontrastiert. Es werden also zwei Gesellschaftssysteme vorgeführt und aufgezeigt, dass die Härte, die die Engländer zeigen, vor Gefahren schützt. Die Gefahr liegt in der Fremde, in der man seine Heldenhaftigkeit beweist oder in ihr untergeht. Zumindest wollte Schenzinger das wohl seinen Lesern weismachen.

Die Kunststoffindustrie, insbesondere die Herstellung von Anilin, stellt Schenzinger als deutsche Leistung dar, die Deutschland unabhängig vom Indigo-Weltmarkt macht und so das Land auf eigene Füße stellt und darüber hinaus dazu beiträgt, Nationen von der Unterdrückung der imperialistischen Mächte zu befreien. Schenzinger rühmt trotz aller Unwirtlichkeit Indien als »Schoß, der uns geboren hat. Von dort ist unser Geist. Dort sind wir aufgewacht. […] In tiefer [sic] Dschungel ein Tiger zu sein, erscheint der Seele auf ihrer Wanderung dort als großes Glück. Das Land heißt Indien.« Nach dem Plot, den die NSDAP mit allen Mitteln der Propaganda als arisch-deutsche Großerzählung implementieren wollte, ist die Metaphorisierung Indiens als weiblicher Schoß folgerichtig. Die arische Rasse soll laut Naziideologie aus Indien stammen, weswegen die Liebe zwischen Tschahaja und dem Lübecker Hawk, geborener Falke, ideologisch kein sehr großes Problem darstellen sollte. Tschahaja verkörpert den im Nationalsozialismus sehr geschätzten Wert der Treue zu ihrem Vater, zu ihrem Volk, wird als schön beschrieben und weist somit keine negativen Rassemerkmale auf, die den Schluss zulassen, den die Germanistin Lena Höft in ihrer Staatsexamensarbeit zieht. Die Problematik einer durch die NS-Ideologie imaginierten Rassenschande zeigt sich erst an späterer Stelle von Schenzingers Buch.

Der Farbstoff Anilin wurde erstmals 1826 von Otto Unverdorben (1806–1873) aus Indigo gewonnen. Im Roman von Schenzinger sucht Friedlieb Ferdinand Runge (1794–1867) nach Otto Unverdorbens Entdeckung dessen Bauernhof auf, den dieser eigenhändig bewirtschaftet. Nur seine Naturverbundenheit hat den literarischen Unverdorben zur Chemie gebracht, die er nicht errechnet, sondern erspürt. Das ist ideologisch adäquat erdacht. Die echte Biografie dieses Kunststoffpioniers sieht ganz anders aus. Sohn eines wohlhabenden Kaufmanns zu sein, hätte 1937 wahrscheinlich allzu jüdisch geklungen. Erst Mitte des 19. Jahrhunderts erwarb der institutionell gebildete Unverdorben aus seinem reichen Vermögen das Rittergut Gliebig, um dort Mergel, den man zur Herstellung von Zement benötigt, abzubauen und vielmehr nebenbei etwas zu gärtnern, anstatt als »Bauer auf der Scholle« in Erscheinung zu treten, wie es Schenzinger als alternative liter*arische* Wahrheit präsentiert. Zwischen dem Ruf Runges an die Universität in Breslau und dem Kauf des Anwesens liegen zudem mehr als zwanzig Jahre. Schenzinger vermischt hier Zeit, Situation und Motivation. Er möchte dem Nachnamen von Otto Unverdorben in seiner Erzählung wohl unbedingt im Wortsinne entsprechen. Im Roman lässt sich der neu auf einen Lehrstuhl in Breslau gehobene Runge von Unverdorben und seiner nicht von Akademien zersetzten Herangehensweise inspirieren.

Dieser Antiintellektualismus und die Hervorhebung des muskulösen, also wehrhaften Bauern passen zur nationalsozialistischen Ideologie. Dies findet sich insbesondere in den nationalsozialistischen Schriften von Richard Walter Oscar Darré (1895–1953), der lange Zeit als Chefideologe für das Bauerntum für die NSDAP tätig war, bis er bei Hitler in Ungnade fiel, beurlaubt wurde und das Ende der Naziherrschaft in einem Jagdhaus erlebte. Für die Ideologie wird aus dem gebildeten Kaufmann Unverdorben ein Landwirt, der sein Wissen allein aus seiner Liebe zur Natur und seinem arischen Blut zu ziehen vermag. Diese Begegnung stellt für Runge das deutsche Moment in einer Welt dar, die in den 1820er-Jahren insbesondere in Berlin von der französischen Kultur beherrscht wird und in der britische Firmen Zweigstellen errichten.

Unwidersprochen bleibt jedoch, dass der außerordentliche Professor für Technologie der Universität Breslau, Ferdinand Runge, es ermöglichte, aus Steinkohlenteer Anilin herzustellen. Die Teerfarbe Blau ward geboren und man konnte auf die ausbeuterischen Kolonialengländer mit ihrem Indigo pfeifen. Die Deutschen konnten die Farbe Indigo ab jetzt selbst produzieren. Schenzinger bereitete diese Erfindung liter*arisch*-ideologisch so auf, dass die Bevölkerung in kleinen Dosen nationalsozialistische Ideologie verabreicht bekam. Natürlich fehlt in diesem Roman nicht der stereotype Jude, der allerdings nicht offensichtlich, *ad verbum*, als Jude gekennzeichnet wird, aber mit der Anlage von Kapital vertraut ist, dienerisch daherkommt und Runge bei seiner Angebeteten verleumdet. Darüber hinaus arbeitet er für eine Seehandlung, hat also Kontakt zu fremden Kulturen, sorgt dafür, dass mit den Indigolieferungen deutsches Geld ins Ausland fließt, und hindert Runge durch Kapitalmacht daran, mit seiner Entdeckung, Anilin aus Steinkohlenteer zu produzieren, das deutsche Geld im deutschen Lande zu halten. Wo Runge die Liebe zu seinem Land und zu Charlotte im Kopf hat, denkt Hoggenaht nur an Bilanzen. Nur durch Suizid kann sich Runges Geliebte Charlotte Vogt der Heirat mit dem zum Direktor der Seehandlung aufgestiegenen Hoggenaht entziehen. Hier findet sich das Bild der verbotenen Rassenschande, der sich eine ehrbare deutsche Frau mit allen Mitteln entzieht. Wenn es sein muss, auch durch Freitod. Die Figur Hoggenaht zeigt alle Vorurteile gegen Juden auf, die das Naziregime in der breiten Masse noch fester verankern wollte. Der damalige Leser erkannte sicherlich den Juden in Hoggenath, auch wenn man es ihm nicht direkt sagte.

Was der Roman an einer Stelle dramatisch zuspitzt, ist die stete Angst, dass durch Innovationen alte Unternehmensmodelle weichen müssen. Joseph Schumpeter (1883–1950), ein österreichischer Nationalökonom, nannte dieses Phänomen »schöpferische Zerstörung«. In Schenzingers Werk verdient ausgerechnet der Vater eines bei einem Laborunglück umgekommenen Wissenschaftlers – der sein Leben darüber hinaus ausgerechnet bei der Suche nach dem Anilin im Steinkohleteer verlor – sein Vermögen mit dem Anpflanzen von Indigopflanzen auf Java. Die Argumentation, die Schenzinger dem Unternehmer bei der »Großen Internationalen Ausstellung 1862« in den Mund legt, gründet auf der Unterscheidung zwischen Natürlichkeit und Kultürlichkeit. Darin findet sich die ganze Widersprüchlichkeit, die bei der Trennung zwischen natürlichen und künstlichen Stoffen gezogen wird: »Diese Farben sind unnatürlich, frech in der Wirkung, geschmacklos in der Imitation und – viel zu teuer! Vergleichen Sie dagegen den ›König der

Farbstoffe‹, den Indigo! Er hat Wärme, Tradition, hat Adel. [...] Ich frage Sie als Engländer: Haben wir noch eine Kultur oder sind wir schon wie die Neger, die sich mit gläsernen Diamanten behängen und diesen Schund mit ihrem teuren Elfenbein bezahlen? Ich erhebe Protest!«

Folgt man den Worten genau, die Schenzinger dem bis zu dieser Erfindung erfolgreichen Unternehmer andichtet, dann wird man sich der Paradoxie bewusst. Um Kultur zu beweisen, soll der weiße Engländer natürliche Stoffe benutzen und keine Stoffe, die durch ihre chemische Behandlung tiefer in die Kultur eingedrungen zu sein scheinen. Doch dies ist nicht das einzige Paradox, dass sich bei dieser von Eigennutz motivierten Rede auftut. Künstlich hergestelltes Anilin soll einerseits zu teuer sein und andererseits solle man sich nicht mit wertlosen »gläsernen Diamanten« schmücken. Der Wert eines Gegenstands bemisst sich doch auch an der Arbeit, die in ihn hineingesteckt worden ist, und nicht nur an der Seltenheit eines Rohstoffs. Was durch diese Zeilen schimmert, ist unter anderem das Konzept, dass eine entwickelte Nation sich nicht auf Rohstoffe, sondern nur auf deren Veredelung konzentriert. Die Voraussetzung der Produktion von Wohlstand, also die Rohstoffe, soll Ausbeutung und Armut gleichkommen. Vielleicht befürchtet der Unternehmer auch, dass England zu einem armen Land werden würde, produzierte es seine Werkstoffe selbst. Doch Letzteres wollte Schenzinger sicher nicht vermitteln. Wie Lena Höft ausführt, geht es ihm in dieser Passage darum zu zeigen, dass die Wissenschaft von vornherein in den Diensten der Nation steht, wohingegen die Wirtschaft sich auch als treulose Tomate erweisen kann, wenn sie neue Gewinnmöglichkeiten entdeckt oder – wie in diesem Fall – Gewinneinbußen befürchtet. Schenzinger deutet in der Form des Sachbuchs, in das er an vielen Stellen verfällt, die innerstaatliche Konkurrenz im Kapitalismus als »Rüstzeug für den größeren Kampf. [...] Die deutschen Fabriken kämpfen unter sich. Gegen die Betriebe des Auslands kämpfen sie geschlossen.«

Die Wissenschaft von den künstlichen Stoffen muss – so legt es Schenzinger Runge in den Mund – »erkämpft werden«. Diese Haltung entspricht der eines falsch verstandenen Darwinismus beziehungsweise dessen Transformation in die Bereiche der Kultur. Anpassungen an Naturverhältnisse laufen nicht grundsätzlich über einen Kampf ab. Diejenigen Menschenaffen, die sich jedem Kampf mit einem Säbelzahntiger stellten, haben sich sicherlich weniger erfolgreich fortpflanzen können als diejenigen, die lernten, feige, aber sehr schnell auf einen Baum zu klettern. Die Vorstellung, Wissenschaft hätte einen Gegner, den sie niederringen müsste, oder dass der Forscher sich in einem »ewige[n] Kampf mit seinen Dämonen, mit der Teerbase Anilin und seinen Derivaten« befände, versetzt diesen in eine heldische Position, die in dem Roman von Schenzinger nur allzu gern ausgeschmückt wird. Überall begegnet einem der »Kampf des Willens« gegen die Natur, gleichzeitig wird ein Kampf der Völker als natürlich bezeichnet. Gegner ist vor allem England, ist vor allem das unwirtliche London, das stereotyper – nämlich als ständig nebelverhangen – kaum beschrieben werden könnte. Schon 1887 schrieb man in der *Gartenlaube*, dem *SPIEGEL* des 19. Jahrhunderts, dass es sich im Falle des sprichwörtlichen Londoner Nebels um Smog handele und keineswegs um Nebel als natürliche Erscheinung. Im Dezember 1952 kostete die Luftverschmutzung in London mehr als 10 000 Menschen das Leben. Der Gegner war nicht die Natur, sondern die Auswirkungen der eigenen Kultur. Aber so funktioniert Ideologie, sobald etwas als ideologisch tauglich empfunden wird, wird es als Wahrheit genommen und das Denken wird eingestellt. Derjenige, der darum bittet weiterzudenken, wird dann – wenn er Glück hat – nur zum Buhmann und nicht eingekerkert und umgebracht.

Die Interpretation des Daseins als ewiger Kampf *aller gegen alle* will Schenzinger mit seiner Darstellung der Erfindung des Anilins als Mittel in die Wissenschaft eindringen lassen. Zugleich möchte er die Wissenschaft als Mittel im Kampf der Völker einsetzen. Klarer Gegner sind bei Schenzinger die Engländer, denen der Deutsche unbedacht die Chemie gebracht hat. Einen Forscher lässt Schenzinger reumütig zurückkehren. Die Botschaft lautet: Heimat schlägt Erkenntnis, Karriere und sogar Geld. »›Ich schäme mich, Hoheit‹, sagte er nach einer Weile zu ihr. ›Ich komme mir vor wie ein Landesverräter. Ich schaffe für England eine Weltindustrie, die Deutschland doch so dringend bräuchte.‹« Die Hoheit bietet ihm eine deutlich schlechter bezahlte Stellung an, doch der Forscher nimmt an. »›Man bietet mir dort eine Heimat, Hoheit. Ich werde endlich wissen, für wen ich arbeite.‹« Durst ist wohl doch nicht schlimmer als Heimweh.

Propaganda funktionierte zwischen 1933 und 1945 auch über Kunststoffe. Sie wirkte – das belegen die Auflagenzahlen – über die Stunde Null hinaus. Um jeden Gegenstand und dessen Entdeckung oder Erfindung spinnen wir Menschen Erzählungen. Diese führen dazu, dass stereotype Bilder verinnerlicht werden, nicht nur von Nationalitäten, sondern auch von Berufen. In den Fernsehnachrichten erkennt man beispielsweise den Wissenschaftler daran, dass er ein Buch zurück ins vollgestopfte Bücherregal stellt. Wir haben aber ebenso bestimmte Vorstellungen von unseren Materialien. So wurden das Anilin und die anderen künstlichen Stoffe im Dritten Reich zur Überlebensfrage in einem Kampf stilisiert, der nur in den Köpfen der Menschen existierte. Die Nazis servierten der Bevölkerung immer und immer wieder ihr Weltbild. Dieses wirkte noch lange nach und spielte selbst viele Jahre später bei der Frage, ob die Bluejeans nun befreit oder einengt, in Deutschland noch eine Rolle.

15. Plastic Man – aus Plastik formt man keinen Superhelden

Der Nachhaltigkeitsdiskurs kennt viele Nuancen und Facetten. Jedoch ist er abgesehen von der Comicversion eines Hauptgutachtens des Wissenschaftlichen Beirats der Bundesregierung (WBGU) nicht als Zeichentrick oder gemalt im Heftformat in Erscheinung getreten. Hinter dieser Publikation des WBGU steckte vermutlich die Idee, Menschen ein attraktives, leicht zugängliches Medium zu bieten. Was dem Comic des WBGU, der außergewöhnlich gut gemacht ist, jedoch fehlt, ist ein waschechter Superheld.

Die Techniken, die vorgaben, Problemlöser zu sein, brachten es schnell zu der Ehre, von einem Superhelden repräsentiert zu werden, beispielsweise Captain Atom oder eben auch Plastic Man. Mich verwundert das sehr. Die Mission der Nachhaltigkeit beruft sich doch auf nichts weniger als auf die Rettung des Planeten und der Menschheit. Dieses Ziel müsste der Arbeitsplatzbeschreibung von Superhelden und Superagenten doch recht nahekommen. Trotzdem tummeln sich auf dem Jahrmarkt der Superhelden des DC- und auch des Marvel-Universums, der beiden größten Vertreiber von Superheldencomics, keine *Super-Sustainable Women* und auch kein *Captain Change Agent*. Aber es gibt Plastic Man, erdacht und als Erstes gezeichnet von Jack Cole (1914–1958), einem Autodidakten, der seinen ersten guten Job in der Comicwelt nur erhielt, weil sein Vorgänger in den Zweiten Weltkrieg ziehen musste, wie man bei Art Spiegelman und Chip Kid nachlesen kann.

Der Mann aus Stahl. Seiner Moralität, Tugend und Integrität wird mit Plastic Man ein Antiheld gegenübergestellt.

Plastic Man war ab seinem ersten Erscheinen im Jahr 1941 eine antiheldische Parodie auf Superman und andere in dieser Zeit angesagten Comic-Superhelden. Hier zeigt sich wieder, dass Kunststoffe nur als Ersatzstoffe, als nicht mehr als Abklatsch, funktionieren. Da kann zum Beispiel Kevlar noch so widerstandsfähig und innovativ sein, mehr als ein lächerlicher Ersatz für eine Ritterrüstung aus Metall kann Plaste nicht werden. Plastic Mans Alter Ego, Eel

O'Brian, führt ein Striplokal. Schon sein Vorname, der auf Deutsch Aal bedeutet, lässt metaphorische Rückschlüsse auf seinen Charakter zu. Der Aal ist ein schlüpfriges Wesen. Sich aalen bedeutet so viel wie es sich sehr gemütlich machen, und wenn sich jemand windet wie ein Aal, dann sucht er Ausreden für sein Fehlverhalten. Dies deutet alles nicht auf besonders tugendhafte Charaktereigenschaften hin und wirft freilich ein dementsprechendes Bild auf den Werkstoff. Peter Parker, wie Spider-Man bürgerlich gerufen wird, ist ein Waisenknabe, der bei seiner fürsorglichen Tante wohnt. Er ist damit eine Opferfigur, die ungeahnte Stärken entfaltet. Clark Kent, der Alias von Superman, wurde aus den Namen der Prominenten Clark Gable und Kent Taylor gebildet. Das waren zu ihrer Zeit enorm bekannte und beliebte Schauspieler. Im Gegensatz zu Plastic Man werden weitgehend positive Assoziationsräume geschaffen und jungen Menschen vorbildhafte Identifikationsfiguren angeboten. Das Narrativ kann ein »Jeder kann es schaffen« wie bei Peter Parkers Metamorphose zu Spider-Man sein. Genauso kann es die schüchterne erotische Fantasie wie bei Superman sein. Clark Kents Angebetete Lois Lane ist heiß auf Superman, aber nicht auf Kent, den mittelmäßig erfolgreichen Journalisten. Ganz anders Plastic Man und sein wenig bürgerliches Alter Ego. Plastic Man aalt sich von Comicbild zu Comicbild, oft sogar buchstäblich über den Rahmen hinaus. Es war von Cole wahrscheinlich nicht so gedacht, aber in der Wahl dieses stilistischen Mittels, das eine Revolution in der Comickunst der beginnenden 1940er-Jahre darstellte, zeigt sich, wie der Mensch durch Kunststoffe über die eigene Welt hinausgreift. Dies unterstreicht die bereits erwähnte Wahl des Namens seines Alter Egos, Eel. Aal ist ein Name, der auf Natürlichkeit hinweist, wohingegen Plastic Bestandteil des Namens der Kunstfigur ist. Der Aal zeichnet sich durch seine Beweglichkeit aus, wie Plastic Man dies auch tut, nur kann es Plastic Man eben besser. Das Prinzip ist ähnlich wie bei den Beiträgen in der Fachzeitschrift *Kunststoffe* in der Zeit zwischen den beiden Weltkriegen. Man schafft einen Ersatzstoff oder in diesem Fall einen Ersatzmenschen, der die Naturwelt oder den gewöhnlichen Menschen überflügelt.

Eel O'Brians Sprache wie auch seine Moralvorstellungen sind nicht mit der Hypermoral eines Superman vergleichbar. Clark Kent würde als Stammgast in einem Striplokal mit seinem Charakter brechen. Clark Kent ist zurückhaltend, schüchtern und höflich und damit eine

Identitätsfigur für verunsicherte Jugendliche und wenig attraktiv für Lois Lane. Eel wäre für Lois Lane wahrscheinlich auch kein potenzieller Ehemann, aber Eel würde Lois zumindest offensiv anmachen. Der Weg von der Identifikations- zur Wunschfigur ist bei Plastic Man ganz anders strukturiert als bei Super- oder Spider-Man. Die 2013er-Kinoversion von Superman heißt *Man of Steel*. Genau das wünschen sich verunsicherte 14-jährige Jungs zu sein, Männer aus Stahl. Ganz anders ist da Plastic Man. Eel O'Brian ist nicht nur Kleinunternehmer im schlüpfrigen Unterhaltungsgewerbe. Er verdient sich gern etwas mit Gaunereien hinzu, entdeckt aber im Laufe der Zeit durch das elfjährige Mädchen Swag Pado Swakatoon immer mehr seinen eigenen guten Kern.

Erst im Jahr 2018 lösten DC, die seit 1957 die Rechte an Plastic Man ihr Eigen nennen, die Herkunftsgeschichte auf. Ein Unfall bei einem Einbruch in eine Chemiefabrik hätte Eel O'Brian fast das Leben gekostet, hätte Swag ihn nicht gerettet. Dabei kam er jedoch auch mit einer nicht näher betitelten Chemikalie in Berührung, die seinem Körper die Möglichkeit verlieh, hart wie Stahl (oder vielmehr Kevlar) zu sein, zu springen wie ein Gummiball, sich nahezu unendlich auszudehnen oder sich umformen zu lassen. So kann Plastic Man aus seinem Gesicht einen Hintern formen, um seine kleine Freundin Swag aufzuheitern. Das ist kein einmaliger Bruch mit dem sonst hochgehaltenen Saubermann-Image von Superhelden. Hier nur mal eine Kostprobe von Plastic Mans Sprüchen: »Hab meine Gummis bei deiner Mom vergessen. Auf dem Nachtkastl. Die brauch ich noch. Für deine Schwester.« An zahlreichen Stellen wird der Kunststoff Gegenstand des oftmals schlüpfrigen Humors. Als Plastic Man sich während einer Verfolgungsjagd umziehen muss, beschreibt ihn ein bildhaft stark stereotypisiertes altes Ömchen als »untenrum wien Rennpferd beim Kentucky Derby«. Um der Frauenwelt zu imponieren, formt sich Eel zudem gern einen Sixpack auf den Bauch, den er sogar zu einem »Zwölferpack« umformen kann. Er dekonstruiert jedoch auch toxische Männlichkeit durch seine Lächerlichkeit. Trotz oder gerade wegen seines Auftretens würde er sich fast als Ikone des Feminismus eignen. Durch die Figur Swag werden Gender- und Queerthematiken angesprochen. Dies zeigt sich nicht nur durch ihren geschlechtsunspezifischen Namen. Das Mädchen Swag fühlt sich als Junge und möchte sich auch so kleiden, was Eel, respektive Plastic Man, erst versteht, nachdem die

Superheldkollegin Obscura ihm dies bei einer Shoppingtour vermittelt hat. Eel quittiert diese Information mit der Frage: »Man kann mit denen reden, als wären sie kleine Menschen?« Plastic Mans Denken ist wohl weit weniger flexibel als sein Körper. Er fungiert als Antifigur der Postmoderne, fest verhaftet in der Moderne, wie eben Kunststoffe in der Moderne Heilsversprechen waren, in der Postmoderne aber ein Zeichen der drohenden ökologischen Apokalypse sind.

Interessant im Lebenslauf der Comicfigur ist der Zeitpunkt, zu dem sie wieder in Erscheinung tritt - das Jahr 2018. Plastik könnte im Moment fast keinen schlechteren Leumund haben - und da legen DC Plastic Man neu auf. Für den Bereich der Comichefte ist das nicht neu. Auch nach dem Reaktorunglück in Tschernobyl lief Captain Atom weiter. Es gab aber keinen Captain Eco, der sich zusammen mit der Anti-AKW-Bewegung gegen die gefährliche Art der Energieerzeugung durch Kernkraft stellte. Denjenigen, welche die Menschen durch die Platzierung von Narrativen zu bestimmten Verhaltensweisen und politischen Einstellungen drängen wollen, sei angeraten, diesen Markt nicht außer Acht zu lassen und menschenrettenden Ökos mit Cape durchaus transformative Wirkung zuzuschreiben.

Aus welcher Art Kunststoff Plastic Man besteht, wird gar nicht thematisiert, aber bei den Verrenkungen, die er inszeniert, könnte er durchaus aus Knetmasse sein, einem Kunststoff, der anfangs gar keiner war, der aber irgendwie immer als solcher wahrgenommen wird. Um dieses Plastilin ging es bereits in Kapitel 11.

16. Die nachhaltige Wucht der Plastiktüten

Plastiktüten stehen heutzutage in schlechtem Ruf. Überall auf der Welt sagt man ihnen den Kampf an. Doch wie entstanden diese für den Einkauf praktischen, aber für die Umwelt bei unsachgemäßer Entsorgung problematischen Beutel überhaupt und wie mussten sich die sozialen Praktiken des Einkaufens verändern, um die Plastiktüte zu dem Accessoire des westlichen Shoppers werden zu lassen. Antworten liefert dieses Kapitel, dessen Informationen sich in erster Linie aus der hervorragenden Dissertation von Heinz Schmidt-Bachem mit dem Titel *Tüten, Beutel und Tragetaschen* speisen.

Polyethylen (PE) ist heute der meistverwendete Kunststoff der Welt und erscheint in den drei Gruppen PE-HD, PE-LLD und PE-LD. Der letztgenannte Kunststoff ist uns allen von Supermarktkassen wohlbekannt. Tragetaschen bestehen in der Regel aus diesem Material. PE-LD wird in einem Hochdruckverfahren aus Ethen gefertigt und zählt zu den Thermoplasten. Die auch »Knittertüten« genannten durchsichtigen Tütchen, in die man in der Obst- und Gemüseabteilung raschelnd Kirschen, Paprika und manch unreflektierter Konsument sogar Bananen einpackt, bestehen aus PE-HD. Der moralisierte Streit um die Plastiktüte konzentriert sich stärker auf die PE-LD-Tüte. Die Obst- und Gemüsetüten verschwinden ja letztendlich im Jutebeutel (aus Baumwolle) und sind so für die Mit- und Nebenmenschen des Konsumenten nicht sichtbar. Gesellschaftliche Fragen der Moral werden in der Regel im Raum der Sichtbarkeit verhandelt. Daher wandert das moralisch Fragwürdige in die Nacht. Ethisch durchdachtes Handeln sollte sich jedoch auch da zeigen, wo es für bewertende Augen unsichtbar bleibt. Doch vor einem Blick auf die Moralisierung rund um die Plastiktüte

Die Plastiktüte, gehasst und geliebt. Mittlerweile Symbol für gedankenlosen Konsum einer Wegwerfgesellschaft.

lohnt es, sich zunächst mit der Geschichte der meist knallbunten Einkaufshelfer zu befassen.

Wie so oft in der Geschichte der Erfindungen war auch die erste Herstellung von PE-LD durch Hans von Pechmann (1850–1902) im Jahre 1898 ein Zufall. Er erhitzte das von ihm entdeckte Diazomethan und es entstand eine weiße Substanz. Im Grunde handelte es sich dabei um das erste Polyethylen, wenngleich es noch namenlos war, giftig und daher zumindest für Plastiktüten unbrauchbar.

Pechmann schied frühzeitig durch Suizid aus dem Leben. Dieser Strang hätte hier enden können und die heutige Plastiktütenproblematik wäre bereits im Kern erstickt. Doch Anfang der 1930er-Jahre spielte der Zufall erneut Erfinder. Die Chemiker Eric Fawcett und Reginald Gibson setzten Ethen und Benzaldehyd unter hohen Druck. Es entstand brauchbares PE. Sie ließen es 1936 patentieren.

Lange Zeit dachte man gar nicht an die Nutzung dieses Werkstoffs als Einkaufstüte. PE wurde zur Isolierung von Kabeln in der Fernmeldetechnik genutzt. Ab 1941 wurde PE unter dem Handelsnamen Lupolen vertrieben. Schon wenige Monate später ergaben sich weitere Erkenntnisse. Durch geschicktes Mischen mit anderen Kunststoffen erhielt man ein Produkt, das sich als Folie einsetzen ließ. Die I.G. Farben hatte nun ein zähes und elastisches Material. Technischer Fortschritt ist oftmals nicht das Ergebnis einer zielgerichteten Suche nach Lösungen, sondern entsteht durch zufällige Entdeckungen, für die man anschließend erst noch Anwendungsmöglichkeiten finden muss. Halten wir kurz inne. Es gibt also Erfindungen, die gar nicht auf eine Problemstellung des Menschen abzielen. Vielmehr wird für viele Gegenstände, um sie marktförmig zu bekommen, ein Problem gesucht, dass die Menschen noch gar nicht hatten. Eine Lösung sucht verzweifelt nach einem Problem, das Nachfrage nach sich selbst generiert. Ein Schritt zu mehr Nachhaltigkeit wäre es, alle Sätze mit Verben wie »brauchen«, »wollen« und so weiter nach ihrem Wahrheitsgehalt zu überprüfen. Denn wahrlich braucht der Mensch, das vorsorgende, Ackerbau betreibende Wesen, gar keine Plastiktüten. Die Menschen lassen sich Probleme einreden, mit denen sie sich zwischen der Vertreibung aus dem Paradies und dem ersten Album der Beatles nie auseinandergesetzt haben. In nur wenigen Jahrzehnten erscheinen uns viele Dinge, wie Kraftfahrzeuge, eingeschweißte Bücher und Kaffeepulver in winzigen Aluminiumverpackungen, als vollkommen unverzichtbar.

Erst ab den frühen 1940er-Jahren wurde Lupolen in größeren Mengen hergestellt. Die Produzenten begannen, sich Gedanken zu machen, wie man das Lupolen in Geld umkapitalisieren könnte. Die Nutzung als Verpackungsmaterial zog man damals bereits in Betracht. 5 000 Tonnen Jahresleistung hätten jedoch selbst bei der kriegsbedingt verdünnten Versorgung der Konsumenten nicht ausgereicht, um jeden Einkauf in eine Plastiktüte zu packen, wie es später zur gängigen Praxis werden sollte. Der von Deutschland aus Großmannssucht mit Rassenwahn vom Zaun gebrochene Zweite Weltkrieg verlangsamte die Suche nach dem Problem, welches man mit Lupolen lösen könnte.

Nach dem Krieg jedoch setzte man voll auf die Nutzung des Polyethylens als Verpackungsmaterial, wenngleich Deutschland den USA noch stark hinterherhinkte. Schon damals galt es in Westdeutschland als ausgemacht, dass ein Blick in die USA einem Blick in die Zukunft des deutschen Marktes gleichkam. In den USA verpackte man bereits Obst und Gemüse in PE-Folien, was als hygienischer galt. Mütter wurden vor die ethische Frage gestellt, ob sie ihre Familie vor Krankheitserregern schützen wollten oder nicht. Der Trend schwappte nach Europa. 1956 stellte man in Westdeutschland schon etwa 25 000 Tonnen PE her. In der Bundesrepublik haftete aber der Plastiktüte noch das Stigma des Ersatzstoffes an. Erst langsam musste eine neue soziale Praktik etabliert werden. Die Treiber dieser Entwicklung waren zum einen der durch die Entwicklung und Etablierung neuer und effizienter Fertigungsmaschinen sinkende Stückpreis von Plastiktüten und zum anderen die Möglichkeit, Reklamebotschaften über die Tüte zu vermitteln. An dieser Stelle kann man die Ursachen des heutigen Plastikproblems gut erkennen. Kein gesellschaftliches Problem wurde damit angegangen. Der technische Fortschritt soll nicht die Menschheit weiterbringen, das ist nicht das Ziel. Die Menschen hatten - wie heute auch - nicht so sehr das Problem, die Einkäufe nach Hause zu bringen, sondern viel häufiger das Problem, die Einkäufe zu bezahlen. Anstelle eines Problems der Menschen als Bürger und Konsumenten löste man lieber betriebswirtschaftliche Probleme. Man musste ein Produkt loswerden, um über dessen Umweg aus Kapital mehr Kapital zu generieren. Dies soll der Plastiktüte einziger Zweck sein. Der Konsument soll möglichst viele Waren nach Hause tragen und vorher als wandelnde Litfaßsäule durch die Stadt laufen, um Produkte und Verkaufsstellen zu bewerben. Solche Scheinlösungen von Pseudoproblemen ziehen dann über den geraden Weg der Umweltzerstörung gesellschaftliche Probleme nach sich, die wiederum mit hohen gesellschaftlichen Kosten verbunden sind. Diejenigen, die mithilfe der Kunststoffe aus ihrem Invest Rendite erwirtschaftet haben, haben meist kein Interesse, durch Unternehmenssteuern ihren Teil zu den Folgekosten beizutragen, und langweilen im Diskurs mit ihrem erfolgreichen Arbeitsplatznarrativ, in dem die Welt untergehen mag, solange die Menschen sich nur während des Weltuntergangs an einem Arbeitsplatz befinden und nicht etwa beim Bergsteigen oder im Bett. Dieses Narrativ ist ein Beispiel für unreflektierte Rationalität, quasi eine Pseudorationalität, die unvernünftige Rahmenbedingungen als unverrückbar setzt und so vernünftige Schlüsse verunmöglicht. Das Ergebnis ist unvernünftiges Handeln. Dieses unreflektierte Handeln entsteht dann, wenn man Wissenschaft allein als Technik auffasst. Wissenschaft steht so nicht im Dienste der Menschen, sondern im Dienste des Kapitals und seinen Eigentümern.

Es bedurfte Erziehungsmaßnahmen, um die Menschen an die betriebswirtschaftlich als sinnvoll erachteten Lösungen zu gewöhnen. Anstelle der Befriedigung von Bedürfnissen und Bedarfen geht es um die Ausnutzung menschlicher Schwächen. Ausgenutzt wurden die Zerstreutheit sowie die Faulheit der Menschen und das schöne Gefühl, etwas gratis zu bekommen. Doch umsonst ist nur der Tod, und heute müssen sich leidlich bezahlte Wissenschaftler Gedanken, meist auf Kosten des Staates, also der Allgemeinheit, darüber machen, wie man nun den negativen externen Effekten der Plastiknutzung in den Meeren, in den Flüssen, in den Müllverbrennungsanlagen, auf den Äckern und vielleicht auch im Körper der Menschen begegnen kann. Manche Betriebswirtschaftler sprechen dabei sogar gar nicht von negativen, sondern überaschenderweise von positiven Effekten, da wieder Geld bewegt wird, neue Gerätschaften erfunden werden und vielleicht sogar Wertschöpfung erreicht wird. Wenn wir uns jedoch immer nur mit der Lösung von Problemen beschäftigen, die mit zum Teil kaum lösungsorientierten Innovationen einhergingen, dann werden wir kaum mehr Neues erfinden können. Die schlechten Ideen der Vergangenheit schleudern uns in eine Welt voller zum Überleben *notwendiger* Innovationen. Wie ein ausbaufähiger, stets bemühter Mitarbeiter eines Unternehmens lösen wir dann den ganzen Arbeitstag lang nur die Probleme, die wir selbst verursacht haben, und kommen gar nicht mehr dazu, unsere eigentliche Bestimmung zu verwirklichen, nämlich unsere Welt weitestgehend angenehm für alle menschlichen und nichtmenschlicher Teilnehmer zu gestalten.

Es war handlungsleitend, die Menschen an die Plastiktüte zu gewöhnen, ohne Rücksicht auf ökologische Folgen und ohne Blick auf die tatsächlichen Bedarfe und Bedürfnisse der Menschen. Und die Menschen gewöhnten sich daran, aber nur schleichend.

Ab Mitte der 1950er-Jahre konnte die Plastiktüte den Menschen zwar schon angeboten werden, aber die Nachfrage danach war gering. Die ersten Einkaufstüten rissen ständig, und die Hausfrau griff lieber zum altbewährten Korb, damit die frischen Äpfel keine Druckstellen bekamen und die Eier heile blieben. Man trug zu der Zeit die Plastiktüten auch noch nicht an einem Plastikgriff, sondern an dicken Fäden. Erst ab 1960 kam die sogenannte Hemdchenform auf. Legt man eine Plastiktüte dieser Form flachgepresst auf den Boden, sieht sie aus wie ein Unterhemd für Kinder. Irgendwann scheint dies auch deutschen Gewerkschaftern aufgefallen zu sein und daher wird in Deutschland bei anstehenden Tarifverhandlungen maximal unattraktiv demonstriert. Es war auch die Größe der Plastiktüten, die einen größeren Absatz verhinderte. Abhilfe schuf ab dem Jahr 1965 die Reiterbandtüte. Der Griff wurde bei diesen Plastiktüten in die Folie gestanzt. Das Reiterband bezeichnet die doppelte Falzung, die den Tragegriff endlich stabilisierte. Die Hausfrau konnte der Plastiktüte nun langsam Vertrauen schenken. Heutzutage macht ein Gang über die Einkaufsmeile einer beliebigen Großstadt mit Blick auf die dort wie Plankton umherirrenden Menschen, die von Schnäppchenlust und der Möglichkeit zur Distinktion getrieben sind, die stimmlose Kommunikation der Menschen kenntlich. Es ist nicht mehr nur die Tüte, sondern es sind auch die Funktionsjacke, die Kunststofftreter und die Polyesterhose, die jedermann signalisieren: »Kauf mich auch! Kauf mich auch!«

Plastik befiehlt oder legt uns als Tütenaufschrift zumindest nahe, Produkte aus Plastik zu kaufen, und lange hat sich der kauflustige Mensch auch daran gehalten. Die Plastiktüte wurde omnipräsent und war ein Ausweis von Wohlstand, je nach Aufdruck: Discounter, Supermarkt oder Feinkostladen. Auch heute noch ist sie das Symbol, wenn Shoppingtouren oder ein Ausverkauf mit Sonderangeboten bebildert werden sollen. In der Werbung wird sie gern geschwungen, meist von strahlenden Damen. In der etwas weniger attraktiven realen Einkaufswelt sind die Mienen oft nicht so enthusiastisch. Männer hat man seit den 1980er-Jahren in den Innenstädten oft auf ihre Frauen wartend vor den Geschäften sehen können, natürlich mit Plastiktüten in den Händen. Manchmal ist das heute noch der Fall, wenn auch immer seltener. Der Einzelhandel hat mit David Beckham den Mann als potenzielles *fashion victim* entdeckt und lockt ihn mit großen Plakatwänden in die Modegeschäfte hinein. Und für diejenigen altmodischen Ehemänner, die noch lieber warten, als zu shoppen, hat man in den Modegeschäften zum Teil recht gemütliche Wartezonen eingerichtet, vollständig mit Sport- und Autozeitungen ausgestattet. Es soll den Druck auf die Ehefrauen mindern, die Verweildauer erhöhen und so den Konsum anheizen. Vielleicht bekommen die Männer bald auch in den Modeshops ganze Räume, in denen alte Fußballspiele aus den Achtziger- und Neunzigerjahren gezeigt werden. Erst liefert Frau das Kind im Kunststoffbällebad ab, dann den Mann in der Fußballhöhle, und schon kann ungestört Shopping betrieben werden, während der Mann mit anderen wartenden Männern über einen Sport diskutiert, dessen Spielgerät schon lange nicht mehr aus Leder ist. Seit der WM 1986 ist der Fußball aus Kunststoff. Aber man kann den Shoppingbegleitern ja noch ältere Spiele vorführen.

Ab Mitte der 1970er-Jahre erklang vereinzelt der Ruf »Jute statt Plastik«, der mit der Zeit immer lauter wurde. Ab den 1980er-Jahren gab es die erste Unlust an der Plastiktüte, die in der Nachfrage aber nur leicht spürbar war. Die Plastiktüte kommunizierte ab diesem Zeitpunkt mehr als nur Werbung. Sie diente in bestimmten Kreisen als Erkennungsmerkmal eines (noch) nicht aufgeklärten Bürgers. Dabei ging es gar nicht in erster Linie um einen als umweltschädlich erkannten Werkstoff. Der Jutetaschenträger verbreitete mit seinem Gepäckstück nicht nur schlechten Geruch, er kommunizierte: »Ich bin politisch korrekt. Ich stehe auf der richtigen Seite.« Manchmal trat dabei auch noch der Zusatz »Und du nicht!« hinzu. Die Jutetasche sollte die Juteindustrie in Bangladesch stützen und eine linksgerichtete Kulturkritik an der Konsumgesellschaft zum Ausdruck bringen. Vor allem Frauen waren in Bangladesch vom Export der Jutebeutel nach Europa abhängig. So konnte man Feminismus, Kapitalismuskritik und Solidarität mit Entwicklungsländern zum Ausdruck bringen, ohne den Mund aufzumachen und unter Umständen auch ohne Ahnung vom Weltgeschehen zu haben. Man erntete kulturelles Kapital und fand so Eingang in das linksgerichtete Milieu. Mit einer Plastiktüte in der Hand wurde einem der Eintritt in die Szene hingegen wenn nicht verwehrt, so doch erschwert.

Märkte sind Staubsauger, die in ihrem Filter alles marktförmig häckseln und den Menschen ihre Vorstellungen, Vorlieben und auch ihre politische Haltung als von der Essenz befreite Waren verkaufen. Bei allen materiell kommunizierten Statements wie beim Jutebeutel macht man aus den Sätzen inhaltsleere Buchstaben und verkauft sie den Menschen wieder. In den 1960er-Jahren wurden Mao-Smokings aus Jute in Maßarbeit vom Designer Gilbert Feruch vertrieben. Der Preis lag weit jenseits von 1 000 DM pro Stück. Damit handelte es sich sicherlich nicht um ein Kleidungsstück protestierender Studenten, dennoch lag darin ein Statement, wenngleich vielleicht ein ironisches. So konnte selbst auf bourgeoise Weise Solidarität mit Bangladeschs Arbeiterinnen gezeigt werden.

Von solch einem Marktzynismus war Gerd Nickoleit nicht getrieben. Der Wuppertaler holte zusammen mit den christlichen Kirchen ab 1975 den Jutebeutel nach Deutschland und landete damit einen Szenehit. Die Firma GEPA (»Gesellschaft zur Förderung der Partnerschaft mit der Dritten Welt«) existiert noch heute und setzt sich für fairen Konsum ein. Gestartet – so lässt sich 2015 in der Zeitung *DIE WELT* nachlesen – mit etwa 38 000 Euro Startkapital, machte die Firma im Geschäftsjahr 2014/15 einen Umsatz von 68 Millionen Euro. Die Menschen erkaufen sich dort nicht nur ein gutes Gefühl, sie bezahlen die Eintrittskarte in eine mit dem Kapitalismus versöhnte Welt, in der es möglich ist, trotz aller Ungerechtigkeit ein guter Mensch zu sein. Deswegen konnte ein solch unscheinbarer, kratziger und übel riechender alltäglicher Gebrauchsgegenstand zum Politikum werden, zum Ausdruck eines Lebensgefühls.

Diese fortschreitende Plastiktütenablehnung machte Elke Koska traurig. Sie war verantwortlich für eine Plastiktütenausstellung. 7 000 Exemplare hatte sie gesammelt, von denen sie die 2 000 interessantesten 1982 im Düsseldorfer Kunstverein ausstellte. In New York, so vertraute sie dem *SPIEGEL* an, finde sie vor lauter Papiertüten kaum mehr bunte Plastiktüten. Sie befürchtete, dass »die Unvernichtbarkeit des Materials den Plastiktüten zum Verhängnis geworden« sei. Zum Internationalismus der Plastiktütenablehnung und Jutebeutelnutzung gesellte sich erst langsam solch geartetes Umweltbewusstsein. Lange Zeit konzentrierte man sich nicht auf die große Menge Plastikmülls, den der Tütenkonsum verursachte. Vielmehr wollte man mit dem »Gesinnungstextil«, wie *DER SPIEGEL* den Jutebeutel einmal bezeichnete, das Schuldgefühl abwehren, man trage eine Mitschuld daran, dass manche Rohstoffe zur Neige gingen. Wie man im ausgehenden 19. Jahrhundert nach Kunststoffen gegiert hatte, weil man befürchtete, dass Rohstoffe wie Elefanten, Narwale oder Schildkröten ausgehen könnten, befürchtete man nun das Ende des Schmierstoffs der Weltwirtschaft, des Öls.

Mit dem Aufstieg der Grünen Partei begann man jedoch damit, auch über die Entsorgung von Plastiktüten nachzudenken. Die »Aktion Dritte Welt Handel«, die mit dem Import von Juteartikeln ihre Mitarbeiter bezahlte und Gewinne erwirtschaftete, rechnete Mitte der 1980er-Jahre im *SPIEGEL* vor: »Vier Plastiksäcke entziehen der Luft gleich viel Sauerstoff, wie ein Mensch während eines Tages braucht«, wenn man sie in einer Müllverbrennungsanlage thermisch verwertet. Es entbrannte ein Streit, der bis heute andauert: Worin verstaue ich meine Einkäufe? Worin verstecke ich die Unmengen an Plastikartikeln, die ich bei dm, Rossmann oder früher auch bei den sogenannten Schleckerfrauen gekauft habe? Mitte der 1980er-Jahre geriet der Jutebeutel, der mit etwa 3,50 DM einen durchaus sehr sozialen, also hohen Preis hatte, in Misskredit: Die Hessische Landwirtschaftliche Versuchsanstalt in Darmstadt wies in den Ökobeuteln Schadstoffe wie Dioxin nach. Das war so gar nicht nach dem Geschmack der von Wuppertal ausgegangenen und von den Kirchen getragenen Bewegung. Die Schuld kann jedoch kaum in Bangladesch zu suchen sein. Die ökologisch Bewegten aus Europa, insbesondere Deutschland, erhöhten den Nachfragedruck auf Bangladesch. Die angestellten Frauen kamen kaum nach mit der Produktion, und die fäulnisanfällige Jutepflanze wächst nicht schneller und prächtiger, wenn man an ihr zieht. Es brauchte Pestizide, um der Nachfrage der ökologisch Bewegten gerecht werden zu können. Und die Erste Welt lieferte die Giftstoffe – und verkonsumierte sie anschließend wieder. Das konnte die aufstrebende Ökoindustrie natürlich nicht auf sich sitzen lassen. Sie beauftragte Experten für Gegengutachten. Man einigte sich darauf, dass nur wenig Dioxin in den Ökobeuteln zu finden sei, und für kurze Zeit war der Streit einigermaßen befriedet. Das Problem allerdings nicht gelöst.

Das Dioxin-Argument war für die Verfechter der praktischen, geruchsneutralen und günstigen Plastiktüte letztlich ein gefährlicher

Schuss aufs eigene Tor. Die Ende der Achtziger aufkeimende Angst vor Dioxin stammte von der Verbrennung von Kunststoffen aus Polyvinylchlorid (PVC) und Polyurethan (PU), aus denen beispielsweise Autositze und Dämmstoffe gefertigt sind. Heute ist die Wissenschaft fortgeschritten, und es gilt als vorläufig sehr gut bestätigte These, dass Mikroplastik im Meer Dioxin anzieht. Dies legt den Schluss nahe, dass über Lebensmittel Plastik plus Dioxin seinem Verursacher wieder zurückgebracht werden könnte. Jedoch weiß jeder Hobbyangler, dass man den Magen von Fischen entfernt. Die Gefahrenlage ist noch nicht abschließend geklärt. Jedoch könnte es zum politischen Handeln doch schon ausreichen, dass es nicht schön ist, wenn Plastiktüten im Ozean schwimmen. Reicht ästhetisches Befinden nicht schon aus, um politischen Handlungstrieb zu entwickeln?

Die Plastiktütengegner argumentierten aber nicht auf ästhetischer Grundlage, sondern mit dem Ziel des moralisch begründbaren Umweltschutzes. Die Industrie antwortete mit einer Werbekampagne. Ende der 1980er-Jahre sah man Menschen mit Plastiktüten, die die Aufschrift »Ich bin umweltfreundlich« trugen. Die Argumentation war damals so einfach wie irreführend. Polyethylen bestehe doch nur aus den natürlichen Rohstoffen Kohlenstoff, aus dem alles Leben aufgebaut sei, und Wasser, dem Element, das ebenfalls gern mit dem Begriff Leben assoziiert wird. Die Werbeaktion verfing jedoch kaum. Alles deutete auf eine starke Nachfrage nach einer Tüte hin, die weder mit dem Image der Müsli-Ökos verbunden war noch den Träger an den Pranger stellte, weil er durch sie als Umweltsünder galt. Die Archer Daniels Midland Company war 1989 das erste Unternehmen, das mit einer schnell verrottenden Plastiktüte am Markt scheiterte. Von da an scheiterten alle so gearteten Versuche entweder an der Qualität oder am nicht konkurrenzfähigen Produktionspreis. Doch nicht nur systemimmanente Gründe sprechen gegen die Bioplastiktüte. Nur in einer betriebswirtschaftlich geleiteten Vernunft ist nachzuvollziehen, warum die Menschen Bioplastiktüten aus Pflanzenstärke benutzen sollten. Betriebswirtschaftlich gesehen geht es einfach darum, Waren herzustellen und diese mit Gewinn zu verkaufen, also aus Geld mehr Geld zu machen. Aber ethisch lässt sich nur schwer begründen, warum jemand aus potenziellen Nahrungsmitteln wie zum Beispiel Maiszucker hergestellte Gegenstände wie Plastiktüten, deren Nutzungsdauer oftmals deutlich unter 60 Minuten liegt, kaufen sollte. Gut informierte

Umweltschützer können einer solchen Lösung ebenfalls nichts abgewinnen, denn meist werden diese Plastiktüten ohne Zugabe von Kunststoffen nicht stabil genug. Hinzu kommt, dass man sich bei Mexikanern nicht eben beliebt macht, wenn man ihnen ihr »Vitamin T« wegnimmt, den Stoff, der aus den Mexikanern die beleibteste Nation der Erde gemacht hat. Das T steht dabei für Tortillas, die bekanntlich aus Mais produziert werden. Der Preisanstieg von Mais Mitte der Nullerjahre führte zur sogenannten Tortillakrise. Gerade bei den ärmeren Teilen der Bevölkerung ist die Tortilla mehr als eine kohlenhydrathaltige Beilage. Sie ist ein nationales Symbol und am Essteller entscheidet sich maßgeblich die Identität. Eine Weißwurscht mit Kunstdarm ist für einen Bayern wahrscheinlich auch nicht tolerabel.

Das Plastiktütenproblem fand in den 1980er-Jahren keine Lösung, auch wenn sich nun alle politischen Richtungen gegen das kurz- und doch langlebige Tütchen an der Kasse stellten. Der in die Kritik geratene hessische Ministerpräsident Holger Börner von der CDU gab gar an, dass ihm jede Plastiktüte im Wald »körperlich wehtun« würde. Wohl deswegen genehmigte er für den Bau der Frankfurter Startbahn West die Abholzung von etwa 300 Hektar Wald. Dagegen demonstrierten viele Menschen mit Jutebeuteln über der Schulter oder in der Hand, die Börner beschuldigte, im Namen des Umweltprotestes auch Wälder niederzutrampeln. Um jedoch eine gemeinsame Front gegen Umweltverschmutzung zu schaffen, muss man sich die Argumentationsform der politischen Gegner zu eigen machen. Wenn Börner körperliche Ausfallserscheinungen bekommt, gibt er uns zu verstehen, dass er Ekel empfindet. Dieser Ekel kommt auf, weil seine ästhetische Idealvorstellung zu weit von seinen Wahrnehmungen abweicht. Dort hätte man Diskurskoalitionen suchen können. Konservative und Ökos verstehen sich schnell, wenn sie über die Erhabenheit der Natur sprechen, und kommen dann zu denselben Schlüssen, nur auf unterschiedlichen Denkpfaden.

In anderen Ländern verlegte man sich auf andere Möglichkeiten, weniger Plastiktüten im Wald zu finden. 1987 verbot der Bürgermeister von Cinisello Balsamo, das liegt in der Nähe der italienischen Modemetropole Mailand, kurzerhand Plastiktüten in seiner Stadt. Unter den Anti-Plastik-Aktivisten ist eine Umwelttasche mit dem Aufdruck »I love Cinisello Balsamo« ein Symbol dafür, dass man ganz tief in der Szene steckt, und für die Aktivisten eine wohl gern genutzte Chance für den

Start eines kunststoffkritischen Gesprächs. Es war damals keine Frage, dass sich vonseiten der Hersteller von Plastiktüten Widerstand regte. Sieben italienische Erzeuger klagten gegen die Gemeinde. Der Europäische Gerichtshof musste sich damit beschäftigen und gab der Gemeinde recht. Die Unternehmen mussten klein beigeben.

In den 1990er-Jahren mussten sich Gerichte aus anderen Gründen mit Plastiktüten auseinandersetzen. Nicht nur als Selbstmordwerkzeug im Gefängnis wie beim Präsidenten des staatlichen Energiekonzerns Italiens, Gabriele Cagliari, sondern auch wegen Hypoxyphilie. Meist trifft es Männer auf der Suche nach dem ultimativen Orgasmus. Sie ziehen sich kurz vor dem Höhepunkt eine Plastiktüte über ihren Kopf. Die Fälle häuften sich in den 1990er-Jahren, aber auch heute noch haben Gerichtsmediziner mit solchen Fällen zu tun. Solche autoerotischen Vorfälle gelten rechtlich nicht als Unfall. Auf mögliche Zahlungen durch Versicherungen dürfen sich weder diejenigen freuen, die dem Tode gerade noch von der Schippe gesprungen sind, sich jedoch für ihre Auffindesituation schämen, noch die Hinterbliebenen.

Schämen sollen sich anscheinend die Menschen, die an der Kasse des Supermarkts oder Discounters noch zur Plastiktüte greifen. Doch sind die Papiertüten eigentlich wirklich eine nachhaltigere Alternative? Nehmen wir einmal an, dass jemand die Plastiktüten, mit denen er seine Einkäufe bisher nach Hause trug, immer als Müllbeutel verwendet hat. Nun wählt er an der Kasse die Papiertüte, um seinen Mitmenschen zu zeigen, dass ihm die Umwelt nicht egal ist. Das Laufband an der Kasse rollt, und darauf liegen nun Plastikmüllbeutel, die der Konsument in die Papiertüte steckt. Dabei geht es nicht nur darum, die Abfalleimer nun mit einfarbigen Müllbeuteln anstelle der bunten Plastiktüten auszukleiden. Papiertüten mit 30 Prozent Recyclingfasern benötigen laut Studien des Wuppertal Instituts in der Herstellung mehr als das 17fache an Wasser und verursachen die doppelte Menge an Treibhausgasen wie eine Plastiktüte gleicher Größe. Sicherlich hat sich die Reißfestigkeit der Papiertüten sehr stark verbessert, aber die Nutzungsdauer und -möglichkeiten von Plastiktüten erreichen sie bei Weitem noch nicht. Und dabei haben wir hier über den verwendeten Kleber, der die Trageschlaufen an der Tüte hält, noch gar nicht gesprochen. Auch die sogenannten Hipster Bags (aka Jutebeutel) sollten nicht aus modischen Gründen ausgetauscht werden. Man muss sich schon ein Design aussuchen, mit dem man über Jahre hinweg im Discounter oder dem Unverpackt-Laden eine gute Figur macht, sonst greift man – möchte man eine gute Ökobilanz erreichen – besser doch zur Plastiktüte, mit welcher man im Winter einen flachen Berg hinunterrutschen oder seinen Fahrradsattel vor dem Aufweichen im Regen schützen kann. Doch will man wirklich nachhaltig handeln, sollte man erstens kaum etwas einkaufen, am besten nur das, was wirklich nötig ist, und zweitens diese nötigen Einkäufe in einem Behältnis transportieren, das man bestenfalls noch vererben kann. Als ich Teenager war, waren Bundeswehrrucksäcke eine beliebte Schultasche. Für einen möglichen Kriegsfall konzipiert, konnte er auch bis zum Ende eines Langzeitstudiums seinen Zweck erfüllen. Rucksack, Ledertasche oder Korb, damit sollte man zum Einkaufen gehen. Einfache Regel: Was keine fünf Jahre Lebensdauer hat, das benutze ich nicht als Trageinstrument. Fertig.

17. Verwehte Plastikträume

Bis weit in die Siebzigerjahre des vergangenen Jahrhunderts herrschte eine Technikgläubigkeit, die in manchen Kreisen und Köpfen bis heute anhält. Für jedes Problem, das sich der Menschheit stellte, gäbe es eine technische Lösung, so glaubte man. Die Ingenieure würden das schon richten. Irgendwie. Irgendwo. Irgendwann. Solche Gläubigen folgen einer universalen Eschatologie, auch wenn sie es wahrscheinlich nicht so nennen. Sie glauben daran, dass durch Technik irgendwann ein Zustand vollkommener Glückseligkeit erreicht werden wird. Wissenschaft und Technik werden demgemäß als eine einzige Erfolgsgeschichte interpretiert. Verkauft wird einem das als Ausgeburt purer Rationalität. Sie glauben, technischer Fortschritt funktioniert wie die Theorie der Evolution. Demgemäß müsste sich der Mensch immer besser an die Naturgegebenheiten anpassen. Das ist grundlegend falsch, denn der Mensch passt die Natur inzwischen viel stärker seinen Vorstellungen und Ideen von der Welt an, als dass der Mensch sich der Natur anpasst.

Die Technik erschafft Probleme, die wir verzweifelt mit noch mehr Technik lösen wollen, die wiederum neue Probleme schafft, die wiederum durch technische Lösungen gelöst werden wollen. Bei dieser Sichtweise gleicht die Menschheit dem Sohn des Windgottes Aiolos, der den Namen Sisyphos trägt und in einer Erzählung der griechischen Mythologie einen Stein auf eine Anhöhe rollen will. Kurz vor dem ersehnten Ziel kullert dieser jedoch den Hang wieder hinunter. So muss Sisyphos seine Arbeit von vorn beginnen. Und wieder und wieder und dann noch mal *ad infinitum*. Auf die Technik übertragen heißt das: Gerade wenn Technik alles Mögliche zu lösen scheint, verspüren die Menschen ihre Nebenwirkungen und beginnen, einen neuen Stein den Berg hinaufzurollen, der die Nebenwirkungen wenigstens lindern soll, und auch dieser rollt dann doch wieder herab.

Eine dieser Kugeln, die die Menschheit einen Berg hinaufzurollen versuchte, war aus unterschiedlichen Kunststoffen zusammengesetzt. Drei der Kugeln lösten nicht einmal die Probleme, die sie lösen sollten, und kamen so – vielleicht zum größten Glück – gar nicht dazu, Nebenwirkungen zu zeitigen. Von diesen drei Fällen möchte ich in diesem

Kapitel berichten. Die Menschen suchten danach, Kiemen ähnlich den Fischen zu haben, kalte Städte wärmer zu machen und den Welthunger mit Kunststoffschaum niederzuringen. Alles mithilfe von synthetischen Stoffen – und alles misslang.

Im Sheraton Hotel in New York gab es Mitte der 1960er-Jahre eines Tages großes Aufsehen um einen kleinen Nager. Augenzeugen und Kameras beobachteten, wie er in einer kleinen Kammer innerhalb eines Aquariums, das unter Wasser gesetzt worden war, Männchen machte. So zumindest berichtet es das Wochenmagazin *DER SPIEGEL* im Jahre 1964. Forscher hatten eine hauchdünne Membran aus Kunststoff entwickelt, die wie Kiemen bei einem Fisch funktioniert. Sie filtert den Sauerstoff aus dem Wasser. Ein Mensch soll in so einer Kammer gleich einem Fisch ohne Luftnot unter Wasser verweilen können. Die Zeitung *New York Herald Tribune* soll laut *SPIEGEL* davon geschrieben haben, dass ein Ingenieur von General Electrics es geschafft habe, den Menschen mithilfe eines neuartigen Kunststoffs in einen Fisch zu verwandeln. Hier zeigt sich die Hybris der Nachkriegsjahre. Man dachte, man könne den Menschen von seiner Natur entbinden. Man tat so, als wäre man in der Lage, durch Kunststoffe Supermenschen zu erschaffen, indem man in einem letzten großen Akt die Kultur von der Natur loslöst. Ein großer, bedeutender Schritt auf der Kunststoffreise zur universaleschatologischen Auflösung aller Plagen der Menschheit. Bei solcherlei Denkfiguren, die zum Common Sense wurden, hilft natürlich ein Stoff, den man nicht direkt aus der Natur gewonnen hat, ein Stoff, den der Mensch sein Eigen nennen kann: Kunststoff. Zur Zeit des Kalten Krieges dachte man bei dieser Errungenschaft natürlich sogleich an Militär-U-Boote, die nicht mehr auftauchen müssen, um Sauerstoff zu tanken. Zwei Quadratmeter würden ausreichen, um einen erwachsenen Menschen unter Wasser unbegrenzt mit Sauerstoff zu versorgen. Was wäre das für ein Vorsprung im kalten Krieg der Systeme.

Walter L. Robb zeigte dieses Kunststück mit Hamster nicht nur einmal, er ging quasi auf Tour damit. Damit machte Robbs Furore und Karriere bei General Electrics. Er verbrachte 42 Jahre an herausragenden Positionen in dieser Firma und selbst mit stolzen 89 Lenzen im Jahre 2017 berät er noch Firmen. Doch Tauchkammern für Touristen haben wir noch nicht gesehen. Auch U-Boote müssen immer noch auftauchen. Trotzdem hatte Robbs Forschung Gewicht. Dabei geht es aber nicht um Spaß für Touristen oder Admiralitäten, sondern um die lebensverlängernde Medizin. Seine Forschung an den Membranen brachte entscheidende Hinweise zur Behandlung von Lunge und Nieren. Selbstverständlich bleibt auch das nicht ohne Nebenwirkungen. Man frage da nur die Politarchitekten, die das deutsche Rentensystem stabil halten wollen, und die Politkommunikationsstrategen, die uns von dieser Stabilität überzeugen wollen. Die medizinische Technik löst hier ein Problem und kreiert gleich wieder ein neues, zumindest in den Augen derer, die nur Kosten im Blick haben wollen. Ich sehe das anders. Aller fiskalischen Lächerlichkeiten zum Trotz ist ein verlängertes Leben, wenn es mit Freude gelebt werden kann, etwas Schönes und Begrüßenswertes. An Jahren kann man durchaus mal über seine Verhältnisse leben, auch wenn es der Rentenkasse nicht gefällt.

Manchmal erreicht man als Forscher und Tüftler nicht das Ziel, das man ursprünglich verfolgte, kann jedoch den Grundstein für anderslautende Ziele legen. Dennoch zeigen solche Misserfolge die Denkmuster der Zeit wie unter einem Brennglas. Sie zeigen, welche Rolle der Kunststoff in dem Narrativ über einen steten technischen Fortschritt spielt. Der Mensch nimmt sich mithilfe des kultürlichen Kunststoffes heraus, alles und noch mehr sein zu können, als ihm die Natur funktionell bietet. Wenn der Mensch es will, wird er zum Fisch. Nichts erschien zu damaliger Zeit als eine Frage des Könnens, nur als eine Frage des Wollens. Wenn der Mensch etwas will, dann hat sich alle Natur zu beugen, und wo sie sich nicht beugsam zeigt, da hat der Mensch einen geeigneten Schutz aus seinem eigenen Material, wie das nächste Beispiel zeigt.

Am politischen Gegenpol der Vereinigten Staaten von Amerika, der kommunistischen Sowjetunion, wollte man mit Kunststoffen andere Probleme lösen. Zur Mehrung des sozialistischen Fortschritts und zur Freude der Arbeiter wollte man die Lebensbedingungen der Menschen verbessern, die für Staat und Lohn Diamanten aus der Erde holen sollten. Die Sowjetführung plante eine Stadt mithilfe der Bauakademie Moskau. Dies zumindest konnte man 1963 dem *SPIEGEL* in einer kurzen Mitteilung entnehmen. Die Planstadt sollte Aichad heißen, bis zu 10 000 Menschen beherbergen und im Norden Sibiriens entstehen. Heute ist die Stadt auf Google Maps nicht zu finden, aber das bedeutet nicht, dass sie nicht doch existiert. Schließlich führt zum Beispiel in die Diamantenstadt Mirny auch keine Straße. Man kann Mirny nur mit dem Flugzeug erreichen oder verlassen. Die Sowjetführung befürchtete, dass mit den Menschen auch ihre wertvollen Diamanten Mirny verlassen könnten. Diamanten dienten dem Sowjetstaat vor allem zur eigenen industriellen Produktion und weniger, um bourgeoisen Schmuck zu fabrizieren. Wie alle autoritären Staaten wollte auch die Sowjetunion möglichst unabhängig von teuren Importen sein, und so unterschied sich der real existierende Sozialismus kaum vom Nationalismus, auch wenn er sich antifaschistisch gebärdete. Importabhängigkeit macht angreifbar, und das war zu Zeiten des Kalten Krieges nicht denkbar.

Die Menschen in solchen Städten sollten wohl – wenn sie schon eingeschlossen waren – wenigstens nicht frieren. Professor Ludkowoski von der Bauakademie Moskau, zu dem ich keine weitergehenden Informationen finden konnte, plante daher eine große Kuppel aus Kunststoff, die eine angenehme Durchschnittstemperatur ermöglichen sollte. Sie sollte an Spanntürmen befestigt werden und dann wirken wie ein Treibhaus. Diese Idee machte keine Schule, sie fand nirgendwo Nachahmer. Heutzutage, in Zeiten des Klimawandels hin zu einem im Durchschnitt erwärmten Planeten, wirkt diese Idee noch etwas obskurer, als sie damals schon wirken musste.

Obskur ist auch das nächste Beispiel für die in den Zeitläufen verwehten Plastikträume – nicht weil 2020 weltweit und statistisch gesehen die Wahrscheinlichkeit höher ist, an Fettleibigkeit elendig zugrunde zu gehen, als zu verhungern, sondern weil es die Allmachtsfantasien der damaligen Kunststoffzeit, in der wir bis heute leben, zeigt.

Man will gar nicht abstreiten, dass Heinz Baumann (1920–2013), der wissenschaftliche Leiter des Unternehmens Schaum-Chemie, vor allem Gutes im Sinn hatte, als er 1961 im Schulfunk seine Idee präsentierte. Sein Plan war es, große Teile von Wüsten mit Schaumstoff zu unterkoffern und so dem Welthunger den Garaus zu machen. Es klingt zunächst sogar plausibel und praktikabel, wenngleich es heute ein umweltpolitischer Skandal wäre, würde man voll beabsichtigt Schaumstoff in die Umwelt ausbringen. Vielleicht auch zu Recht. Es wurde nie gewagt, und so mussten wir die Nebenwirkungen dieses konkreten Ausflusses abstrakten technischen Fortschritts nicht erleben und zumindest dafür nicht wieder neue technische Lösungen ersinnen, die wiederum Nebenwirkungen zeigen, die abermals mit technischen Lösungen … Und so weiter, *ad infinitum*. Das Misslingen erspart einem die Folgen des Gelingens.

Die Fünfziger- und Sechzigerjahre des 20. Jahrhunderts waren eine Zeit, in der die Kunststoffe als mögliche Lösung für viele Bereiche des Lebens galten. Vieles davon war auch sinnvoll. Unbestritten. Wir kennen heute den offenzelligen Melamin-Formaldehyd-Schaumstoff, auf dem Pflanzen prächtig gedeihen können, selbst wenn der Gärtner über keinen grünen Daumen verfügt. Man braucht weniger Wasser und damit weniger Aufwand. Auch wenn wir Menschen nicht ohne Tauchgerät die Unterwasserwelt erkunden können, so sind wir in der Klinik doch froh, wenn unsere Lunge wieder voll oder einigermaßen funktionsfähig gemacht werden kann. Wir sind aber wahrscheinlich auch alle froh darüber, nicht unter einer Kunststoffkuppel leben zu müssen. Solche Zeitungsmeldungen der Wirtschaftswunderjahre waren falsche Versprechungen einer glorreichen Zukunft, auf die wir zu warten haben, bis die Ingenieure sie fertig konstruiert haben. In diesem Sinne passt Kunststoff prima als Metapher für falsche Versprechungen, für Lügen und ignorante Technikgläubigkeit.

18. »Life in plastic, it's fantastic!« – Plastik und Musik

Ab Mitte, aber vor allem ab Ende der Sechzigerjahre des 20. Jahrhunderts zog die Plastikmetaphorik in die Popwelt ein und war gekommen, um zu bleiben. Ihre Musik verkauften die Bands auf Schallplatten aus Polyvinylchlorid, kurz Vinyl genannt, aber ansonsten wollten die Musiker - zumindest in ihren Texten - nichts mit Plastik zu tun haben. Der Werkstoff Kunststoff war unbeliebt und wurde durchweg negativ konnotiert. So riet 1968 die mehrfach platingekrönte Rockgruppe Iron Butterfly ihren weiblichen Fans, sie sollten sich von »people made from plastic in a mold« fernhalten.

Doch nicht nur die jugendlich-aufsässige Popmusik wollte nichts mit Kunststoffen zu tun haben. Der amerikanische Countrysänger Nat Stuckey (1933–1988) beschrieb sich in dem Stück »Plastic Saddle«, das 1966 veröffentlicht wurde, als richtig tollen Typen, der beleidigt sei, wenn man ihm zu einem Ausritt einen Plastiksattel gebe. Zu einem harten und erfolgreichen Typen, wie er einer sei, passe kein Plastik. Ein echter Mann reite auf Leder, in dem noch die Seele des Tieres wohne, das er - zumindest potenziell - selbst erlegt habe. Leder wird hier gleichgesetzt mit Testosteron, mit Männlichkeit, es repräsentiert Härte und Geradlinigkeit und ist kein Quatsch von Brillenträgern und Weißkitteln aus dem Labor. Ein Sattel aus Kunststoff dagegen ist Industrieware, einer gleicht dem anderen. Das passt nicht zur ledernen Männlichkeit, die sich auch in der individuell gegerbten Seele des draufgängerischen Manns zeigt.

The Egyptian Lover fragte: »What is a DJ, if he can't scratch?« Die Hip-Hop-Kultur wäre ohne Kunststoffe nicht denkbar gewesen. Ohne Polyvinylchlorid auch kein Schallplattenscratchen.

Ähnlich sah es auch eine andere Band. Ein erfolgreicher Mann fällt auf, dagegen lebt ein »Plastic Man«, wie er 1969 wenig erfolgreich von The Kinks in dem gleichnamigen Song auf den Musikmarkt geworfen wurde, laut Liedtext der Kinks unerkannt unter seinen Mitmenschen. Erfolglos war der Song vor allem, weil die BBC diesen Song aus ihrer Playlist warf. Dass der Plastic Man bis auf den »bum« (Popo) aus Plastik war, war der BBC schon zu frivol.

The Who setzten sich mit Plastik als Ersatzstoff in dem Song »Substitute« auseinander. Kunststoff galt ihnen als Beispiel dafür, dass alles ersetzt werden kann. So kommt der Kunststoff auch zu seiner metaphorischen Benutzung. Immer ersetzt er nur das Echte, das Originale, das Eigentliche.

Dass wirklich alles als durch Kunststoffe ersetzbar galt, bestätigten Jefferson Airplane mit ihrem Lied »Plastic Fantastic Lover«, dessen Text heute wieder aktuell ist. Die Musiker beschäftigten sich darin mit künstlicher Intelligenz (KI), die im Ganzkörper-Plastik-Outfit daherkommt. Genauer gesagt mit einer weiblichen KI, deren Anziehungskraft unwiderstehlich zu sein scheint. Der Sänger weiß zwar, dass es irgendwie falsch ist, mit einer Plastikfrau sexuell zu verkehren, aber es gefällt ihm einfach zu gut. Er wirkt fast süchtig danach.

Nicht erst heute ist dies durch das vermeintliche Fortschreiten der Technik wieder aktuell. Schon lange gibt es Tester für Plastikpuppen. Diese bewerten diese Puppen mit meist weiblichem Aussehen, die für einsame Männer bis zu drei Öffnungen bereithalten, an denen man(n) sich gütlich tun kann. Im Zuge der Digitalisierung der menschlichen Lebenswelt kann der einsame Mann jedoch schon von Sexpuppen träumen, die auf ihn adäquat (beziehungsweise so, wie der jeweilige einsame Mann es sich als adäquat vorstellt) reagieren. Die Forschung ist sich nicht sicher, von welchem Philosophen der Gedanke stammt, dass nach dem Geschlechtsverkehr alle Tiere außer dem Hahn und der Frau traurig seien. Doch man(n) kann sich vorstellen, wie es sein muss, postkoital mit furzendem Geräusch die Luft aus einer aufblasbaren Sexpuppe zu entlassen. Dafür muss man noch eine technische Lösung finden.

Die Ruhrpott-Metalband Sodom um den Sänger Tom Angelripper verfasste dazu das Lied »Die stumme Ursel«, deren Nutzung beim Ich-Erzähler im Songtext das Verlangen nach einer echten Frau nur immer stärker anwachsen lässt. Der Ich-Erzähler sucht Erleichterung bei einer Prostituierten, kehrt aber »gepeinigt und enttäuscht« zu seiner stummen Ursel nach Hause zurück: »Ich geh' nach Haus', sie wartet schon, meine stumme Ursel«. Sly and the Family Stone rufen sowohl dem Sänger von Jefferson Airplane als auch dem Alter Ego von Tom Angelripper in »You can make it, if you try«, zu: »Don't let the plastic bring you down.« Bei der Funkband Sly and the Family Stone ist in ihrem Song »Plastic Jim« wahrscheinlich nicht viel Erotisches zu erwarten, denn der titelgebende Protagonist wird durch sein Zellophanlächeln, seine Lügen und sein streberhaftes Benehmen charakterisiert. Die Band fragt sich gar, wozu solche Plastic Jims überhaupt existieren. Vielleicht sollte Plastic Jim meditieren, denn Menschen aus Plastik fehle die Meditation, meint Gil Scott-Heron (1949–2011) in seinem Song »Plastic Pattern People«. Plastik wird also als weltlich dargestellt, dem die höheren Sphären der Meditation und der Transzendenz verborgen bleiben müssen. Trotz der langen Haltbarkeit des Materials bleibt dem Kunststoff die Unendlichkeit, mit der sich manche Meditierenden verbunden zu fühlen glauben, verschlossen.

Die politisch und gesellschaftlich bewegten ausgehenden Sechzigerjahre bringen Plastik aber auch in enge Verbindung mit Krieg und Unterdrückung. Das britische Folkduo The Sallyangie jaulte in seinem Song »Chameleon«: »I am the lord with a plastic hand. Where are the slaves that I command?« Kunststoffe werden hier zu einem Mittel der Unterdrückung. Dies mag auf den ersten Blick verwundern, so regieren Herrscher doch mit eiserner Faust, die manchmal mit eisernen Besen ihre Feinde aus ihrer Umwelt kehren. Und doch ergibt die Plastikhand Sinn. Sie ist durch ihre Künstlichkeit von der Natur der Menschen entfremdet. Die Menschen werden durch die eigene Kultürlichkeit unterdrückt, obgleich sie doch in Freiheit geboren werden. Entsprechend geben die Yardbirds und auch der Beatle Ringo Starr Erziehungstipps und raten, auf Kriegsspielzeug aus Kunststoffen zu verzichten.

Von seltsamer Beliebtheit sind Plastikpflanzen. Ob von der britischen Rockband Traffic, von Ozzy Osbournes Doom-Metal-Band Black Sabbath, von den Rockern von Pink Floyd oder den Progressive-Rockern King Crimson, die sogar »plastic garlic plants« in ihrem Song »Indoor Games« erscheinen lassen – überall in den Charts fanden sich auf einmal Pflanzen aus Kunststoff. Don McLean ließ zudem »tight collared clowns in plastic buildings« watscheln. Wozu solche Visionen in der realen Welt führen würden, beschreibt 1970 Shel Silverstein (1930–1999) in seinem »Plastic« betitelten Song. Eine Termite besucht Silverstein. Sie sieht sehr abgemagert aus. Schuld ist nur das Plastik, das überall zu sein scheint. Kein leckeres Holz mehr zu finden. Nirgendwo.

Die Termite hatte alles angeknabbert und wird und wird nicht dicker. In einer weiteren Strophe wandert Shel Silverstein an den Strand und traut sich, eine kurvige Frau anzusprechen, deren Kurven – zu seiner Enttäuschung – ebenfalls nur aus Plastik bestehen.

Das Thema »plastic surgery«, im Deutschen etwas freundlicher als Schönheitsoperation bezeichnet, wird von Musikern gern aufgegriffen. Das zweite Album der Punker der Band Dead Kennedys ist mit *Plastic Surgery Disasters* betitelt, setzt sich also schon kritisch mit Schönheitsoperationen auseinander, wenngleich natürlich in der punktypischen zynisch-humorvollen Art. Doch schon weit vor dem Jahr 1982 finden sich immer wieder kritische und komische Auseinandersetzungen mit Körperteilen aus Kunststoffen. Die Bonzo Dog Doo-Dah Band verarbeitete das Thema noch vor Shel Silverstein im Jahre 1967 auf ihrem Debütalbum *Gorilla*. Aber so richtig in Fahrt kommt die Thematik erst durch Hip-Hop. Ob Kool Keith, Beenie Man oder Canibus, immer wieder ist die Rede von »plastic surgery«, gern in Form des im Rap gewohnten Frontalangriffs: »It seems you need plastic surgery!«, wie es Xzibit, ein Rapper, der auf dem Musiksender MTV Autos tunen ließ (Sendetitel: *Pimp my ride*) und seinen Senf dazugab, oft auf Bühnen dargebracht hat. Prince (1958–2016) war nicht begeistert von Mädchen in einer »make-believe world« mit »plastic boobs and clip-on curls«. Die Popmusik, ob nun Hip-Hop oder New Funk, scheint stets auf der Suche nach dem Natürlichen zu sein und dieses Natürliche zu bevorzugen, obwohl die Musik ohne Instrumente, Abspielgeräte und Medien aus Kunststoffen nicht möglich gewesen wäre.

Geht es nicht um chirurgische Eingriffe, so wird das dethematisierte Paradox noch deutlicher. Die 1990er-Punkband L7 spricht zwar von »plastic lips« in ihrem Song »The Bomb«, bleibt aber bei den Lippen nicht stehen. Daneben singt die Sängerin von Plastiklügen, Plastikpolitik, Plastikfahrern, Plastikautos, Plastikkrügen, Plastikessen, Plastikmagazinen und noch viel mehr Gegenständen aus Kunststoffen. Ihr Schluss aus diesem Zustand der Welt, die auch ihre Welt ist: »Well, blow up!« Plastik ist Lüge – und Lüge ist ungerecht, zumindest beim Pflichtenethiker Immanuel Kant. Gleichlautend mit L7 fordert Kant denn auch, dass Gerechtigkeit obsiegen müsse, selbst wenn die Welt dabei zugrunde gehe. Alanis Morissette kommt in ihrem Debütalbum *Alanis* zu einem ähnlichen Schluss bei sehr ähnlichen Vorzeichen. Sie singt – 1991 noch eher auf den Erfolg auf den Dancefloors Europas zielend – von Plastiklächeln, Plastikhäusern, Plastikzäunen und vielem mehr. Zwar soll sich der im Lied angesprochene Mann, der viele Plastikeigenschaften und Plastikprodukte besitzt, nicht in die Luft sprengen, aber sein Leben grundlegend ändern, insbesondere wahrscheinlich das Plastikmädchen verlassen. Alanis Morissette versucht, sich über die Plastikmetapher als die bessere Wahl für ihren Angebeteten darzustellen. Wollen wir mal hoffen, dass dies von Erfolg gekrönt war. Musikalischen Erfolg erzielte sie jedenfalls erst später, als sie nicht mehr auf den Dancefloor abzielte, sondern versuchte, anspruchsvolle Musik zu machen. Eben Musik, die nicht aus Plastik ist, obwohl sie doch auf Compact Discs und Schallplatten aus Kunststoffen erscheint und verkauft werden will. Plastik scheint etwas zu sein, das eine nicht authentische und deswegen abzulehnende Situation darstellt.

Das Konzept der Authentizität ist bis heute äußerst positiv konnotiert. Warum das so ist, erschließt sich mir nicht. Vergewaltiger zum Beispiel sind im Augenblick ihrer Tat so überhaupt nicht *plastic*, sie sind authentisch *as metal can be*. Trotz aller Authentizität gehören diese Typen nichts als hinter schwedische Gardinen aus Eisen, nicht aus PVC, brennbarem Zelluloid oder Galalith aus Muttermilch. Zudem wird der Begriff der Authentizität oft verwendet, wenn jemand eine Rolle besonders gut spielt. Authentisch spielen? Ja was denn nun? Paradoxer geht es kaum.

In der Musik wird es schließlich konkreter und Plastik taucht als tatsächliches Material auf. Die Neunzigerjahre beginnen folglich nicht nur mit bildsprachlichem Plastik. The Bobs, eine A-cappella-Gruppe aus San Francisco, machten sich im Song »Plastic or Paper« Gedanken darüber, ob sie an der Kasse ihre Bananen in eine Plastik- oder Papiertüte packen lassen sollten. Der Verkäufer konfrontiert sie bereits 1990 damit, dass es dabei um nicht weniger als den Planeten geht: »Well, then the clerk, he says to me: ›Mr. Consumer, please pause to reflect. / The choice that you make can have a global effect. / On lumberjacks and turtles, politicians and fish. / Would you like a paper bag, is that your wish? / On the other hand I offer a bag that won't leak. / And besides, it's got handles!‹« Es dauerte jedoch noch fast dreißig Jahre, bis nun die Plastiktüten langsam, aber sicher an den Kassen deutscher Supermärkte verschwinden. Wenn man sich allein auf das Verhalten des Verbrauchers verlässt und davon ausgeht, der würde mit seinem manchmal recht schmalen Geldbeutel die Unternehmen und die Politik schon vor sich hertreiben, ist es kein Wunder, dass solche Prozesse ihre Zeit benötigen. Zudem sei der Hinweis gestattet, dass der in Armut lebende Mensch in der Regel weniger Produkte kauft und somit weniger Verpackungsmaterial benötigt. Ihm braucht man nicht die Kraft seiner Kaufentscheidung fast drei Jahrzehnte lang *a capella* vorzusingen.

1997 enterte der Song die Charts, der jedem, dem ich sagte, dass ich nach Songs mit dem Wort »plastic« suchen würde, als Erstes einfiel: »Barbie Girl« von Aqua. Dabei handelt es sich um einen Song der in den Neunzigerjahren des vergangenen Jahrhunderts sehr erfolgreichen Richtung Eurodance. Der Song erntete jede Menge Negativpreise. Beispielsweise errang die dänisch-norwegische Band 1998 für »Barbie Girl« in Großbritannien den Award für die schlechteste Single. Das tat dem kommerziellen Erfolg jedoch keinen Abbruch. Das Lied war ein voller Erfolg auf allen Tanzflächen in Europa, aber auch in Übersee, und das trotz der rassistisch klingenden Wortwahl: »I'm a blond bimbo girl in a fantasy world.« Damit wird die jahrhundertelange Unterdrückung, die Menschen mit schwarzer Hautfarbe durch die westlich-weiße Welt erfahren haben, abgewertet. Zumindest könnte man das meinen. Jedoch: Während im Deutschen »Bimbo« eine beleidigende Bezeichnung für Menschen mit schwarzer Hautfarbe ist, ist es im amerikanischen Slang ausgerechnet ein Ausdruck für eine naive und gut aussehende blonde Frau mit ausgeprägten Geschlechtsmerkmalen. Mattel sah sich deswegen im Jahr 2000 genötigt, die Plattenfirma zu verklagen, da diese ihre Barbie durch die Verwendung des Wortes »bimbo« als Sexobjekt wirken ließ. Das Gericht wies die Klage ab, was zumindest die britische Popband The Beautiful South hätte verwundern müssen, schließlich sah sie in ihrem Song »Tupperware Queen« eine Herrschaft des Kunststoffes. Der, der herrscht, lässt sich doch nicht ungestraft beleidigen. In ihrem Song forderte die Band auf einzusehen, dass wir Menschen nur Drohnen der Tupperware-Queen seien. Würden wir in einer Welt eines solchen Plastikmatriarchats leben, dann hätten die Gerichte mit an Sicherheit grenzender Wahrscheinlichkeit anders entschieden. Eine Tupperware-Queen lässt sich doch nicht als Sexobjekt vorstellen. Sie ist hausfraulich und sorgend und den Beischlaf erträgt sie als Märtyrerin. The Beautiful South wurde – wohl auch wegen des wesentlich geringeren Erfolgs als Aqua mit »Barbie Girl« – nicht verklagt. Tupperware scheint mehr über den Dingen zu thronen als der Puppenhersteller Mattel.

Ab dem Jahr 2000 explodierte die Menge an Songs, die das Wort »plastic« beinhalten. Je mehr Plastik sich in der Umwelt des Menschen befindet, desto wahrscheinlicher singt er auch darüber, aber besser kommen die anthropogenen Polymere immer noch nicht weg. Die Rocker von System of a Down postulierten in ihrem Lied »Deer Dance« einen Kampf zwischen der friedensliebenden Jugend und einer Plastikexistenz. Denkt man an den eingangs dieses Kapitels erwähnten Plastiksattel zurück, so muss man den Generationenwechsel berücksichtigen. Zu Beginn der Nutzung der Plastikmetapher in den Erzeugnissen der Kulturindustrie waren es die Alten, die sich keinen neuen Werkstoff vorsetzen lassen wollten. Bei der Metalband System of a Down sind es die Jungen, die sich von den Alten nicht länger eine Plastikwelt vorsetzen lassen wollen.

Plastik weckt offenkundig besonders gern negative Assoziationen. So steht es für das Bestehende, Alte, das Langweilige, aber im Falle von Kriegsspielzeug auch für das Verführerische und das harmlos Daherkommende – und somit auch für Lügen und Heimlichtuerei, etwa wenn ein Mann sich durch Plastikbrüste getäuscht fühlt. Eine der wenigen Ausnahmen bildet der Track »Polyester« von Laserkraft 3D. Dort wird der Stoff, aus dem die Träume der Achtzigerjahremode gewebt wurden, besungen. Es geht laut Text um die ideale Mischung, die aus »innen Baumwolle – außen Polyester« besteht. Von allen Werkstoffen hat es die anthropogenen Polymere trotzdem am schlechtesten erwischt. Die Steine der Steinzeit rocken im Rock'n'Roll. Für die Liebhaber des Heavy Metal gilt: »Metal up your ass!« Die Metalband Judas Priest widmete dem *British Steel* einen Albumtitel. Steel Panther stellten mit einem Album die *Heavy Metal Rules* auf. Manowar spricht im Gegensatz zum als verlogen geltenden Plastik von »True Metal People«, Motörhead ballt die »Iron Fist« und über Metallica und deren kommerzielle Erfolge brauche ich hier gar nicht zu reden. Die New Yorker Metalband Anthrax, die Metallica nach deren Ankunft in der Stadt, die niemals schläft, ein Dach über dem Kopf und einen Toaster (in den 1980er-Jahren sicherlich schon aus Kunststoff) besorgt hat, hasst in ihrem Song »Imitations of Life« niemanden mehr als »all these plastic people with all their plastic promises and all their plastic deals. They just can't be themselves, and live their own lives.« Die Musiker des Heavy Metal grenzen sich von den imaginierten Plastikmenschen ab. Ein Plastiktyp will kein Rocker sein, anscheinend auch kein Mitglied der Band Eisenpimmel. Vibratoren sind - abgesehen von einigen Glasmodellen - aus Kunststoff, dagegen wollte die Band wohl ein Zeichen der Männlichkeit setzen, auch wenn man diesen unfrommen Wunsch nicht zu Ende denken sollte. Dabei hätten auch Eisenpimmel ohne Kunststoffe keine Musik aufnehmen, geschweige denn Tonträger verkaufen können. In der Popmusik wurde seit Ende der Sechzigerjahre ausgerechnet der Werkstoff als Negativmetapher verteufelt, der Popmusik überhaupt möglich machte. Nur aus Schellack wäre eine musikalische Popkultur nicht denkbar und schon gar kein bewunderter und geliebter DJ, wie ihn der Popschlagersänger Michael Wendler besingt und auf Kunststoffscheiben wie Compact Discs, aber auch auf Vinyl auf den Musikmarkt wirft. Mit jener schwarzen Scheibe, die manch DJ für die ganze Welt hält, befasst sich Kapitel 19.

19. Auf Plastik spielt die Musik

In den Texten der Popmusik gilt Plastik vor allem als Metapher für Lüge, Unaufrichtigkeit und ein falsches Leben im Falschen - angepasst, unauffällig und den eigenen egoistischen Interessen folgend. Doch ein Stück Plastik stillt die »Sehnsucht nach einem reinen Ursprung« (Andreas Hartmann): die Vinylschallplatte, die man schnell mit anderen Augen sehen könnte, würde man sie Polyvinylchlorid- oder gar PVC-Schallplatte nennen.

Es scheint uns eingebrannt, dass Compact Discs aus Plastik sind. Sie sind der Ersatzstoff, für das Original, die schwarze Langspielplatte oder die Single, die bei CDs als Maxi daherkommt. Dabei war bereits die Vinylplatte ein Ersatzstoff, und zwar ein Ersatzstoff für Ausscheidungen von Läusen. Aus den Ausscheidungen sogenannter Lackschildläuse fertigte man für Veganer gänzlich ungeeignete Schellackplatten. Schon zu Beginn des 19. Jahrhunderts war man auf der Suche nach einem Ersatzstoff. Man brauchte etwa 300 000 Läuse, um eine Schellackplatte herzustellen, die um die 1930er-Jahre bei 78 Umdrehungen auf jeder Seite etwa zehn Minuten Hörgenuss bot. Die Herstellung einer Schellackplatte war also immens aufwendig und damit entsprechend teuer. Um der wachsenden Nachfrage und den steigenden Erwartungen an das Produkt Herr zu werden, brauchte es einen Ersatzstoff. Im Zweiten Weltkrieg wurde zudem das Material aus Läusen knapp. Ein Grund mehr, auf die Suche nach einer Alternative zu gehen.

Bei dieser Suche nach einem Ersatzstoff zeigte man sich experimentierfreudig. Nicht nur wurde erfolglos mit Zelluloid experimentiert, darüber hinaus versuchte die Firma Stollwerk sich darin, Schallplatten aus Schokolade herzustellen. Dieser Ansatz überlebte keinen Sommer. Glas wiederum stellte sich als zu brüchig heraus, und für Stahlschallplatten gab es ohne Metalbands wohl noch keine Nachfrage, versucht wurde es trotzdem. Man scheiterte und wandte sich dem PVC zu. Doch es dauerte, bis sich die Vinylplatte mit ihren zahlreichen Vorteilen auf dem deutschen Markt durchsetzen konnte. Für die neuen Platten, die sich mit 45 oder 33 ⅓ Umdrehungen auf den Plattentellern zu drehen hatten, hatten die Menschen bis Ende der 1960er-Jahre nur in seltenen Fällen die passenden Abspielgeräte. Daher kauften sie weiterhin die schnell drehenden und damit nur mit kurzer Laufzeit bespielbaren Schellackplatten.

Doch die bessere Technik setzte sich durch, womit die deutsche Plattenindustrie wohl nicht gerechnet hatte. Die alten Schellackplatten wurden zu Ramschpreisen verschleudert, wenn nicht gleich im wahrsten Sinne des Wortes verramscht. Der steigende Wohlstand und die durch günstige Kunststoffe vereinfachte Massenproduktion schwemmten Elektrogeräte in die deutschen Haushalte, und irgendwann hatten die Menschen so viele neuartige Plattenspieler, dass die Nachfrage sich zugunsten der Vinylscheibe, damals auch oft noch Tonrillenträger genannt, wendete. Der »Maschinenpark« (Wolfgang Behringer) in den Wohnstuben, Küchen und bald auch Schlafzimmern wurde immer größer. Kein Wunder, dass die damalige Zeit vor allem in der Retrospektive so gesehen wird, als wären in ihr wahre Wunder möglich gewesen. Hat 1955 *DER SPIEGEL* in einer Fußnote noch erläutern müssen, was eine Jukebox ist, weiß *DER SPIEGEL* 1958 zu berichten, dass »allein von den einfachen 45er Kunststoffplatten mit zwei Aufnahmen [...] bis Ende 1957 rund 32 Millionen Exemplare [...] außerdem einige Millionen Langspielplatten von den Pressen ausgeworfen wurden«. Die Vinylplatte, der heute Ehrlichkeit und von manchen Musikliebhabern auch sattere Bässe nachgesagt werden, galt dem Wochenmagazin *DER SPIEGEL* im Februar des Jahres 1949 als die unehrliche Variante. Zumindest sprach der Autor des Artikels, der den Kampf um die richtige Umdrehungsgeschwindigkeit (33 ⅓ versus 45 Umdrehungen pro Minute) behandelte, vom »alten ehrlichen Grammaphonstift«, was impliziert, dass uns die neue Technik etwas vormacht, was gar nicht da ist. Oder eben etwas weglässt. Man kann sich fragen, was der Autor wohl mit dieser Ehrlichkeit meinte. Wahrscheinlich meinte er, dass man die Arbeit der Nadel hören konnte. Manch einer bezeichnete vielleicht deswegen den Ton der neuartigen Technik als »plastisch«. Ich interpretiere dies als ein Hohelied auf die Arbeit. Man soll den Geräten die Anstrengung anmerken, die es bereitet, die Luft mit Schall zu füllen. Es werden die Arbeitstöne nicht als störend empfunden, sondern als Bestandteil des Akts des Musikabspielens. Stellvertretend für die eigene Arbeit am Musikgerät soll nicht simple Finesse stehen, sondern die delegierte Arbeit soll vermittelt werden, und der Zusammenhang von Arbeit und Wahrheit/Ehrlichkeit funktioniert ja heute noch. So hat ein jeder eine ungefähre Vorstellung davon, was denn ehrliche Arbeit sei. Es scheint zu gelten, je archaischer, simpler, analoger und anstrengender eine Arbeit, desto wahrscheinlicher wird sie als ehrliche Arbeit konstruiert.

Doch diese Unkenrufe nach ehrlicher Arbeit konnten die Vinylplatte nicht aufhalten und mit ihr kam eine ganz neue Hörkultur auf. Nicht nur wegen des verbesserten Klangs, sondern auch wegen der Möglichkeit, nun zu Hause die Musik aufdrehen zu können. Die Partykeller, die in den Häusern der Siebziger- und frühen Achtzigerjahre nicht fehlen durften, wären ohne eine Beschallung durch Vinylplatten nur halb so schön gewesen. Vielleicht hätte es diese Partys ohne günstige Plattenspieler und erschwingliche Tonrillenträger gar nicht gegeben.

Size matters! Größe war damals ein ausschlaggebendes und verkaufsförderndes Argument. Eine Schallplattenanlage sollte Raum einnehmen, durch Größe und den Anschein von Komplexität imponieren. Viele Knöpfe und am besten Quadrofonie sollten zeigen, dass nur ein erfahrener Mann das Gerät bedienen könne. Ein Plattenspieler war nichts für Kinderhände. Für eine Entmannung sorgte dann der Vorwurf der Pseudoquadrofonie. Bei der Pseudoquadrofonie waren einfach nur vier Lautsprecher angeschlossen. Der Stereo-Kapitän konnte aber die einzelnen Boxen nicht ansteuern, nicht beherrschen.

Doch den größten Einfluss hatte die Vinylplatte wohl in der Musik selbst, und zwar als Instrument, nicht als reines Abspielgerät. Dazu bedurfte es zunächst der Entsakralisierung der schwarzen Scheiben und des Plattenspielers. Zuvor durfte man das Polyvinylchlorid nur mit ganz spitzen Fingern am Rand anfassen und mit äußerst sanften Bewegungen auflegen. Dann galt es, sich wenig rückenschonend zu bücken, ein Auge zuzukneifen und ganz behutsam die teure Nadel in die gewünschte Rille zu setzen. Mit solch einer Vorsicht kann man aus dem Plattenspieler keine Töne hervorlocken, die zwar schon auf der Platte sind, aber neu arrangiert und modifiziert doch etwas Neues schaffen.

Irgendwann Mitte der Siebzigerjahre, aber ganz sicher mit dem DJ Grandmaster Flash hielt das Scratching Einzug in die Musik. Heutzutage stellt es unter dem Namen Turntablism eine ernst genommene Musikrichtung wie auch Pop, Punkrock, Techno (Tekkno), Schlager oder Metal dar. Es geht dabei beispielsweise darum, mit zwei gleichen Platten, die über ein Mischpult verbunden sind, einen bestimmten Teil eines Liedes immer und immer wieder wiederholen zu lassen, sodass die Menge auf der Tanzfläche zu diesem Part tanzen kann. Doch das ist nur eine Form, wie das Abspielgerät zu einem Musikinstrument wird. Es gibt neben Scratchen auch Cutten und Beatjuggling, dessen Grundform das gerade eben beschriebene Backspinning ist.

Erst wenn man sich auf diese Musikkultur einlässt, wird einem klar, dass es dort ebenso Virtuosen gibt, wie in der Rockmusik Eric Clapton, Eddie van Halen oder Yngwie Malmsteen Helden an der Gitarre sind, nur mit dem Unterschied, dass das Instrument des Scratch-DJs beziehungsweise Hip-Hop-DJs eigentlich ein Abspielgerät ist. Es gibt sogar Schallplatten, die für Hip-Hop-DJs das sind, was Gitarrensaiten für den Gitarristen sind. Darauf befinden sich Songschnipsel, Töne, die nicht von dieser Welt zu sein scheinen, und die DJs scratchen diese für eigene Schallplatten und auch live vor Publikum. Cut Chemist, ein weißer DJ, der unter anderem für die Hip-Hop-Gruppe Jurassic 5 die Plattenteller drehen lässt, schnallt sich auf Konzerten auch hin und wieder seine Plattenspieler um wie ein Gitarrenspieler und versucht so, das Publikum in ekstatische Wallung zu bringen.

Es gibt viele Hip-Hop-DJs, darunter aber nur einen König, der mit dem bespielten Kunststoff umgeht wie sonst niemand: DJ Q-Bert. Das ist keine subjektive Ansicht des Autors dieses Buches. Es ist das Ergebnis vieler DJ-Battles der International Turntable Federation (ITF). Jedes Jahr wird ein Wettkampf abgehalten, der nach einem ganz ähnlichen Modus abläuft wie der DFB-Pokal im Fußball, also mit vielen Vorentscheidungen bis zum endgültigen Finale. DJ Q-Bert darf nicht mehr daran teilnehmen, weil der ein Jahr andauernde Wettkampf ansonsten zu langweilig würde, da jeder bereits im Vorfeld wüsste, wer gewinnt: DJ Q-Bert. Beim Finale ist er in der Regel mit einem sogenannten Showcase dabei. So nennt man dort einen Gastauftritt, der nicht zum Wettbewerb gehört. Für den zukünftigen Meister ist das wahrscheinlich eine Demütigung, weil er weiß, dass er trotz des Titels eigentlich nur die Nummer zwei ist und das Reglement nur noch einen zweiten Platz erlaubt. Doch festzuhalten bleibt, dass es ohne Kunststoffe, nur mit den Ausscheidungen von jeweils 300 000 Läusen, überhaupt keine DJ-Kultur gäbe.

20. Ganz ohne »Schwedenstahl«: das Plastikfahrrad als Autoersatz

Einen Mangel dadurch beseitigen zu wollen, dass man verstärkt Gegenstände produziert, die aus ebendiesem mangelnden Rohstoff bestehen, darf man wohl getrost als verkorkste Idee bezeichnen. Doch genau das hatte die schwedische Regierung mithilfe des Automobilherstellers Volvo Ende der 1970er-Jahre vor. Meine Informationen beziehe ich in diesem Kapitel von dem schwedischen Blogger Lasse Collin, der die Geschichte des Kunststofffahrrades von Volvo in seinem Blog wunderbar - jedoch auf Schwedisch - erzählt. Auf Englisch erhält man auch bei Esbjörn Segelod wertvolle Informationen.

»Jetzt pedalieren wir uns aus der Eisenzeit«, so lautete das Ziel der schwedischen Regierung, die Ende der Siebzigerjahre des vergangenen Jahrhunderts noch unter dem Eindruck der Ölkrise die Produktion eines Fahrrades vorantreiben wollte, das ganz aus Kunststoffen bestehen sollte. Das klingt widersprüchlich und ist es auch: Um Öl einzusparen, sollte ein Fahrrad konstruiert und vermarktet werden, dessen Werkstoff aus dem Rohstoff Öl gewonnen wird. Durch staatliche Forschungsfinanzierung für ein Werk und werbewirksame politische Maßnahmen erhielten die Autobauer von Volvo die Möglichkeit, in Vilhelmina in Lappland das Fahrrad mit dem Namen Itera zu fertigen. So ganz daran glauben kann ich nicht, dass die Geschmäcker der Menschen so unterschiedlich sind. Sehen wir 20 Jahre alte Fotos von uns oder uns nahestehenden Menschen, wird uns doch bewusst, wie der Modediskurs unsere Augen beeinflusst: »Wie konnte man so eine Frisur tragen? Und diese Hosen ...« Betroffen blicken wir auf das Bildmaterial. So denke ich, dass beim Itera-Kunststofffahrrad ein weitgehender Konsens über dessen Aussehen hergestellt werden kann. Es werden sich nur wenige finden, die dem Modell sportliches Aussehen unterstellen. Es wirkt eher wie ein Mofa, also überladen, wenn man feststellt, dass da gar kein Verbrennungs- oder Elektromotor verbaut ist. Dort, wo Designunfälle sich ereignen, sind meist die sprachlichen Unfälle nicht weit. Das Rad war in der Farbe »Preiselbeere in Milch« erhältlich.

Während im Magazin *DER SPIEGEL* schon im November 1973 von »gesundem Abscheu« gegenüber Produkten aus Kunststoff die Rede war, galt politisch in den beginnenden 1980er-Jahren der flexible Werkstoff – zumindest in Schweden – anscheinend noch als Werkstoff der Zukunft. Blickt man auf die stetig ansteigende jährliche Produktionsmenge, die auch von 2017 auf 2018 angestiegen ist, dann muss man entgegen dem heute herrschenden gesellschaftlichen Diskurs der damaligen schwedischen Regierung im Nachhinein sogar recht geben. Plastik war, ist und bleibt allem Anschein nach der Renner unter den Werkstoffen, woraus sich allerdings auch der »gesunde Abscheu« des *SPIEGEL* des Jahres 1973 erklären lässt. Es ist der Werkstoff der Massenproduktion, wert- und charakterlos, ohne jede Seele und ohne Hinweis auf die Persönlichkeit des Herstellers. Das klingt dramatisch, aber bei Kunststoffen fehlt tatsächlich die Idee des Handwerks, das Gefühl eines kreativen Schöpfers. Damit ist Plastik sehr weit weg vom Menschen, der nur ein Mensch unter Menschen ist, was der Philosoph des deutschen Idealismus, Johann Gottlieb Fichte (1762–1814), damit begründet, dass der Mensch sich nur dann als Subjekt erkennen kann, wenn andere Subjekte existieren, an denen er sich selbst erkennen lernen kann. Wir sehen uns im anderen als Person, aber – so möchte ich hinzufügen – auch in seinen Werken. Und in Kunststoffen kann man sich nicht entdecken. Sie sind allzu gleichförmig und lassen sich auch noch in alle Formen pressen. Ihnen fehlt damit die Individualität als auch die Gewachsenheit. Kunststoffe erzählen keine Geschichte, wie Holz, das Holz von einem anderen Holze ist, langsam wuchs, von rauen Baumfällerhänden beziehungsweise von einer metallenen Baumfällmaschine der Natur abgerungen wurde und irgendwann zur Sperrmüllzeit auf die Straße gestellt werden wird. Die Story, die uns Produkte aus Kunststoffen erzählen, beginnen später, sie starten erst beim Herstellungsprozess. Ihre Geschichte ist kürzer, weniger wechselvoll. Kunststoffe haben keine ordentliche Biografie und lösen so nicht die Emotionen wie Naturstoffe aus, abgesehen vielleicht vom bereits beschriebenen Bakelit (vgl. Kapitel 12).

Das spielt bei Fahrzeugen eine große Rolle. Als Porsche einmal plante, ein Kunststoffauto zu bauen, soll diese Idee den Arbeitern, laut Informationen des *SPIEGEL*, zuwider gewesen sein. Plastik erscheint als bloßes Objekt und steht beispielsweise in der Popmusik als Symbol für Entmenschlichung und für eine Ignoranz, wie sie nur nicht erkenntnisfähige Objekte haben können (vgl. Kapitel 18). Plastik wird spröde, es verblasst, aber es altert nicht richtig. Es arbeitet nicht wie Holz. Die

Massenproduktion, für die Kunststoffe stellvertretend stehen, da es keine Kunststoffmanufakturen gibt, ist Ausweis einer Subjektlosigkeit, da ihnen das Individuelle fehlt. Diese Subjektlosigkeit zusammen mit der Allgegenwart des Kunststoffes bedingt den Abscheu, von dem das Wochenmagazin *DER SPIEGEL* spricht. So bringt die starke Nachfrage nach Kunststoffprodukten den Abscheu hervor, der jedoch keine verringerte Nachfrage nach sich zieht. So etwas ist Suchtverhalten.

Aber auch der suchtkranke Alkoholiker mag nicht jeden Schnaps, selbst wenn er noch so blumig beworben wird. Analog dazu lehnten die Plastikjunkies das Volvo-Rad ab. Die Itera-Fahrräder bekamen von der Marketingabteilung gar das Signum »Evighetsmaskinen« verpasst, das man wortwörtlich mit »Ewigkeitsmaschinen« übersetzen könnte. Aus heutiger Sicht denkt man an die hohe Persistenz des Materials in der Umwelt. Wie in Kapitel 1 beschrieben, vermuten Experten, dass so mancher Kunststoff bis zu 2 000 Jahre auf der Erde verweilen wird, bis er einem natürlichen Prozess der biologischen Veränderung unterliegt. Wir blicken unter dem Eindruck aktueller Diskurse auf Wörter, interpretieren sie und machen so aus ihnen Begriffe, mit denen wir die Welt zu begreifen versuchen. Dabei treffen wir auf jede Menge sogenannter »false friends«. Das ist auch beim Wort »Evighetsmaskinen« der Fall. »Evighetsmaskinen« bedeutet nämlich gar nicht »Ewigkeitsmaschinen«, sondern steht im Schwedischen für den Begriff des *perpetuum mobile,* für das es im Deutschen keine adäquate Übersetzung gibt. Es handelt sich dabei um eine aus thermodynamischer Sicht unmögliche Maschine, der zum weiteren Betrieb keine Energie mehr hinzugefügt werden muss. Ein Fahrrad, das ewig läuft. Nicht weniger als das verstand der Hersteller Volvo unter seinem Itera-Fahrrad.

Man kann den genutzten Marketingbegriff auch auf die Furcht vor der Endlichkeit der natürlichen Erdölvorräte des Planeten Erde beziehen. Mit dem Fahrrad kann man unabhängig von Kerosin, Benzin oder Diesel mobil sein. Der Philosoph Eduard Bertz (1853–1931) sah durch das Fahrrad schon zu Beginn des 20. Jahrhunderts für die Arbeiter die Möglichkeit zur »Befreiung aus den scheußlichen Löchern, in denen sie bisher gefangen waren«. Nun sollte das Itera-Fahrrad von Volvo nicht mehr die Arbeiter befreien, sondern die Welt oder zumindest Schweden von der Abhängigkeit von Öl. Nationale Unabhängigkeit, Autarkievorstellungen schwingen dabei gratis mit.

So zumindest das Geschehen auf der Vorderbühne. Die Paradoxie, durch ein aus Erdöl gefertigtes Fahrrad von der Ölabhängigkeit loszukommen, wiegt zu schwer, um der Argumentation drohender Energiearmut folgen zu können. Meines Erachtens ging es dem Autobauer und der schwedischen Regierung um zwei andere miteinander verwobene Ziele. Sie hatten eine *hidden agenda*. Es gab bei Volvo erste Forschungen zu einem Automobil aus Kunststoff, die später allerdings verworfen wurden. Das Plastikfahrrad war meines Erachtens die Möglichkeit, daran zu arbeiten, ohne dass die anderen Autobauer hellhörig würden. Das Plastikauto als zweites Ziel sollte den Wirtschaftsstandort Schweden durch geringere Stückkosten festigen. Ein Auto aus Plastik lässt sich von weniger Arbeitern fertigen. Die Grundstruktur des Itera konnte an einer Maschine mit einem Arbeiter produziert werden. Das war der eigentliche Clou. Ein Fahrrad konnte mit einer sehr kleinen Belegschaft und damit einhergehend mit geringen Personalkosten hergestellt werden.

Doch der Blick der Autofirma war zu sehr auf die Kostenoptimierung gerichtet als darauf, ein gutes Fahrrad zu bauen. Der Kunststoffrahmen war aufgrund dessen nur als sogenannter Schwanenhalsrahmen erhältlich. Umgangssprachlich gewendet: Es gab nur Damen- und keine Herrenräder. Jahre später hätte man es wohl unter dem Begriff »unisex« vermarktet, aber Calvin Klein hatte damals noch nicht sein geschlechtsunspezifisches Parfüm CK One auf den Markt geworfen. Also gab es so etwas wie unisex noch nicht, und so wurde von Volvo auch nicht auf diese Weise geworben, wenngleich die Bewerbung des Produkts in großem Stil betrieben wurde. Die Werbekampagne lief sogar schon an, als das Fahrrad nur als Modell bestand.

Man könnte einen solchen Plastikfahrradunfall als Erzählung voller Paradoxien kaum besser erfinden. Das Modell, das den Ingenieuren den Weg weisen sollte und bestimmt auf zahlreichen Meetings herumgereicht und bestaunt worden ist, bestand keineswegs aus Plastik. Es war aus Balsaholz. Balsaholz ist ein Tropenholz, dessen Ersatz durch Kunststoff aus Sicht des Naturschutzes sogar vorteilhaft hätte sein können. Schon das ist ein Hinweis darauf, dass es den Entwicklern wohl nicht vorrangig um Nachhaltigkeit gegangen sein wird. Als das Kunststofffahrrad dann auf dem weiten See des Fahrradmarktes ausgeworfen wurde, um Käufer zu ködern, rächte sich der Fokus auf die Kosten. Volvo lud jede Menge Fahrradhändler zu einem Showwochenende ein, aber die Händler waren eher konservativ eingestellt und hielten nichts von solchen Neuerungen. Sie wollten schlanke, sportliche Rennräder verkaufen, wie sie zu dieser Zeit modern waren. Vielleicht hegten sie aber auch bewusst oder unbewusst »gesunden Abscheu« gegenüber Produkten aus Kunststoffen. Der genaue Grund für ihr mangelndes Interesse bleibt Spekulation, klar ist jedoch, dass die Begeisterung ausblieb.

Dieses ablehnende Verhalten seitens der Händler hielt Volvo nicht davon ab, wilde Träume zu entwickeln. Der Hersteller träumte von einer eigenen Itera-Rennklasse und gab ein Heidengeld für Testimonials aus. Als das Fahrrad so wunderbar gefärbt 1982 in den Handel kam, wurde durch die schwedische Diplomatie sogar der damalige und heute noch lebende President of the United States (POTUS), Jimmy Carter, genötigt, sich auf dem Kunststofffahrrad ablichten zu lassen. Die sehr engen Sporthosen, mit denen er dann radelnd in der Presse abgebildet wurde, hat er sich aber wahrscheinlich selbst angetan. Das Internet – das konnten Sie 1982 freilich noch nicht ahnen – vergisst nicht, lieber Altpräsident Carter.

Das Erwartungsmanagement ging also auf volles Risiko. Der mächtigste Mann der westlichen Welt ist als Testimonial schließlich nicht von Pappe. Die wenigen Käufer waren dementsprechend äußerst enttäuscht. Der Kunststoff war zu dem Zeitpunkt kein adäquater Ersatzstoff für die Radler. Das versprochene »joys of cycling without hard work« (Volvo-Werbespruch) stellte sich als Albtraum heraus. Es begann schon mit dem Unboxing, also dem Auspacken des Pakets. Das Fahrrad war in bester schwedischer IKEA-Manier ein Bausatz. Das waren die Konsumenten aber im Gegensatz zu Möbeln nicht gewohnt und so schreckte dieser Umstand sie ab. Da sich die Händler kaum für das Kunststofffahrrad interessierten, war von dort keine verkaufsstützende Hilfe zu erwarten. Die Käufer standen teils ratlos vor den Bauteilen. Falls sie es schafften, das Fahrrad zusammenzubauen, hatten sie ein schweres, unhandliches Gefährt vor sich stehen, das im Sommer bei heißen Temperaturen zu schlingern begann. Im Winter wurde dafür das Plastik spröde und konnte leicht brechen. Nun könnte man den Ingenieuren zugutehalten, dass sie wenigstens etwas Neues versucht haben, aber sie waren leider weder die Ersten noch die Besten. Ein wesentlich sportlicheres Fahrrad als das Itera bauten Joseph Dorrity und Charles Cadorette bereits in ihrer 1971 gegründeten Firma Original Plastic Bike Inc.

Trotz allem konnte sich das Itera in einer kleinen Marktnische behaupten. In der Karibik, wo Fahrradfahrer durch das Meerwasser mit Rost zu kämpfen hatten, erfreute sich das Fahrrad gewisser Beliebtheit. Um die Kosten wieder hereinzuspülen, war das jedoch eindeutig zu wenig. Etwa 30 000 Itera-Fahrräder wurden gefertigt. Sie sind aus Plastik, verrottet ist sicherlich keins, und wer sich in Geduld übt und lange googelt, kann bestimmt noch eins erwerben. Sie wurden ja in der Regel nicht viel gefahren. Wenn man Glück hat, scheiterte der Käufer schon am Zusammenbau und man findet sogar ein jungfräuliches Rad. So kann man selbst nachempfinden, wie sich der damalige US-Präsident Carter auf dem Plastikungetüm gefühlt haben mag.

21. Vom Pfand in den Mund leben: das Flaschenpfand in der Bundesrepublik Deutschland

Die Deutschen, mit vielen Worten hat man versucht, sie zu beschreiben, bzw. eine Mentalität zu konstruieren: Dichter und Denker, aber eben auch Richter und Henker. 1993 nannte Andreas Fußer vom Bund für Umwelt und Naturschutz (BUND), die Deutschen im Nachrichtenmagazin *DER SPIEGEL* »ein Volk von Sammler[n] und Verwerter[n]«. Irgendwie hat sich dieser Mythos gehalten, und Comedians, zum Beispiel Alain Frei aus der Schweiz, erzielen damit Lacher und sichern sich auf diese Weise ihren Lebensunterhalt. Auf ganz andere Weise sichern Flaschensammler ihre Existenz. Es hat sich eine unsichtbare Gruppe von gewerbescheinlosen Selbstständigen herausgebildet. Jeden Tag in den Zügen RE 2 und RE 42 zwischen Essen und Münster steigt in Wanne-Eickel Hbf oder Recklinghausen Hbf ein Pfandsammler in den Zug und läuft hektisch durch die Reihen. Erfahrene Pendler öffnen ihm den Abfallbehälter in den Vierersitzen. Ein unsympathischer Zeitgenosse, der mal neben mir Platz nahm und sich auskunftsfreudig zeigte, bezeichnete diese von den Zugbegleitern geduldeten Schwarzfahrer als »Putzfischchen, die den Regionalexpresswal in einer symbiotischen Beziehung von innen reinigen«. Es dauerte bis sich diese Tätigkeit lohnte. Dazu bedurfte es des Zusammenspiels von Sozialabbau, den die rot-grüne Regierung zwischen 1998 und 2005 zu verantworten hatte, und der Möglichkeit, leicht tragbaren Müll an jedem Kiosk gegen Geld eintauschen zu können. Erst durch das Pfand auf der PET-Flasche, das wesentlich höher ausfällt als das für Bierflaschen, wurde diese Einnahmequelle für die Ärmsten der Armen ausreichend lukrativ. Das Pikass bei den Pfandsammlern ist jedoch die Energydrink-Dose: leicht, klein, stinkt nicht nach Bier und bringt 25 Cent. Man kann sagen, dass diese arm gehaltenen Flaschensammler nicht nur von der Hand in den Mund, sondern vom Pfand in den Mund leben. Sie sind die namenlosen Helfer deutscher Ordnungsvorstellungen, grüner Umweltpolitik, das Ergebnis des nie revidierten rot-grünen Sozialabbaus und arbeitsvertraglose Reinemachkräfte der Deutschen Bahn und der öffentlichen Räume.

Die Diskussion um die Pfanderhebung auf Getränkeverpackungen ist nicht so einfach den politischen Ideologieformen zuzuordnen, wie man auf den ersten Blick glauben mag. Nicht nur Naturschutzaspekte spielen dabei eine Rolle, sondern auch Vorstellungen vom richtigen Verhalten, von Recht, Ordnung und Idealen der ästhetischen Ausgestaltung des öffentlichen Raums. Die Handelskammer München ließ in ihrem Jahresbericht des Jahres 2003 verlauten, dass die Einführung des Flaschenpfandes eine »Wohltat [sei], als hierdurch dem Unfug des Umherliegenlassens von Bierflaschen« Einhalt geboten werden könne. Sogar die Vertretung der Händler, für die das Pfand einen erheblichen Mehraufwand von Arbeit bedeutete, orientierte sich damalig an konservativen Leitbildern über den Umgang mit den Dingen, für die der Bürger keine Verwendung mehr sieht.

Das Zusammenfallen von konservativen Normen und der Umweltbewegung Mitte der 1970er Jahre erklärt wahrscheinlich auch die Haltung der Deutschen, die sich 1977 für ein Pfand bei jedem Getränkekauf offen zeigten. 84 Prozent der Befragten hätten solch eine Initiative begrüßt. Die gute Nachricht bei solchen Zahlen ist, dass es ein Bewusstsein für eine bestimmte Problematik gibt. Die schlechte Nachricht ist, dass die Verbraucher bei einer Pfanderhebung im Supermarkt gerne auf Alternativprodukte zurückgreifen. Im Wirtschaftsjahr 1966/67 lag laut Angaben im Deutschen Bundestag der Anteil der Einwegverpackungen bei Milch bereits bei 27,7 Prozent. Der damalige Bundesminister für Ernährung, Landwirtschaft und Forsten, Hermann Höcherl (1912–1989) führte dies im Bundestag unter anderem darauf zurück, dass sich die »Probleme des Flaschenpfands« bei den Kartonverpackungen nicht stellen würden. Den Karton braucht man zudem nicht auszuwaschen, und es besteht keine Gefahr, sich an Scherben zu verletzen. Doch der Kauf von Trinkkartons lässt die Plastikmüllberge wachsen. Der Anfang der Sechzigerjahre an den Ladentheken aufgekommene Getränkekarton suppt nämlich nicht durch, weil ein entscheidender Bestandteil das auf Erdöl basierende Polyethylen ist.

Unter den Sozialwissenschaftlern, die sich mit Nachhaltigkeitsthemen beschäftigen, wird seit Langem intensiv die *Mind-Behavior-Gap* diskutiert. Darunter versteht man, dass die Menschen anders handeln, als sie denken. Ergänzend sollte man meines Erachtens hinzufügen, dass sie anders handeln, als sie vorgeben zu denken. Jeder verhält sich unter anderen Menschen anders, als wenn er sich alleine wähnt.

Umweltschutz, Nachhaltigkeit, Plastikverzicht, das sind hochgradig moralisch aufgeladene Themen, ebenso wie andere gesellschaftliche Normen. Meine unbelegte These ist, dass es sich gar nicht um eine Lücke *(gap)* zwischen Umweltverhalten *(behavior)* und Umweltdenken *(mind)* handelt. Die Menschen handeln, wie sie denken. Nur sagen sie das, was sie denken, nicht denen, die Umfragen machen. Sie geben Antworten, von denen sie meinen, sie seien sozial erwünscht. Menschen streben nach Anerkennung. Menschen wollen geliebt werden. Das ist das eigentliche Ergebnis von Umfragen, durch die eigentlich festgestellt werden sollte, dass die Menschen ein ausgeprägtes Umweltbewusstsein besitzen.

Doch anhand von Flaschenpfand kann man nicht nur solche Fragestellungen diskutieren, sondern zudem aufzeigen, welche Form politische Lösungen im 20. Jahrhundert und bis heute haben. Im Bundestag war die Einwegverpackung für Milch, die die Mehrwegflasche zu verdrängen drohte, bereits am 16. Februar 1968 Gegenstand einer Auseinandersetzung. Der CDU-Bundestagsabgeordnete Anton Hilbert (1898–1986) berief sich auf eine Umfrage unter »Hausfrauen und Konsumenten« (eine bemerkenswerte Kategorisierung von Menschen) und warf in den Ring, dass 90 Prozent der Befragten eine Einwegverpackung bevorzugen würden, die Höcherl als »die moderne Form« bezeichnete. Der Abgeordnete Albert Burger (1925–1981), der von 1965 bis zu seinem Tode für die CDU im Deutschen Bundestag war, sah in den Einwegverpackungen die große Chance, »Milch als Volksgetränk besser zu plazieren«. Daran lässt sich ablesen, wie Lösungen für Probleme zu neuen Problemen werden können. Was damals gesundheitlich und – aufgrund der Milchüberschüsse – auch ökonomisch als sinnvolle Lösung erschien, ist heute im Alltagsdiskurs in Fragen gesundheitlicher Bedenken zumindest umstritten und bescherte uns das heutige Müllaufkommen. Ein Müllaufkommen, das nach einer Studie von Roland Geyer, Jenna R. Jambeck und Kara Lavender Law, die sie 2017 in der Zeitschrift *Science Advance* publizierten, im Jahre 2050 auf 12 Milliarden Tonnen auf Deponien und in der Umwelt ansteigen könnte. Die Wissenschaftler gingen bei dieser Prognose von einem »Business as usual«-Szenario aus. Etwa 12 Milliarden Tonnen werden auf diesem Planeten rumliegen, wenn die glücklichen Bewohner des globalen Nordens ihr Verhalten nicht ändern.

An einer Banalität wie Kunststoffverpackungen für Milch werden die Irrwege des Fortschritts kenntlich. Die Augen derer, die da fortschreiten, sind verbunden. Fortschritt ist kein selbstbewusster Schritt in eine bestimmte Richtung. Es ist ein Herumirren in der Dunkelheit, ein regelrechter Blindflug. Fortschritt hat kein Ziel, folgt keinem Zweck und birgt manchmal sogar Rückschritt in sich und oft auch das Risiko eines Schritts in einen Abgrund. Das Partikel *fort* im Wort *Fortschritt* zeigt keinen Ort an, den man erreichen möchte, sondern nur den Ort, den man verlassen möchte. Wohin schreiten wir? Hin zu einer Welt mit Plastikmüll vollgefressener und dabei verhungerter Laysanaalbatrosse und Massentourismus an Plastikmüllstränden? War dies wirklich das Ziel des ständigen Fortschreitens mit stampfenden Schritten? Na, hoffentlich nicht. Es gibt Menschen, die vergleichen Fortschritt, zum Beispiel von der Milchkanne über die Mehrweg-Pfandflasche bis hin zum Getränkekarton mit Plastikschraubverschluss inklusive Frischesiegel, mit Darwins Evolutionstheorie über die Entstehung der Arten. Diese Analogie ist jedoch unstimmig. In der Evolutionstheorie passen sich die Wesen an die Umweltverhältnisse an. Der Mensch jedoch passt die Umweltverhältnisse an seine Bedürfnisse an. Die Erfindung eines Getränkekartons für Milch ist keine Anpassung an lebensbedrohliche Naturverhältnisse, sondern die Verwendung von anthropogenen Polymeren zum bequemeren Stapeln staatlich subventionierter Wirtschaftsgüter. Dieser Fortschritt ist das Gegenteil dessen, was Darwins Evolutionstheorie besagt. Die Vorgänge in der Natur, die abstrakt als Evolution zusammengefasst werden, sorgen für Artenreichtum und den Erhalt von Leben auf diesem Planeten. Der Fortschritt aber sorgt für Artensterben und gefährdet die Bedingungen des Lebens, nicht nur für Laysanalbatrosse. In der Diskussion um das Flaschenpfand für PET-Flaschen wird dies, wie unter einem Brennglas, deutlich. Als die ökologisch orientierte politische Opposition im Bundestag am 2. März 1988 die Maximalforderung eines Verbots von Kunststoffflaschen formulierte, entgegnete ein Abgeordneter der CSU am 9. Juni 1988: »Wir werden Ihnen in diesem Punkt aber nicht mehr folgen, weil wir *glauben*, daß Sie mit diesem Antrag nicht an der Spitze des *Fortschritts* stehen.« Da ist er, der Fortschrittsglaube, der Lösungen verspricht, aber von den mit den Lösungen einhergehenden Problemen nicht reden will. Immer wieder finden sich Studien, in denen durch Ökobilanzierungen die Kartonlösung bei Milch als umweltfreundlicher als die Mehrwegflasche gepriesen wird. Ich zweifle solche Ergebnisse nicht an, aber der Karton macht allein wegen der gefahrenen Lkw-Kilometer das Rennen um den Nachhaltigkeitspreis. Das liegt aber daran, dass Milch nicht oder nur kaum auf der Schiene transportiert wird und die Abfüllanlagen zu weit auseinanderstehen.

An den Debatten um das Flaschenpfand lässt sich aber noch Weiteres ablesen, und zwar die Trägheit gesellschaftspolitischer Debatten. Die Trägheit demokratischer Prozesse kann von Vorteil sein. So wird die Wahrscheinlichkeit höher, dass besonnene Entscheidungen getroffen werden, möglichst viele Interessensfraktionen ihren Beitrag zur Debatte leisten können und wissenschaftliche Ergebnisse ausreichend Zeit erhalten, um über Sachbücher, Zeitungen, Zeitschriften und andere Medien in den Alltagsdiskurs einzusickern. Doch nicht ohne Grund trägt der 2019 erschienene *Reader der Blätter für deutsche und internationale Politik* den Titel »Unsere letzte Chance«. Dort wird die Klimakrise verhandelt, doch auch in der Ressourcenkrise, der Plastikkrise und der Bedrohung der Artenvielfalt ist dieser Titel passend. Wir müssen schnell unsere Plastikemissionen in die Umwelt drosseln, da kein Plan vorhanden ist, wie die Umwelt wieder von Plastikmüll befreit werden kann. Dabei sollten wir nicht denen folgen, die die von technischem Fortschritt hervorgebrachten Probleme anstatt durch vernunftgetriebene Mäßigung mit Produkten des technischen Fortschritts lösen wollen (vgl. Kapitel 35).

Dr. Helmut Kohl (1930–2017) erkannte schon 1989 auf der Weltumweltkonferenz: »Wir befinden uns in einem Wettlauf mit der Zeit«, wenngleich er damit die Klimakrise meinte. Damals standen bereits einige Demonstranten vor den Türen des Internationalen Gerichtshofs, in dem die Weltumweltkonferenz stattfand, und hatten, nach Angaben des *SPIEGEL*, Plakate mit der Aufschrift »Hört auf zu reden – handelt!«in den Händen. Dies nur für diejenigen, die meinen, dass die Bewegung »Fridays for Future« nun etwas ganz Neues, Ungewöhnliches und damit Wirkmächtiges wäre. Politische Kämpfe sind zäh und dauern lang, im Falle der umfassenden Weltumweltkrise vielleicht zu lang. Ein besseres politisches System als dieses behäbige pluralistisch-demokratische System ist mir jedoch nicht bekannt, und dies unabhängig davon, wie die Produktion und Distribution von Waren und Dienstleistungen darin organisiert wird. Von der Problemwahrnehmung bis zur Handlung vergeht in Relation zu immer schneller und intensiver werdenden gesellschaftlichen Entwicklungen viel zu viel Zeit. Betrifft dies nur Debatten über soziale Konstrukte, birgt dies in langen Zeiträumen kein oder kaum Risikopotenzial. Ob es nun eine Toilette für alle oder nach einer unterschiedlich hohen Zahl von Geschlechtern geben soll, kann relativ gefahrlos auch mal fünf oder zehn Jahre länger diskutiert werden. Bei der Emission von Plastikmüll in die Umwelt sieht das anders aus. Dort sind die langen Zeiträume bis zu Geburt und Wirkung politischer Entscheidungen unter Umständen zu lang. Bereits im März 1976 ließ die deutsche Regierung Folgendes verlauten:

> Aus abfallwirtschaftlicher Sicht hält die Bundesregierung die Zuwachsraten für Kunststoffabfälle für unerwünscht. Der hohe Verpackungsanteil, darunter viele Einwegflaschen aus Kunststoff, verteuert aufgrund seines Volumens Sammlung und Transport von Abfällen.

Danach gingen 12 Jahre ins Land, bis es zur Pfanderhebung auf PET-Flaschen kam, und von da an weitere drei Jahre bis zur nahezu wirkungslosen Verpackungsverordnung (vgl. Kapitel 31).

Durch die Diskussion um das Flaschenpfand wird ein weiteres Manko auf dem Feld der Kunststoffpolitik deutlich. Die Suche nach dem Kompromiss endet darin, dass die miteinander um Lösungen ringenden Seiten die Wirksamkeit für ihre Ziele überschätzen bzw. glauben machen wollen, dass ein großer Wurf gelungen sei. So sagte die Bundestagsabgeordnete Dr. Irmgard Adam-Schwaetzer voller Begeisterung über die Erfolge der eigenen Regierung am 15. Juni 1989 im Deutschen Bundestag:

> Wir haben durchgesetzt – und der Europäische Gerichtshof hat uns recht gegeben –, daß man auch dann, wenn andere Staaten nicht mitmachen, im Interesse eines durchgreifenden Umweltschutzes ein Flaschenpfand auf Plastikflaschen erheben kann,

um dafür zu sorgen, daß die Müllberge in der Europäischen Gemeinschaft nicht unzumutbar weiter anwachsen.

Doch die Müllberge wuchsen unzumutbar an. Eine Argumentationshülle wird in solchen Fällen gern bemüht. Sie dient in der Regel der psychischen Entlastung. Diese Hülle hat entweder die Form eines *Immerhin: Besser als nichts* oder alternativ dazu auch *Irgendwo muss man ja anfangen*. Was aber, wenn dieses *bisschen mehr als nichts* nicht ausreicht, um diesen Planeten für zukünftige Bewohner weiterhin lebenswert zu halten? Versetzt man sich gedanklich in dystopische Versionen der Zukunft, dann macht man sich mit dieser Art der Argumentation bestenfalls lächerlich. An der Diskussion über die Pfanderhebung auf Kunststoffflaschen wird diese Irrationalität, mit der in der Bundesrepublik umweltpolitische Debatten geführt werden, auch noch an anderen Stellen deutlich. Dabei geht es nicht um metaphorische Bildbrüche wie von Dr. Gerhard Friedrich, CSU-Bundestagsabgeordneter aus Gunzenhausen, dem im Juni 1988 die Müllberge »schwer auf den Magen« drückten, sondern darum, wie versucht wird, Diskurshoheit zu erlangen. Eine kurze Erzählung, welche die Tageszeitung *DIE WELT* veröffentlichte, schürte 1988 Ängste vor umweltbewussten Schulklassen. Diese könnten kleine Einzelhändler bedrohen, wenn sie im Wald Pfandflaschen sammeln würden und dann bei ihnen abgäben. Heute würden Lehrer und Schüler positiv in der Lokalpresse erwähnt werden, wenn sie sich aufrafften, die Wälder von Plastikmüll zu befreien.

Der zweite Bundesumweltminister Klaus Töpfer setzte sich letztendlich gegen den Coca-Cola-Konzern mit Sitz in der Ruhrmetropole Essen durch: Die großen PET-Flaschen, deren Inhalt eine Ursache für Fettleibigkeit ist und mitverantwortlich dafür gemacht werden kann, dass Diabetes zur Volkskrankheit geworden ist, bekamen ein Zwangspfand verordnet. Seit diesem Zeitpunkt bessern sich arme Menschen ihr karges Arbeitslosengeld II oder ihre Rente durch das Sammeln von Pfandflaschen auf. Ob dieser politische Vorstoß in den Bereich der Sozialpolitik oder in den der Umweltpolitik einzuordnen ist, bleibt jedem selbst überlassen. So könnte man das Dosenpfand auch als Lohnerhöhung der Flaschensammler betrachten, die auf diese Weise ihr Produktportfolio erweitern konnten. Im schlimmsten Fall war das Zwangspfand auf PET-Flaschen umweltpolitisch *besser als nichts*. Im besten Fall ist das Pfand auf Kunststoffflaschen ein Mosaiksteinchen in einem umfassenden Konzept zum Umweltschutz. Auf Letzteres ist aber nur zu hoffen, zu erwarten oder in Sicht ist es nicht.

22. Kevlar: Die Ritterrüstung wird zur Plastikrüstung

Kunststoffe werden in der Regel nicht mit Stärke und Virilität in Verbindung gebracht. Als in Steven Spielbergs *Der weiße Hai* der Unterschied zwischen Hopper, dem weichen Wissenschaftler mit den »city hands«, und dem »working class hero« Quint, dessen Haut von Wind und Wetter gegerbt ist, wortlos veranschaulicht werden sollte, zerquetscht Quint eine Bierdose, und Hopper tut es ihm gleich, jedoch mit einem dünnwandigen Einwegbecher aus Plastik. Das Aluminium der Dose steht in dieser Bildsprache für den harten Typen, der es mit der Natur aufnimmt, Plastik hingegen für den in einer Kunstwelt lebenden, verweichlichten Stadtbewohner.

Ein Kunststoff konnte sich jedoch dieses Images entledigen: Kevlar. Den Kunststoff, bei dem in der Umgangssprache der Handelsname dem eigentlichen Stoffnamen den Rang abgelaufen hat, hat eine Frau erfunden. Stephanie Kwolek (1923–2014), eine Chemikerin, die bei DuPont in den USA angestellt war, entwickelte 1964 das Aramid, das bis heute als Kevlar verkauft wird. Nur durch sie waren und sind in Filmen und Büchern überraschende Wendungen möglich, wenn sich herausstellt, dass der Held doch nicht einer Schussverletzung erlegen ist, weil er eine schusssichere Weste aus Carbon getragen hat. Der Kinobesucher im weichen Sessel atmet auf oder fragt sich, wann der Bösewicht denn nun endlich erledigt sei oder warum die Bösewichter nicht vorsichtshalber gleich auf die Stirn des Helden zielen.

Vor Kwoleks Erfindung ähnelten Menschen in schusssicheren Westen eher mittelalterlichen Rittern. Stahl sollte sie schützen. Beim gescheiterten Hitler-Attentat, der Operation Walküre, trug Adolf Hitler nicht nur eine schusssichere Weste aus Stahl, auch seine Schirmmütze war stahlverstärkt. Diese Kriegsaccessoires in Verbindung mit dem dilettantisch geplanten Vorhaben verhinderten ein militärisch angebrachtes Ende des Zweiten Weltkrieges, das die Militärs herbeisehnten. Bleibt man in dem popkulturellen Bild von Plastik, kann man hier auch von einem Plastikattentat sprechen. Den Militärs ging es um kriegerische Rationalität, nicht um die Ablehnung einer menschenverachtenden Ideologie. Die Stahlrüstung aber schützte den Führer des deutschen Volkes. Heute jedoch würden ihn seine unreflektierten Gefolgsleute in Kevlar hüllen.

Kevlar schützt heutzutage nicht nur Polizisten bei gefährlichen Einsätzen oder Soldaten in Krisengebieten, sondern auch Arbeiter, die unter großer Hitze arbeiten müssen. Kevlar ist hitzebeständig bis weit über 500 Grad Celsius. Kevlar schützt darüber hinaus auch unterseeische Kabel. Haie finden Gefallen daran, in Telefon- und Internetkabel zu beißen, was den steten Strom an Katzenvideos, anderen Cat-Content und bizarren Pornos über das World Wide Web gefährden kann. Schreckliche Vorstellung! Daher werden die Kabel zunehmend durch Kevlar verstärkt. Bisher ist unklar, warum die Haie so gern einen satten Biss in die Kabel wagen. Man vermutet jedoch, dass sie von der elektromagnetischen Strahlung angezogen werden. In der Regel wird Plastik im Meer heutzutage als Angriff des Menschen auf Meeresbewohner dargestellt, aber der Mensch verteidigt seine Errungenschaften der Kultur auch dort. Auf lange Sicht erweisen sich die sanften Wissenschaftler doch als die Stärkeren. Kein noch so starker weißer Hai, selbst wenn er so absurd groß wäre wie die in den Sequels von Steven Spielbergs Film *Der weiße Hai*, kann es mit Kwoleks Erfindung aufnehmen. An Stephanie Kwoleks Erfindung beißt sich jeder Hai die Zähne aus.

Kwolek war jedoch gar nicht auf der Suche nach einem Kunststoff mit diesen Eigenschaften. Ganz im Gegenteil. Sie suchte nach einem besonders leichten Stoff, aus dem eine neue Art Reifen hergestellt werden sollte. Auch hier zeigte sich also wieder das Phänomen, dass Kunststoffexperten einen Stoff mit bestimmten Eigenschaften suchen und einen Stoff mit ganz anderen, aber dennoch äußerst brauchbaren Eigenschaften erfinden. Als Wissenschaftler sehe ich hierin ein Argument, uns einfach machen zu lassen, anstatt nur gezielte Auftragsforschung zu forcieren. Die meisten Wissenschaftler haben genug Eigenantrieb und Forschungsdrang. Die Wissenschaft bringt der Gesellschaft schon Ergebnisse. Die Wissenschaftler können nur am Anfang noch nicht genau sagen, welche. Im Falle Kwoleks betrifft dies sogar ihre Biografie, die sich in zahlreichen Büchern nachlesen lässt. So zum Beispiel bei Gail B. Stewart, Ellen Labrecque oder Edwin Brit Wyckoff. Auf diese Autoren beziehe ich mich hier.

Eigentlich wollte Kwolek Ärztin werden und der Job bei DuPont sollte ihr das ermöglichen. Sie blieb – wie viele Studenten – jedoch in ihrem Brotjob hängen, was ihr viele polizeiliche und soldatische Einsatzkräfte, aber auch die Beschützer von Drogenkartellbossen heute danken. Sie, die Tochter von armen polnischen Einwanderern, zeigt uns, dass Kunststoffe ganz und gar nicht im Gegensatz zu Stahl und Eisen stehen. Kevlar ist um das Fünffache schlagfester als Stahl. Dies passt zu Kwoleks Leben. Ihr Vater starb, als sie erst zehn Jahre alt war, und ihre Mutter hatte es in der Zeit der Wirtschaftskrise schwer, die kleine Familie ohne Ehemann durchzubringen. Schon früh musste die junge Stephanie Verantwortung für ihren kleinen Bruder übernehmen, während ihre Mutter in einer Aluminiumfabrik arbeitete. All das half ihr dabei, sich in der männlich dominierten Berufswelt durchzusetzen. Sie machte sich hinsichtlich des patriarchalen Zeitgeistes der 1960er-Jahre keine Illusionen. Vorsichtig und pragmatisch gab sie deswegen bei der Einreichung des Patents auch nicht ihren Vornamen an, der ihr Geschlecht hätte verraten können. Das Patent wurde unter S. L. Kwolek eingetragen. Sie fürchtete wohl, dass die Männer auf dem Patentamt es nicht akzeptieren würden, dass eine Frau einen Kunststoff produzieren konnte, der Stahl wie Vanillepudding aussehen lässt. Dies ließ Kwolek auch zu einer Ikone des Feminismus werden. Männer aus Stahl? Sie fühlen sich nur durch die Erfindung einer Frau sicher und sind eigentlich Typen in Plastik und keine »Men of Steel«, wie sich manche selbst gern sehen würden.

23. Der Gummi ersetzt die Schweineblase

»Tinaaaaa, watt kosten die Kondome?!«, schrie die Ulknudel Hella von Sinnen, sodass es Ingolf Lück in der Rolle des verschämten Käufers vor Peinlichkeit beinahe die Sinne raubte. Mit dieser Werbung wollte die Bundeszentrale für gesundheitliche Aufklärung (BZGA) die Menschen zur Benutzung von Kondomen beim Geschlechtsverkehr auffordern. Dadurch sollte die durch ungeschützten Geschlechtsverkehr übertragbare Immunschwächekrankheit Aids eingedämmt werden.

Noch in den 1960er-Jahren wäre diese Werbemaßnahme vielleicht ein Fall für Juristen gewesen. Der Paragraf 184 StGB hätte dafür sorgen können, dass die Macher der Kampagne vor den Kadi hätten gezogen werden können. Bis zu einem Jahr Gefängnis drohte damals demjenigen, der »in einer Sitte oder Anstand verletzenden Weise Mittel, Gegenstände oder Verfahren, die zur Verhütung von Geschlechtskrankheiten oder zur Verhütung der Empfängnis dienen, öffentlich ankündigt, anpreist oder solche Mittel oder Gegenstände an einem dem Publikum zugänglichen Orte ausstellt«. Beate Uhse musste sich wegen einer Werbung für sogenannte Reizpräservative verantworten. Diese Kondome bieten eine »Kontaktverstärkung bei geringer Empfindungsfähigkeit der Frau«. Der Bundesgerichtshof sah 1962 in solchen Spezialkondomen die Gefahr einer »unnatürlichen Aufpeitschung geschlechtlicher Reize«. Frauen und Freude am Sex galten damals noch als ein grundsätzlich unnatürliches Paar. Für die Frau wurde Sex als etwas gehandelt, was sie als eheliche Pflicht tapfer über sich ergehen lassen sollte. Schon 1969 erklärte allerdings ein deutsches Landgericht, dass der Orgasmus der Frau etwas Natürliches sei, und sprach Beate Uhse von

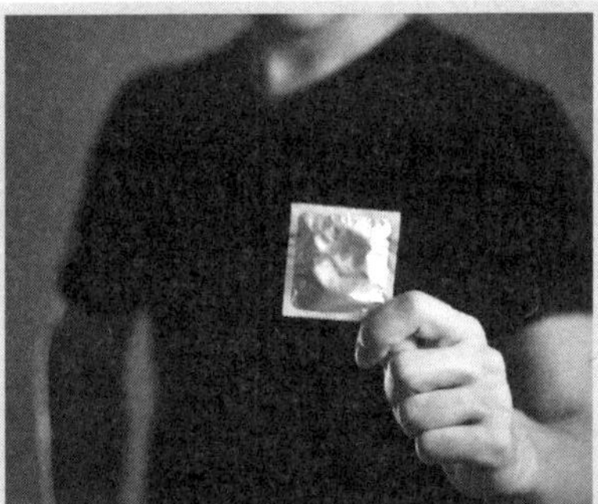

Man stelle sich vor, der junge Mann würde eine Schweineblase anstelle eines Gummis in die Kamera halten. Schwerer würde er sich wohl tun, einen Sexualpartner für sich zu finden.

aller Schuld frei. Inzwischen kann man nahezu ohne gesellschaftliche Einschränkungen darüber sprechen, wie es sich anfühlt, wenn man morgens beim Aufstehen barfuß in das verknotete Kondom tritt, das postkoital aus dem Bett geworfen wurde. Trotzdem wäre es manchmal ganz nett, wenn man nicht immer und überall darüber sprechen würde.

Kondome werden meist aus vulkanisiertem Naturkautschuk hergestellt. Für Allergiker gibt es sie auch aus Polyurethan oder aus Polyisopren. Der Gummi soll vor Geschlechtskrankheiten schützen, aber einer deutschen Prostituierten kostete der wasser- und luftundurchlässige Kautschuk das Leben. Während der Fellatio mit einem Kunden am 19. Februar 1968 ließ sie allzu plötzlich von ihrem Freier ab, was diesen so sehr in Rage brachte, dass er sie würgte, bis sie ihm nicht länger das Gesicht zerkratzte. Der Grund für ihre Panik und ihren Tod war aber weder seine körperliche Ausstattung noch sein Verhalten. Sie hatte ein Kondom in ihrem Hals stecken und erstickte daran. Der betrunkene Bauarbeiter erkannte die Situation nicht und fühlte sich verschmäht und um sein Geld betrogen. Sein Würgen führte nicht zum direkten Tod, was ihn vor härteren Strafen bewahrte.

Kondome sind nicht mehr nur Männersache. Ein plastikfreies Leben kann man allerdings nur mit Männerkondomen führen. Das Femidom, das seit 1990 auf dem Markt erhältlich ist, gibt es nur aus Polyurethan oder Polyethylen. Eine Sonderform davon wird seit den frühen 1970er-Jahren entwickelt. Es handelt sich um das Rape-aXe, das vor Vergewaltigung und deren Vertuschung schützen soll. Dringt der Vergewaltiger in die Frau ein, dann dringen Widerhaken in seinen Penis ein. Diese Widerhaken können – ohne Spätfolgen zu verursachen – nur von medizinischem Fachpersonal entfernt werden. Bislang hat dieses Spezialfrauenkondom noch keine Marktreife erlangt.

Die Verwendung der Kondomvorläufer aus natürlichen Stoffen würde man heute wohl als ziemlich unnatürliche, ja vielleicht sogar perverse Eigenart ansehen. Entweder wurde recht erfolglos mit Tüchern verhütet oder mit Därmen von Hammeln oder Schweineblasen. Letzteres nutzte der Frauenbeglücker Casanova auf seinen Abenteuern.

Hammeldärme und Schweineblasen wären kein so arges Problem für die Kanalisation unserer Zivilisation wie die modernen Pendants. Nach dem Sex kommt bei vielen die Scham zurück und sie wollen das Beweismittel ihrer Lust verschwinden lassen. Da bietet sich die Toilette als passender Orkus an, um sich wieder einem züchtigen Leben widmen zu können. Doch das Kondom ist mit dem Runterspülen nicht weg. Es ist nur an einem anderen Ort, und dabei spielt es keine Rolle, ob es sich um Naturkautschuk oder ein Femidom aus Kunststoff handelt. Die Klärwerker reagieren auf solch eine unnötige Scham ungehalten, denn die Kondome verstopfen zusammen mit Tampons und anderen Dingen die Pumpen. Also befolgt man am besten den Twitter-Ratschlag von Stefan Luig, dem Sprecher des Verbandes kommunaler Unternehmen: »Nur der Po gehört auf's Klo!«

24. Mikroplastik – der hohe Preis der Reinlichkeit

In der Postmoderne zu leben, bedeutet, Paradoxien ertragen zu lernen. Alles hat mindestens drei Seiten und aus jedem der möglichen Blickwinkel wirkt der Gegenstand des Interesses auf andere Weise verzerrt. Dies nennt Thomas Bauer Ambiguitätstoleranz. Uneindeutiges muss ertragen, also toleriert werden. *Tolerare* als lateinischer Begriff bedeutet schließlich erdulden oder aber auch ertragen. Toleranz bedeutet also nicht, alles prima finden zu müssen, sondern es einfach nur auszuhalten, sich nicht gleich lauthals zu beschweren, wenn Jungs ihren Fußball auf ein Garagentor dreschen, oder Einsicht zu zeigen, wenn der eigene Lösungsvorschlag nicht nur positive Folgen zeitigt. Unser Konzept von Reinlichkeit ist so ein Fall. Sauberkeit ist das Ergebnis unserer nicht besonders hoch entwickelten Sinnesorgane. Der Schweizer Spaziergangswissenschaftler (ja, die Promenadologie gibt es wirklich) und Soziologe Lucius Burckhardt (1925–2003) hatte dies an dem Beispiel festgemacht, dass wir in unseren Behausungen elektrisch angetriebene Geräte benutzen, mit denen wir große und damit für den Menschen ungefährliche Stäube mit hohen Wattzahlen sieben, bis sie gesundheitsgefährdend klein durch einen Filter unsere Lunge gefährden. Die Tätigkeit ist natürlich die Staubsaugerei, und geschuldet ist die Fehlwahrnehmung unseren allzu schlechten Augen, welche nur die großen ungefährlichen Staubmäuschen sehen, aber nicht den gefährlichen Feinstaub. Dies zeigt sich nicht nur bei der Nutzung unserer Staubsauger oder Saugroboter aus Kunststoffen, sondern auch anderswo im Alltag. Spazieren wir doch mal durch einen gewöhnlichen Tag und machen das sichtbar, was unserem Auge verborgen bleibt: die Unordnung der ordentlichen Welt.

Mein Nachbar kehrt mit seinem Besen das Laub zusammen. Er meint, er mache Ordnung. Doch das tut er gar nicht. Das Laub bietet Tieren Futter und Schutz. Er nimmt es ihnen weg und bringt damit ihr Leben in Unordnung. Doch es kommt noch schlimmer. Die Borsten seines Besens sind aus Kunststoff, genauer Nylon, und sie reiben sich ab. Der Wind weht in meine Einfahrt, und ich weiß, er weht auch wieder Mikroplastik herüber und verunreinigt mein von der wenigen Natur in der Stadt säuberlich verteiltes Laub. Das, was so konservativ-kleinbürgerlich *Ordnung* heißt, schafft bei genauer Betrachtung Unordnung und vielleicht sogar Gefahr. Es ist ein großer Irrtum zu glauben, dass man mit Nylonborsten Ordnung schaffen kann. Der freche Nachbarsjunge, der den Kaugummi auf den Boden spuckt, unterscheidet sich im Ergebnis kaum vom ordnungsliebenden Spießernachbarn, der inzwischen auf dem Weg zum Wertstoffhof ist, um das Laub ordnungsgemäß zu entsorgen. In seinen Kombi mit wenig innovativem Dieselantrieb, der pro Liter Diesel CO_2 in Höhe von 2,65 Kilogramm erzeugt, passen die vielen Plastikmülltüten, die er für seine Vorstellung von Ordnung braucht. Seine Ehefrau kann ich hinter ihrem Küchenfenster hantieren sehen. Mit einem Fliesenradierer macht sie sich an der Wand hinter dem Herd zu schaffen. Wie schön schnell auf diese Weise die Flecken verschwinden. Vor meinem inneren Auge sehe ich, wie sich das Mikroplastik verteilt. Der Fliesenradierer beseitigt nicht nur den sichtbaren Fleck, er reibt sich auch ab. So fügt die emsige Hausfrau der Luft noch Mikroplastik bei. Ordnungsvorstellungen können so trügen. Mich macht das traurig. So viel Aufwand, um ein bestimmtes Ziel zu erreichen, und eigentlich erreicht man nur das Gegenteil des Gewollten.

Ein Spaziergang durch die Stadt soll mich ablenken. Professionell wird da gerade eine Wand von einem bunten Graffiti befreit. Endlich wieder sauber, endlich wieder Zucht und Ordnung, endlich wieder eine schöne Stadt. Doch was nimmt der Gebäudereiniger, um sich die Arbeit zu erleichtern? Der Profi kennt die wirksamsten Mittelchen und arbeitet mit Mikroplastik, um die Schmierereien zu entfernen. Ist die Welt nun sauberer geworden, um ein Kunstwerk von Banksy ärmer oder gar um Kultur ärmer und um Mikroplastik reicher? Die menschliche Welt besteht nicht nur aus dem, was man sieht, sondern auch darin, was man nicht mehr sieht, und dem, was zu klein ist, um es zu sehen. Es piept und fiept, ich soll wohl zur Seite gehen. Eine Kehrmaschine reißt mich aus meinen Gedanken und kümmert sich um die Verschmutzungen des gestrigen Abends. In der Innenstadt geht es abends hoch her. Die urbane Bevölkerung feiert das Leben, und das ist auch gut so, aber die eine oder andere Bierflasche zerbrach vor dem letzten Schluck, und neben den Scherben finden sich achtlos weggeworfene Döner, andere Erzeugnisse der Fast-Food-Industrie und ebenso unvermeidlich die Plastikgläser (interessantes Kompositum, das die Wahrnehmung von Plastik als Ersatzmaterial in unserer Alltagssprache verdeutlicht) mit Resten von Gin Tonic, Bacardi Cola oder Aperol Spritz. Die Kehrmaschine sorgt wieder für Ordnung, aber nicht für weniger Müll. Sie bringt den Müll nur an einen anderen Ort, deshalb ist er aber nicht weg. Dafür sorgt die öffentliche Stadtreinigung für Mikroplastik und damit für Feinstaubbelastung in der Stadt. Wer es gern sauber hat, muss den Preis dafür zahlen.

Das Fraunhofer Institut UMSICHT aus Oberhausen schätzt, dass auf jeden Deutschen 38,3 Gramm Mikroplastik pro Jahr durch den Abrieb von Besen und Kehrmaschinen anfallen. Das sind insgesamt mehr als 3 000 Tonnen pro Jahr, nur für diesen kleinen Ausschnitt des öffentlichen und privaten Lebens. Dabei ist man mit dem Kehrabrieb noch nicht mal unter den Top Ten der Mikroplastikemittenten. Viele Menschen hierzulande glauben, sie hätten keinen großen Anteil an den Plastikemissionen in der Welt. Sie sind der Ansicht, dass sich zwar irgendjemand dieses Problems annehmen solle, doch dann nehmen sie ihren Rasentrimmer zur Hand und kastrieren ihren Rasen, bis es hinterm Haus aussieht wie auf einem Golfplatz von US-Präsident Donald Trump. Im Gartenhäuschen lagert die nächste Spule Nylon, die der Trimmer aus dem Baumarkt bald wieder braucht. Wohin sich der Kunststofffaden verflüchtigt hat, darüber macht sich der ordnungsliebende Mensch keine Gedanken. Hauptsache, es sieht alles schön aus, schließlich komme es darauf doch an, wohl vielmehr als auf die Enkelkinder, die anschließend auf dieser Mikroplastikwiese spielen. Ebenso vergessen wir, dass der Staat uns durch all seine Ebenen eine Infrastruktur zur Verfügung stellt, die ebenfalls für Plastiklittering sorgt. Wie bei der christlichen Konstruktion einer Erbsünde tragen wir schon bei der Geburt einen großen Sack Müll und CO_2. Schon im Kreißsaal kommen wir in Berührung mit Kunststoffen, und sei es nur in den Polyesteranteilen unserer ersten Decke, dem Modeschmuck unserer Mütter, Spritzenbestecken oder auch der mit Einmalhandschuhen bekleideten Hand des behandelnden Arztes. Innerhalb unserer ersten Minuten auf diesem Planeten haben wir zum ersten Mal Berührung mit Kunststoffen. Dies zieht sich dann durch unsere Kindheit über die Adoleszenz, bis wir selbst Eltern sind, und freilich auch darüber hinaus.

Und was macht einem als mehrjährige Eltern zu Hause Arbeit? Es sind die Grasflecken auf der Kleidung der Kinder. Schon wieder waschen. Die Kleinen sollen im Kindergarten schließlich was hermachen.

Man ist hier ja nicht bei armen Leuten, denkt man sich. 76,8 Gramm Mikroplastik emittiert jeder Deutsche laut Schätzung des Fraunhofer Instituts UMSICHT durch die Kleiderreinigung mit der Waschmaschine. Das ist nahezu das Doppelte von dem, was wir Deutschen mit der Straßenreinigung in die Welt emittieren. Porentiefe Reinheit für jedermann hat eben ihren Preis, und den zahlen wir mit dem Betrieb unserer Kläranlagen. Die Experten dort fischen das Mikroplastik für uns wieder heraus, aber das bedeutet erstens einen immensen Aufwand, der öffentliche Gelder frisst, und zweitens verrät ein Mitarbeiter einer Kläranlage auf Nachfrage, dass es nur 95 Prozent seien, die man herausbekomme, der Rest gehe in die Flüsse und damit langfristig wahlweise ins Meer, ins Grundwasser oder in die Mägen von Süßwasserfischen. Man kann diese Zahl jetzt optimistisch betrachten, mir persönlich fällt das jedoch schwer. Würde mein Geldvermögen jeden Tag um 5 Prozent abnehmen, fände ich das nicht ganz so prickelnd. Drittens ist das Zeug ja in der Welt und kann aufgrund seiner sehr diversen Zusammensetzung nur sehr schwer und damit betriebswirtschaftlich kaum abbildbar recycelt werden. Die winzigen Teilchen bekommt ja niemand energieschonend sortiert. Also werden in der Regel die Öfen angeschmissen und das ganze Zeug wird verbrannt. Wenn es dann ganz blöd läuft, wird diese Schlacke sogar als Dünger für die Felder der Landwirte genutzt. Aber bei dem konstant hohen Fleischkonsum in Deutschland machen Klein- und Großvieh so viel Mist, dass man auch damit locker das Grundwasser verunreinigen kann, nur damit mein Nachbar im Sommer auf seinem zackig-kantigen Rasen auch schön günstig grillen kann. Da landet dann das Fleisch vom Discounter auf dem teuren Markengrill. Da schüttelt es den Nachhaltigkeitshipster aus dem Szeneviertel, in dem er wohnt und cornert. Mich schüttelt es bei beiden, und das nicht nur aus einem subjektiven Empfinden heraus, sondern durchaus begründet. Warum das so ist, erläutere ich in Kapitel 24.

25. YouTube-Influenza: Plastikmoral geht viral

An wen genau richten sich die Medien eigentlich, wenn sie das Kunststoffproblem thematisieren? Diese Frage stellte man sich auch an der Technischen Universität München (TUM) im Zuge des Förderschwerpunkts des Bundesministeriums für Bildung und Forschung mit dem Titel »Plastik in der Umwelt«, in dem auch ich beschäftigt bin. Das Ergebnis: Es sind die jungen Frauen, insbesondere die jungen Mütter, welche die Heldinnen des etwa seit Beginn des 21. Jahrhunderts im Diskurs aufgekeimten Plastikproblems sein sollen. Nachdem ich mit den Wissenschaftlern dort gesprochen hatte, fiel es mir auch wie Schuppen von den Augen: Besonders Frauen scheinen das Plastikproblem zu verursachen und sollen es jetzt auch lösen. Zumindest geht der Diskurs in diese Richtung.

Ich wollte das einmal ausprobieren. Ich habe am 31. August 2019 bei YouTube den Begriff »plastikfrei« eingegeben. Erst beim achten Treffer sah ich in den Vorschaubildern einen erwachsenen Mann. Unter den ersten 100 Treffern, bei denen nahezu auf jedem Vorschaubild ein Mensch oder sogar mehrere Menschen abgebildet sind, finden sich gerade mal 13 erwachsene Männer. Die Frauen sollen also mal wieder richten, was vor allem Männer angerichtet haben. Denn geht es um die Emission von Mikroplastik in die Umwelt, die man nicht mehr zurückholen kann, dann steht nämlich der Reifenabrieb auf Platz 1. Wer nicht glaubt, dass Autofahren hauptsächlich männlich ist, kann sich entweder alte Folgen von *Der siebte Sinn* auf YouTube ansehen oder den Suchbegriff »Autoreifen« auf der Videoplattform YouTube eingeben. Auf den ersten 100 YouTube-Videos, die nach Eingabe des Suchbegriffs erscheinen, findet man auf den Vorschaubildern eine einzige weibliche Person.

Daraus schon etwas Handfestes ableiten zu wollen, führt aus sozialwissenschaftlicher Sicht zwar methodisch auf Glatteis, aber solche Ergebnisse liefern uns doch einen ersten Hinweis darauf, wie das Problem nach Geschlechtern getrennt gewichtet wird. Frauen scheinen Verantwortung übernehmen zu wollen und Werbung für plastikfreie Produkte zu machen. Dabei geht es – allem Feminismus zum Trotz –

sehr häufig um Kosmetikprodukte. Die Kläranlagen haben allerdings kaum ein Problem mit Microbeads. Das ist das Zeug, dass uns so gut die abgestorbenen Hautschüppchen aus dem Gesicht peelt. 95 Prozent des Mikroplastiks im Abwasser filtern die Anlagen heraus. An den letzten ärgerlichen und problematischen 5 Prozent wird gearbeitet. Es gibt mehrere Forschungsprojekte (beispielsweise REPLAWA) sowie Unternehmen, die daran tüfteln.

Bei dem ersten Video, das ich auf YouTube, gefunden über den Suchbegriff »plastikfrei«, aufrufe, wird nach 1 Minute und 8 Sekunden das erste Produkt beworben. Es ist ein Haaröl aus Portugal. Das beworbene Haaröl hat ergo keine allzu kurze Reise hinter sich. Mit dem Bollerwagen wird es nicht hergeschoben worden sein, stattdessen erfolgte der Transport mit hoher Wahrscheinlichkeit per Lastwagen, der ordentlich Reifenabrieb auf verschiedenen Autobahnen unterschiedlicher europäischer Länder hinterlassen hat. Wenn das Produkt eingeflogen wurde, dann sollten wir erst recht über Klimaschutz schweigen.

Der nächste Werbehinweis überrascht mich bei einer Lauflänge des Videos von 2 Minuten und 51 Sekunden. Dort geht es ums Abschminken. Nun sollen die wahrscheinlich mehrheitlich weiblichen Zuschauer einen Schwamm kaufen, anstatt jeden Tag neue Wattepads zum Abschminken zu benutzen. Um das Müllaufkommen vergleichen zu können, müsste man wissen, wie oft man sich mit diesem Schwämmchen das Gesicht abschminken kann. Verwirrend ist jedoch in erster Linie, wie man auf diese Weise Plastik einsparen soll. Ein Wattepad besteht aus Baumwolle, nicht aus Kunststoffen. Anstelle dieses nachwachsenden Rohstoffes sollen sich schminkende Frauen nun einen Schwamm benutzen, der aus der Knolle der Teufelszunge gemacht wird. Diese Pflanze mag es warm und feucht. Sie gedeiht am besten im tropischen und subtropischen Klima im asiatischen Raum. Eine erhöhte Nachfrage nach der Konjakknolle wirkt sich sicherlich nicht besonders nachhaltig auf die letzten unberührten tropischen Gebiete der Erde aus. Nachhaltigkeit beschränkt sich nicht nur auf das, was die YouTuberin in ihrem Badezimmer sieht. Es geht auch um die nachhaltige Zukunft der Menschen, die für die YouTuberin die Pflanzen ernten, sortieren und verarbeiten. Ich habe das im Einzelnen nicht recherchiert, aber die Teufelszunge wird in den asiatischen Ländern wahrscheinlich nicht unter den besten Bedingungen verarbeitet, und dann muss das Schwämmchen noch zur YouTuberin gebracht werden, damit sie ihren Followern das Baumwolle ersetzende Schätzchen empfehlen kann. Wenn ich einmal davon ausgehe, dass es nicht extra für sie mit einem Kerosin verbrennenden Privatjet eingeflogen wird, sondern containerweise beispielsweise im Hamburger Hafen ankommt, dann wurde es mit einem Schiff transportiert, das mit dem dreckigsten Treibstoff fährt, den man sich vorstellen kann: Schweröl. Rechnet man jetzt noch die unvermeidlichen Transportverluste hinzu, die im Meer landen, dann mag man zwar etwas für sein grünes Gewissen getan haben und kann im Freundeskreis erzählen, was man alles Hippes und Nachhaltiges mit seinem Gesicht und seinem Einkommen anstellt, aber besonders nachhaltig handelt man aller Wahrscheinlichkeit nach nicht.

Bei 4 Minuten und 30 Sekunden Laufzeit erscheint der Hinweis »Reisetrends - Für jeden ein Traumziel«, den sie einleitet mit den Worten: »Ich reise total gern.« Ein Flugzeug, das ihren Vorstellungen entsprechen dürfte, wäre wahrscheinlich ein Flugzeug nur aus Stahl, Aluminium und Holz. Die Ölmultis würde das freuen. Nur etwa 5 Prozent des weltweiten Erdöls werden zur Erzeugung von Kunststoffen genutzt, den Rest verbrennt die Menschheit einfach, um Energie freizusetzen. Und bei so einem richtig schweren Flugzeug muss man noch viel mehr dieses kostbaren Brennstoffes einsetzen. Nachhaltig ist da in erster Linie der Stil des Norwegerpullovers, in dem die YouTuberin ihren Zero-Waste-Lifestyle verkauft. Schick.

Ihre Mundhygiene erledigt die Internetaktivistin neuerdings mit Bambuszahnbürsten. Die Produzentin der Zahnbürsten hat die YouTuberin angerufen und gefragt, ob sie die Zahnbürsten in einem Video vorstellen möchte. Die YouTuberin sagt in ihrem Video, dass sie darauf mit »Ja, megacool!« reagiert hat. Man wird den Eindruck nicht los, dass man es bei vielen YouTube-Videos mit sehr günstig arrangierten Werbeclips zu tun hat, mit denen verglichen die alte Werbung für Cliff-Duschgel oscarverdächtig erscheint. Der Unterschied zwischen einem Testimonial und einem Influencer besteht ja darin, dass das Testimonial vor dem Einsatz in der Werbeindustrie durch irgendeine Leistung bekannt geworden ist, während der Influencer durch Werbung einen gewissen Bekanntheitsgrad erreicht hat. Beide jedoch reden gegen Bezahlung mit uns und wollen erstens geliebt werden und zweitens Geld verdienen. Diese Mischung führt dazu, dass den Zuschauern oftmals Geschichten vom Pferd erzählt werden. Beim Thema »Bambus statt

Plastik« kann ich dies vorführen. Bambus wächst ja überall, außer in Europa und der Antarktis, erklärt mir Wikipedia. Insofern darf man allein wegen der weiten Wege, die der Werkstoff zurücklegen muss, gern skeptisch werden, was die tatsächliche ökologische Nachhaltigkeit anbelangt. Doch es geht bei der Frage danach, wie nachhaltig ein Produkt ist, auch um die Frage der Haltbarkeit. Ich habe einmal eine Holzzahnbürste aus dem Drogeriemarkt ausprobiert. Sie kostete mehr als 3 Euro und hielt keine Woche. Die Borsten fielen aus. Eine Zahnbürste aus Kunststoff hält bei mir etwa drei Wochen und kostet weniger als 1 Euro. Hier geht es nicht nur um meinen süddeutschen Geiz, sondern auch um die Frage, wie beispielsweise ein Empfänger von Arbeitslosengeld II den Preis für eine Holzzahnbürste aufbringen soll. Wie soll ein alleinerziehender Vater, der zum Mindestlohn arbeitet und vielleicht sogar zur bemitleidenswerten Gruppe der Minijobber gehört und deswegen nicht allwöchentlich im Norwegerpullover Lifestyletipps im Internet verbreiten kann, es sich leisten können, so viel Geld für Bambuszahnbürsten auszugeben? Nachhaltigkeit muss sozial und ökologisch sein, sonst wird entweder der Marktzugang schwierig oder es mangelt an Akzeptanz in der Bevölkerung. Zudem würde es sich durchaus lohnen, der Frage nachzugehen, was denn mit den mehr als 3 Euro für die angeblich nachhaltige Zahnbürste passiert. Jeder ausgegebene Euro bedeutet potenziell CO_2-Ausstoß. Vielleicht richten die etwa 80 Cent für zwei Kunststoffzahnbürsten aus dem Discounter, wenn sie vorschriftsmäßig in die gelbe Tonne oder den gelben Sack kommen, weniger Umweltschaden an als der orale Ausweis eines grünen Gewissens der oberen urbanen Mittelschicht, die irgendwas mit Medien macht und an ihre Zähne trotz Holzgriff Kunststoffe wie Nylon lässt, die durch Abrieb Mikroplastik in die Amalgam- oder Kunststoffplomben rieseln lassen. Diese Ersatzprodukte, die den Ersatzstoff Plastik ersetzen sollen, kommen gut an. Im Sommersemester 2018 wurde ich von meinen Studenten aufgeklärt, wie man Plastikgeschirr durch Bambusgeschirr ersetzen kann. Damals konnte ich schon darauf hinweisen, dass man es dabei nicht mit einem Produkt der Natur zu tun habe, sondern mit einem halbsynthetischen Kunststoff. Ohne die Zugabe von Formaldehyd bliebe der Becher nicht dicht. Inzwischen geht es nicht mehr darum, dass der Ersatzstoff für den Ersatzstoff gar kein natürlicher Ersatzstoff ist, sondern auch um die Gesundheit der Nutzer. Das Bundesamt für Verbraucherschutz und Lebensmittelsicherheit warnt inzwischen vor dieser Alternative. Das Bundesamt hatte 56 Becher aus halbsynthetischen Kunststoffen untersucht. Darunter Becher aus Polymeren, die aus Mais und Bambus gefertigt wurden. In den schlechtesten Fällen wurde der Grenzwert für Formaldehyd um das 19fache überschritten. Unsere schnelllebige Zeit, die geradezu eine Verpflichtung zum Stress mit sich bringt, lässt wohl nicht zu, dass man sich für einen Kaffee ordentlich auf einen bequemen Stuhl setzt, eine Zeitung aufschlägt. Lieber schüttet man sich während der Hetze von einem Termin zum anderen Automatenplörre über das weiße Hemd und sieht aus wie ein Idiot. Ganz Geschickte erhöhen ihren Mülloutput aus diesem Grund, indem sie einen mittelgroßen Kaffee in einen großen Becher füllen lassen, damit das Hemd weiterhin blütenweiß erscheint. Schließlich will man nicht sinnlos beim Waschen Mikroplastik in die teuer gebauten Abwasserkanäle emittiert haben. Doch verlassen wir die Ebene der polemischen Anklage, die in diesem Falle – ich gebe es zu – auch eine Selbstanklage ohne Ausrede ist. Versuchen wir uns mithilfe des Hannoveraner Philosophieprofessors Dietmar Hübner, der auf YouTube eine hervorragende Einführung in die Praktische Philosphie anbietet, an einer ethischen Bewertung. Die Videos von Hübner seien zur Vertiefung in die Grundlagen der Ethik sehr empfohlen, wenngleich sie die Plastikthematik nicht streifen.

In der Ethik, der Lehre von der Moral, unterscheidet man zwischen Tugendethik, Deontologie und Teleologie. In einer sehr groben Vereinfachung, die jedem Philosophiestudenten ab dem dritten Semester aus Gründen unterkomplexer Interpretation die Haare nicht nur zu Berge stehen, sondern sogar ausfallen lassen würde, lassen diese drei normativen Ethiken sich wie folgt herunterbrechen: Die Tugendethik fragt nach den Motiven des Handelns beziehungsweise nach dem Charakter, der Persönlichkeit des handelnden Menschen. So fragen Platon und Aristoteles danach, ob eine menschliche Handlung dem Charakterzug der Tapferkeit, der Besonnenheit oder aber auch der Großzügigkeit entsprochen hat. Tugendethisch kommt, wenn der Interpret Wohlwollen walten lässt, ein Großteil der Vorschläge zu einem plastikärmeren Leben ganz gut weg. Es sind auch wahrlich nicht alle Vorschläge schlecht. Viele Vlogger auf YouTube und anderen Plattformen haben sehr gute Tipps für den Umgang mit Plastik im Alltag. Der entscheidende Punkt jedoch ist, dass man sich nicht von der Tugendhaftigkeit der YouTuber blenden lassen darf. Die Tugendethik zielt nicht auf die Handlung selbst ab und auch nicht auf deren Folgen. Tugendethiker interessiert nur, was der Handelnde sich bei seiner Tat gedacht hat. Das Motiv des Handelns steht bei der Tugendethik im Vordergrund. Man kann verkürzt sagen: Der Wille zählt! Die Motive der Öko-Vlogger sind prima, man identifiziert die Gratisanbieter von Lifestyletipps als gute Menschen, die problembewusst sind und nachhaltig konsumieren möchten. Das sollte man auch gar nicht schlechtreden. Auch wenn der »Gutmensch« ein negativ konnotierter Begriff geworden ist, ist es doch unwidersprochen besser, ein guter als ein schlechter Mensch zu sein. Die Ironisierung (das Gesagte ist das Gegenteil des Gemeinten) des Wortes »Gutmensch« hinterlässt eine Lücke. Wenn schlechte Menschen Menschen sind, die schlechte Dinge tun, und Gutmenschen Menschen sind, die ebenfalls schlechte Dinge tun, dann gibt es ja gar keine Möglichkeit mehr, ein guter Mensch zu werden. Daher sollte man hier im positiven Sinne von Gutmenschen sprechen. Sie wollen nur das Beste und als Vorbilder dienen.

Im Sinne der Deontologie, deren unangefochtener König der aus Königsberg stammende Immanuel Kant (1724–1804) ist, ist das schon wesentlich schwieriger. Bei Kant geht es um die Erfüllung von Pflichten, die meist mit dem Modalverb »sollen« formuliert werden: »Du sollst!« Kants Hauptsatz seiner Ethik, auch kategorischer Imperativ genannt, lautet: »Handle nur nach derjenigen Maxime, durch die du zugleich wollen kannst, dass sie ein allgemeines Gesetz werde.« Jetzt ist die moralische Bewertung von der Abstraktionsebene abhängig. Natürlich wollen die Internet-Influencer eine plastikärmere Welt. Hier sind die Modalverben entscheidend. Kant schreibt »zugleich wollen kannst«. Das bedeutet nicht, dass gleich alles durch staatliche Gesetze reguliert werden soll, es geht nur um »wollen können«. Legt man die Annahme zugrunde, das Ziel sei eine Welt mit weniger Kunststoff, so könnte es durchaus sein, dass Immanuel Kant ihnen eine positive Bewertung geben würde. Weniger Plastik in der Welt: Das kann man wollen. Nimmt man das Beispiel jedoch genauer unter die Lupe, so wird es schon schwieriger. Kann man wollen, dass riesige Bereiche der begrenzten Erdoberfläche für Bambus- oder Maisanbau genutzt werden? Oder wäre es doch besser, Gegenstände aus Kunststoffen, die aus Erdöl hergestellt wurden, zu verwenden, die bei fachgerechter Handhabung recycelt werden können und immens günstiger als die Bambusalternative der ökologisch bewegten YouTuberin sind? Darüber müsste man intensiv nachdenken. So gesehen würde auch der volkshochschulgebildete Ethiker mit zusammengekniffenem Gesicht seinen Kopf wenngleich nicht schütteln, so doch hin und her wiegen. Er würde bemängeln, dass hier die Vernunft nicht ausreichend gewürdigt wurde. Mit dem Hinweis auf eine imaginierte gerechte Welt, in der alle Menschen sich Bambuszahnbürsten leisten können, wäre er aber zumindest für die Tugend des gerechten Handelns zufriedengestellt.

Die Vorstellung einer Welt, in der alle Menschen über den gleichen Wohlstand verfügten wie die Rat erteilenden YouTuber in Deutschland, lässt den nachhaltigkeitsorientierten Teleologen erzittern. *Telos* ist ein Begriff aus dem Griechischen und bedeutet so viel wie Zweck oder Ziel. Im alltäglichen Leben taucht diese normative Ethik oftmals mit der Phrase »im Endeffekt« auf. Benutzt jemand diese Phrase, dann kann man stundenlang aneinander vorbeistreiten, wenn es dem einen nur um die Motivation der Person oder Institution geht, deren Handlung moralisch bewertet werden soll, dem anderen aber um die Effekte des Handelns und einem dritten vielleicht um die Sittlichkeit der Handlung selbst.

Was wäre denn der »Endeffekt«, wenn alle Menschen gern und viel reisen, Knollenwurzeln von einem anderen Kontinent zur Hautpflege nutzen und sich jeden Tag Nylonfasern über die Zähne reiben würden? Der Planet würde das nicht nur aushalten, es wäre ihm auch herzlich egal, denn er ist keine Person, die leiden kann, sondern ein vollkommen gleichgültiger (nicht mal das) Planet aus Material. Nur für uns Menschen wäre das ein existenzbedrohliches Problem. Die Tiere und Pflanzen bekommen nur von den Auswirkungen etwas mit, sie können solche Problemzusammenhänge nicht erkennen. Sie merken nicht, dass sie Betroffene sind, und wenn das menschliche Handeln sie von der Erde getilgt hat, ist es zu spät. Würden alle Menschen sich die oben vorgestellte YouTuberin zum Vorbild nehmen, die Ressourcen dieses Planeten würden ziemlich schnell zur Neige gehen. Wären alle Menschen der Erde so reich wie ein deutscher Durchschnittsbürger und würden den Reichtum über Konsum genießen, wir bräuchten keine Testamente mehr formulieren, denn es gäbe nichts mehr, was sich zu vererben lohnen würde. Allein die Infrastruktur, die schon da war, als ich geboren wurde, hat schon so viele Ressourcen verbraten und CO_2, Methan und andere Treibhausgase in die Luft entlassen, dass man – wie aus dem christlich-katholischen Glauben gewohnt – als Bewohner des globalen Nordens nicht unschuldig geboren wird. Ich habe die Infrastruktur ja auch gerne genutzt. Der Teleologe stottert vor Panik und meint: Nein, diese Form von weltweiter Chancengerechtigkeit auf der Jagd nach den Materialien dieser Welt könnten wir unmöglich wollen, denn sonst würden wir ja »im Endeffekt« das Überleben der Menschheit gefährden.

Immanuel Kant hingegen würde das kaum stören. Er war der Ansicht, dass Gerechtigkeit sein müsse, auch wenn die Welt daran zugrunde gehe. Bei ihm geht es ja nur um die Handlung selbst, ohne Beachtung der Folgen und der Motivation der Handelnden. Die Folgen des Handelns sind Kant ebenso egal wie den Tugendethikern.

Auf den Bereich des Plastikkonsums gemünzt bedeutet das alles wahnsinnig viel Arbeit. Auf die wird nicht jeder Konsument Lust verspüren. Schließlich hat er schon gearbeitet, um konsumieren zu können, da soll das Konsumieren nicht auch noch zur komplizierten Sachaufgabe werden. Jeder Kaufentscheidung müsste zunächst eine ausführliche Lektüre von Fachliteratur vorausgehen, die man auch noch gegeneinander abwägen und die Frage klären muss, wie man mit dem eigenen (Noch-)Nichtwissen umgeht. Der Konsument müsste – meist auf Englisch – zahlreiche wissenschaftliche Aufsätze, die nach einem ordentlichen Peer-Review-Verfahren als gut befunden wurden, lesen, um entscheiden zu können, ob im konkreten Fall der Ersatzstoff Kunststoff besser ist oder ob lieber ein Ersatzstoff für den Ersatzstoff Kunststoff verwendet werden sollte. Ansonsten würde er nicht weise, sondern ignorant und uninformiert handeln. Das wäre kein tugendhaftes – und damit laut Aristoteles auch kein gutes und erstrebenswertes – Leben. Wenn der Konsument gemäß Kant lieber Handlungsmaximen aufstellen wollte, als sich um den Charakter jedes Einzelnen zu kümmern, dann käme er auch nicht um Bildung herum. Wie sollte er sonst kompetent entscheiden, was zum allgemeinen Gesetz taugen könnte. Hat er allerdings nur das Ziel vor Augen, gehört also zu den Teleologen, dann müsste er Bildung als Gift ansehen und sie meiden wie der Teufel das Weihwasser. Bildung erhöht die Chancen auf ein auskömmliches Einkommen. Die Umwelt, die Natur und das Fortbestehen der menschlichen Spezies in der Ausdehnung, wie wir sie im Moment haben, werden durch Armut am besten geschützt. Sitzt man beispielsweise den ganzen Tag vor dem Hauptbahnhof und schnorrt sich 10 Euro am Tag für etwas Essen und Billigbier zusammen, dann hat man eine Umweltbilanz, die kein YouTuber jemals schaffen wird, schon allein aus dem Grund, dass seinetwegen Unmengen an Servern laufen und gekühlt werden müssen. Das Streamen von Videos, sei es auf Netflix, YouTube oder anderen Anbietern, verbraucht laut einer französischen Studie mehr als 300 Millionen Tonnen CO_2-Äquivalente. Da scheint es aus Nachhaltigkeitsperspektive besser, dass die Leute nicht ausreichend Geldmittel haben, um ihre Katze zu filmen, wenn sie vom Sofa fällt. Doch wollen, wirklich wollen kann man auch nicht, dass alle Menschen vor den Haupteingängen an Bahnhöfen billiges Bier trinken. Es erscheint uns nicht als sinnvoll, so etwas zu wollen, und so gucken wir lieber auf dem neuen Laptop mit Kunststoffverkleidung die Videos der guten Menschen als auch den Cat-Content. Wenigstens bleibt die Hoffnung darauf, dass die Nachahmer ihrer ökologisch bewegten Internetvorbilder die ganze Chose immerhin nicht schlimmer machen, punktuell vielleicht sogar etwas verbessern, und sei es nur, dass die Menschen mehr über ihr Verhalten nachdenken. Damit wäre doch auch schon viel gewonnen, auch wenn es volkshochschulgebildeten Ethikern schwerfallen mag, ein gutes Urteil über sie zu fällen.

Auch wenn die Tipps im Internet in vielen Fällen vor allem oder zumindest auch dazu dienen, dass die Zuschauenden ihr Portemonnaie herausholen und irgendwas kaufen, bedeutet das nicht, dass man fatalistisch tatenlos bleiben sollte. Es gibt tatsächlich ein Plastikproblem auf dieser Welt, aber die YouTube-Heldinnen werden das Problem durch leicht veränderten Konsum nicht lösen, insbesondere dann nicht, wenn die andere Hälfte der Weltbevölkerung – die Männer – gar nicht adressiert wird. Plastikvermeidung muss rational sein und alle Menschen, unabhängig von Geschlecht, Ethnie, Alter oder anderen Merkmalen, adressieren. Dabei geht es darum, ein Problem der Menschheit zu lösen, und nicht darum, ein Problem durch ein anderes zu substituieren. Dazu muss man sich aufraffen. Vor der Aufgabe braucht man nicht zu verzweifeln. Wer an Bahnhöfen mit Coffee-to-go-Bechern gefüllte Abfalleimer sieht, der kann nach allen Regeln normativer Ethik anderen Menschen einen mindestens 25 Jahre lang nutzbaren Aluminiumbecher anraten. Würde jeder diesen Rat befolgen, wäre schon einiges gewonnen.

26. Fernsehsender als Nachhaltigkeitsbeschleuniger?

Dieser Artikel erschien erstmals am 30. Oktober 2019 im Blog des Projekts »Plastikbudget«. Ich danke meinem Kollegen Matthias Wolf für Lektorat und wertvolle Hinweise.

RTL, der größte Sender der RTL Group, deren Hauptanteilseigner die Bertelsmann-Gruppe ist, führte vom 16. bis zum 23. September 2019 die Aktionswoche »Packen wir's an – für weniger Plastikmüll« durch. Gesteuert wurde die Aktion von der Bertelsmann Content Alliance. Mit solchen Aktionen umzugehen, ist für die transformative Wissenschaft nicht einfach. Zum einen ist es erfreulich, dass solche Themen aufgegriffen werden, zum anderen läuft man durch eine reißerische Aufmachung Gefahr, einem Cry-Wolf-Effekt zu unterliegen. Aufmerksamkeitsheischende Meldungen führen zu höheren Einschaltquoten, verstärken die öffentliche Wahrnehmung des Senders und der dort ausgestrahlten Formate. Übertreibungen sind aber bestenfalls kurzzeitig wirksam, können aber mittel- und langfristig negative Auswirkungen auf die Problemwahrnehmung haben. Dieses Phänomen wurde vom israelischen Psychologen Shlomo Breznitz beschrieben. Inspiriert wurde er dabei von der Geschichte des griechischen Dichters Äsop mit dem Titel *Der Hirtenjunge und der Wolf*. Protagonist der Geschichte ist ein Junge, der immer »Wölfe« schrie, woraufhin seine Mitmenschen Hilfe anbietend zusammenliefen und jedes Mal erstaunt feststellten, dass sich der Junge einen Prank erlaubt hatte. Als der Junge dann tatsächlich von Wölfen bedroht wurde, war es mit der Awareness seiner Mitmenschen dahin. Nehmen wir als Beispiel das Format »Familie minus Plastik«. So heißt ein kostenfreier Audio-Podcast, den die RTL Group im Internet anbietet. Dort berichtet die Familie des RTL-Moderators Maik Meuser über ihr Experiment, möglichst plastikreduziert zu leben. In der zweiten Folge berichtet Nicole Meuser über die Fußballtrikots ihrer Söhne, die aus Polyester sind und auf die nicht verzichtet werden kann. Ihr Mann Maik ergänzt, dass sie darauf achten, dass ihre Jungs Unterhemden oder T-Shirts unter den Trikots anhaben, damit möglichst wenig Hautkontakt stattfindet. Jedoch ist

Polyester nur bei schweren Vorerkrankungen gesundheitlich bedenklich. In dem Podcast wird jedoch der Eindruck erweckt, als müsse man als Eltern ein schlechtes Gewissen haben, wenn der Nachwuchs das Trikot seines Lieblingsvereins anziehen möchte und man dies erlaubt. Durch solche Formate besteht also die Gefahr, dass alle etwa 15000 unterschiedlichen Formen von Kunststoffen über einen Kamm geschoren werden, obgleich die Öko- und/oder Gesundheitsbilanz unter Umständen sogar besser ausfallen kann als bei einem Naturprodukt. In diesem Blog findet sich bereits das Beispiel von der Plastiktüte.

In sozialen Medien wurde jedoch eine ganz andere Kritik laut. Dabei ging es in der Regel um Doppelmoral oder Scheinheiligkeit, und als empirischer Beweis wurden die Werbeblöcke angeführt, in denen Produkte aus Kunststoffen beziehungsweise Produkte mit Kunststoffverpackungen beworben wurden. Hier liegt eine Bewertung der Tugendhaftigkeit der RTL Group vor, und dies erschließt sich mir nicht. Dass sich ein kommerzieller Sender in einer wachstumsorientierten Marktwirtschaft so verhält, dass er ein Maximum an Gewinn erwirtschaftet, ist ein notwendiges Verhalten, um weiterexistieren zu können und Arbeitsplätze zu erhalten. Wer nun meint, dass RTL sich von sich selbst und seiner Nachhaltigkeitswoche ganz beeindruckt verstaatlichen lässt, der scheint insgesamt Probleme zu haben, sich mit den Realitäten dieser Welt anfreunden zu können.

Doch das Problem des Tugendtestes bei der Bewertung von nachhaltigkeitsorientiertem Verhalten ist ein grundlegendes Problem. So würde ein Greenpeace-Mitglied lässig einhändig in einem SUV fahrend und mit einem Coffee-to-go-Becher in der Hand als wenig glaubwürdig eingestuft. Ein Betreiber eines Braunkohlekraftwerks oder die BMW-Chefin könnten hingegen kritiklos mit dem Fahrrad in ihr Unternehmen kommen. Was sollen alle Tugendtests? Warum muss sich der, der Gutes will, viel mehr rechtfertigen als derjenige, der alles nur aus Eigennutz macht? Warum bewerten wir überhaupt die Motivation und zwingen die Menschen zur Rechtfertigung der guten oder schlechten Tat? Selbst wenn ein junger Mensch nur nachhaltig lebt, um seine Freunde zu beeindrucken, dann hat man letztendlich trotzdem weniger CO_2 und weniger Kunststoffmüll. Dem Klima und unserer Umwelt sind unsere Beweggründe herzlichst egal.

Wenn RTL es schafft, das Thema Plastikmüll an die Menschen heranzutragen, welche die transformative Wissenschaft oft nur schwer erreicht, dann ist schon viel gewonnen und dann kann ich auch damit leben, dass sie dies mit dem Geld, das sie durch die Bewerbung von Plastikprodukten verdienen, finanzieren.

»Eigentlich kann man es einfach in den Restmüll schmeißen und dann hat man eine saubere Lösung. [...] Dann ist es verbrannt und aus der Welt geschafft«, meint die YouTuberin Sarah Milchstein als Replik auf eine der Sendungen von RTL. Dennoch versucht die YouTuberin nach eigener Aussage, nun noch mehr darauf zu achten, in ihrem Alltag weniger Plastik zu verbrauchen. Was will man mehr erwarten? Nicht viel mehr, zumindest wenn man es mit Privatfernsehen zu tun hat.

27. Zum Frühstück lieber künstliches Mikroplastik oder naturbelassenes Schlangengift?

Der Mensch denkt, doch Gott lenkt, spricht der Gläubige und auch der Ungläubige muss ihm da im Großen und Ganzen zustimmen. Wir Menschen versuchen, uns mit miserablen Sinnesorganen ein Bild von der Welt zu machen. Führen ein Stück auf der Bühne des Gesellschaftstheaters auf. Erzählen uns gegenseitig kleine, mittlere und große Geschichten. Wenige Einsichtige merken beim Spiel, wie wir uns immer wieder täuschen, und viele andere Mitspieler merken nicht mal, dass Gesellschaft nur ein großer Tanz ohne leitenden Choreografen ist.

Währenddessen, wirkt backstage, also auf der Hinterbühne, die Natur in schlichter Kausalität. Es gibt kausal begründbare chemische und physikalische Vorgänge der Natur, die sich hinter dem Rücken der Menschen abspielen, während diese sich gegenseitig auf der Bühne des Lebens etwas vorspielen, und sei es nur, dass - im Sinne des Sozialwissenschaftlers Erving Goffman (1922–1982) - das Theaterpublikum ein Theaterpublikum und nicht etwa Fußballfans spielt, also weder grölt noch Feuerzeuge auf die Souffleuse wirft. Nicht nur auf der Bühne spielt man sich etwas vor, auch in der ersten Reihe und in der Loge wird Theater geboten. Das Theater spielt den ganzen Tag und abends ist dann auch noch Zirkus. Doch dieses Gesellschaftsspiel ändert nichts daran, dass die Erde sich weiterdreht und die Bühnenscheinwerfer nur angehen, wenn draußen jemand Strom erzeugt, sei es mit dem Windrad mit Flügeln aus Kunststoff oder durch das Verbrennen von fossilen Stoffen. Es gibt Menschen, die kausale Vorgänge in der Natur entdecken, sie auf die Vorderbühne zerren und den Schauspielern und dem schauspielernden Publikum zur Interpretation bereitstellen. Beim Thema Plastik in der Umwelt geschah dies wesentlich früher, als es im heutigen Diskurs den Anschein hat.

Auf den Transatlantikexpeditionen von Thor Heyerdahl (1914–2002) in den Jahren 1969 und 1970 lugte die Natur aus dem Backstagebereich einen Spaltbreit durch den dicken Theatervorhang auf die Bretter, auf denen wir uns gegenseitig die Welt deuten. Doch um dem Schauspiel der omnipotenten Menschheit weiter folgen zu können, schenkte man ihr kaum Beachtung. Der norwegische Ethnologe Heyerdahl wollte eigentlich zeigen, dass man mit einem Boot aus Papyrus den Atlantik überqueren könne. Doch er machte eine weitere Entdeckung. Er fand im Atlantik Ölklumpen und Plastikmüll vor allem in Form von Containern. Kurze Zeit darauf bestätigten wissenschaftlich untersuchte Proben aus dem Westatlantik Heyerdahls zufällige Beobachtung. Somit war bereits Anfang der 1970er-Jahre allen, die es wissen wollten, bekannt, dass sich Plastikrückstände in Fischen nachweisen lassen und dass der Mensch die Erde mit anthropogenen Polymeren verunreinigt. Deswegen wurden jedoch nicht weniger Kunststoffe produziert, konsumiert und weggeworfen. Die Wohlstandsshow musste schließlich weitergehen und die Umsätze und Produktionsmengen der Kunststoffindustrie wuchsen und wuchsen und wachsen bis heute. Show must go on!

Erst das Jahr 2004 brachte einen wirklich einschneidenden Wendepunkt hin zu einer kritischeren Haltung gegenüber der Plastikvermüllung der Weltmeere. In diesem Jahr publizierte der britische Forscher Richard Thompson zusammen mit einigen Kollegen einen Artikel mit dem Titel »Verloren auf dem Meer. Wo ist das ganze Plastik?« in der wissenschaftlichen Fachzeitschrift *Science*. Mit diesem Aufsatz war der Begriff »Mikroplastik« in der Welt. Die Menschen blickten in die Tiefe der Meere, um das verschwunden geglaubte Plastik zu suchen, und brachten damit den schönen Schein der naturbefreiten Produktion, Distribution und Konsumtion ins Wanken. Thompson und seine Kollegen wurden nämlich fündig. Sie untersuchten Planktonproben zwischen Aberdeen und den Shetlands und von Sule Skerry nach Island, die seit den 1960er-Jahren gesammelt worden waren. Darin entdeckten sie in zunehmendem Maße kleinste Plastikpartikel, die entweder schon als Mikroplastik produziert worden oder durch Fragmentierung von größeren Plastikstücken entstanden waren.

Seit diesem Aufsatz und seiner medialen Rezeption bekam Plastik in der öffentlichen Wahrnehmung eine giftigere Fratze. Nun ging es nicht mehr nur um Vorstellungen von Ästhetik oder den Schutz der Natur, sondern um die eigene Gesundheit und ganz besonders die der eigenen Kinder und Enkelkinder. Die Sünde der Völlerei, des Konsumhedonismus – so das gängige Narrativ – führe nun zur Bestrafung des Menschen. Die Parallelen zum *mea culpa* des katholischen Glaubensbekenntnisses (»meine Schuld, meine große Schuld«), zu Goethes Zauberlehrling oder zu den Trickstern der griechischen Mythologie, die mal erfolgreich, mal erfolglos die Menschen hereinlegen, können rein zufällig sein, aber sie passen in ihrer Struktur allzu schön. Der Abfall, den der Mensch sorglos in die Natur warf, bahnt sich nun den Weg zurück zum sogenannten Point of Sale und damit zurück in die Kultur. Die materielle Welt der Natur wird von der Hinterbühne auf die Schaubühne gezerrt und in unsere große Inszenierung integriert. Dabei bleiben die Fakten: Mikroplastik findet sich im Bier, im Fisch, in den heimischen Flüssen, Seen, Böden, ja letztlich sogar im eigenen Stuhl. Damit wurde eine neue Sichtweise auf Kunststoffe eröffnet.

Toxizität und Umweltschädlichkeit sind Eigenschaften, die heutzutage bei Plastikprodukten genauer untersucht werden. Die Medien verbreiteten sofort Alarmstimmung. Das bringt Auflage, Einschaltquoten und Klickzahlen. Dabei steht die Forschung bei der Toxizität von Kunststoffen noch ganz am Anfang und vor großen, noch ungelösten methodologischen begrifflichen Problemen und schwer zu formulierenden Forschungsfragen. Toxikologen zum Beispiel untersuchen Giftstoffe. Es ist aber kein Gift, was den Meeresvogel verhungern lässt, sondern ein wahlweise mit Kunststoffspielzeug oder mit luftleeren Luftballons gefüllter Magen, der ihm suggeriert, satt zu sein. Um solche Phänomene toxikologisch zu erfassen, fehlt den Wissenschaftlern noch adäquates Werkzeug.

Die Werbung reagiert hingegen schon. Es finden sich bereits Hinweise wie »ohne Mikroplastik« auf Kosmetikprodukten. Zweifellos beruhigen solche Produkthinweise. Sie dienen insbesondere als Wohlfühlfaktor für den Konsumenten. Es ist auch geboten, die Menschen zu beruhigen, um einen Cry-Wolf-Effekt zu verhindern.

Bei der Berichterstattung zwischen 2016 und 2020 über die gesundheitlichen Gefahren von Plastik und insbesondere Mikroplastik kann solch ein Effekt durchaus eintreten. Im Moment herrscht Panik vor Plastik. Wenn unter Umständen bald wahrheitsgetreu geschrieben wird, dass die Wissenschaft über die toxikologischen Eigenschaften von Mikroplastik noch gar nicht viel weiß, dann hören die Menschen vielleicht nicht mehr zu, wenn dann doch Hinweise vorliegen, dass Mikroplastik die Potenz angreift, Krebs auslöst oder andere schwerwiegende Beeinträchtigungen oder Erkrankungen verursacht. Bislang gibt es keine ernst zu nehmende wissenschaftliche Studie, die Kunststoffen

Toxizität zuschreibt. Die Medien scheinen um der lieben Auflage willen jedoch einen Cry-Wolf-Effekt riskieren zu wollen. Auf Nichtwissen beziehungsweise Nochnicht-Wissen mit Panik zu reagieren, ist meines Erachtens keine angemessene Strategie, um Gesundheitsbewusstsein innerhalb des öffentlichen Diskurses so zu fördern, dass der Konsument auf mögliche Gefahrenquellen abwägend und vernünftig reagieren kann.

Bei einer Untersuchung ist im Stuhl einiger weniger Menschen Mikroplastik gefunden worden. Das ging durch alle Medien. Doch eines bekamen wir nie zu lesen: Dass sich nach der Verrichtung der Notdurft Plastikpartikel in der Kloschüssel fanden, hätte durchaus zu der Schlussfolgerung führen können, dass Menschen Mikroplastik einfach wieder ausscheiden, dass es also nicht im Körper verbleibt. Das habe ich jedoch nirgends in der medialen Aufregung finden können. Nur *bad news* sind eben *good news*. So lautet wohl das Gebot der Medien.

Manchmal aber hilft es, sich Untersuchungsergebnisse anzusehen, die sich zwar mit Kunststoffen und Gesundheit beschäftigen, aber aus anderer Motivation heraus. So haben sechs Wissenschaftler aus Großbritannien und Australien, allesamt Kinderärzte, ein Experiment durchgeführt, das selten in Zusammenhang mit den Gefahren von Plastik im menschlichen Körper gebracht wird. Die Motivation zur Konzeption, Planung und Durchführung dieses kleinen Experiments war auch nicht der Kampf um eine nachhaltig wirtschaftende Gesellschaft, sondern die Beruhigung von Eltern und die Entvölkerung von Wartebereichen in den Notaufnahmen. Immer wieder passiert es, dass Kinder Plastikgegenstände beim Spielen verschlucken. Viele Eltern geraten daraufhin in Panik und rasen in die Notaufnahmen der nächstgelegenen Klinik, wobei sie andere Verkehrsteilnehmer gefährden, während der Nachwuchs einigermaßen fröhlich, aber verwirrt im Kindersitz hockt. Um solcherart überbesorgte Eltern zu beruhigen, findet sich im Internet ein Video, in welchem jeder der Ärzte einen Kopf einer Lego-Spielfigur verschluckt. Danach verschwindet das Plastikköpflein für durchschnittlich 1,7 Tage und taucht anschließend unversehrt, nur etwas beschmutzt wieder auf.

Genauso wenig, wie man mit Kunststoffen alle Naturstoffe besser oder zumindest adäquat ersetzen kann, kann man auch davon ausgehen, dass alles Plastik grundsätzlich tödlich sei. Müsste ich zwischen natürlichem Schlangengift und etwas Mikroplastik wählen, würde ich mich für Mikroplastik entscheiden. Aber wer stellt einen schon vor solch eine Wahl? Vielleicht sollten wir – bei Unwissenheit – unseren strukturellen Ordnungsvorstellungen folgen. Diese besagen, dass Kunststoffe innerhalb unseres Körpers nicht vorgesehen sind. Warum also sollte man diese dort hineinbringen? Vielleicht reicht schon dieser Umstand, um unsere Kinder nicht mit Legosteinen zu füttern. Manchmal ist ein »Das gehört sich einfach nicht!« progressiver, als der konservative Grundton dieses Satzes vermuten lässt.

28. Von wem stammt der Plastikmüll in den Weltmeeren?

1950 betrug die weltweite Kunststoffproduktion etwa eine Million Tonnen, im Jahr 1976 bereits 50 Millionen Tonnen und 2016 wurden circa 335 Millionen Tonnen Kunststoffe produziert. Man schätzt, dass die Menschheit bislang 9 Milliarden Tonnen Kunststoffe in die Welt gebracht hat. Dies ist ein Ausmaß, das man sich kaum vorstellen kann. Zum Vergleich: Obwohl wir selbst in den ärmsten Haushalten Deutschlands auf Gold stoßen - und sei es nur in den Zähnen oder bei den Goldkontakten für die SIM-Karte und den Akku des Smartphones oder des Tablets -, kennen wir goldene Zeitalter nur als Metapher, ohne quantitativ relevanten materiellen Bezug. Das verwundert im Hinblick auf die Menge kaum. In der Geschichte der Menschheit wurden insgesamt erst etwa 187 000 Tonnen Gold gefördert. Etwas Seltenes fällt leichter auf. Auf Plastik stoßen wir unentwegt und nehmen es deswegen nur wahr, wenn wir uns zum aktiven Hinsehen zwingen. Schauen Sie doch kurz über den Bücherrand hinaus. Es ist sehr wahrscheinlich, dass Sie einen Gegenstand sehen, der vollsynthetisch hergestellt wurde. Mit ziemlicher Sicherheit haben Sie sogar mehr als einen gesehen und vermutlich sogar sehr unterschiedliche Kunststoffe. Dennoch bilden sie nur einen winzigen Ausschnitt eines Materials ab, das - im Gegensatz zu Gold, Eisen oder Sand - recht neu auf diesem Planeten ist und trotzdem schon allgegenwärtig zu sein scheint und in den Medien oftmals als »nicht mehr wegzudenken« beschrieben wird.

9 Milliarden Tonnen sind eine nahezu unvorstellbare Menge. Eine Menge, die sich vielleicht leichter erfassen lässt, wenn man nur einen kleinen Ausschnitt der eigenen Lebenswelt betrachtet und davon ausgehend hochrechnet: Wie oft war man schon enttäuscht, wenn in einem Überraschungsei mal wieder »nur etwas zum Zusammenbauen« zu finden war? Nun stelle man sich beim Gang durch eine durchschnittliche deutsche Stadt vor, wie viele Menschen diese Enttäuschung kennen. Selbst dann hat man vermutlich nur einen Bruchteil der Überraschungseier vor Augen, die bei einem Sturm von einem Frachtschiff gefallen und im Januar 2017 an der Küste der Nordseeinsel Langeoog angeschwemmt worden sind und einen noch sehr viel klei-

neren Bruchteil der gesamten Masse anthropogener Polymere auf unserem Planeten. Zoomen wir uns gedanklich nach Langeoog, zu dieser beschaulichen Insel in Ostfriesland, zoomen wir uns zu niedlichem Plastikspielzeug und zu den Kindern, die von Journalisten fotografiert wurden, als sie das Spielzeug in Augenschein und Besitz nahmen. Was der Klondike für Dagobert Duck, muss in diesen Januartagen Langeoog für Ü-Ei-Sammler gewesen sein.

Dass es sich hierbei nicht um eine nette Episode im Stile eines Benjamin-Blümchen-Hörspiels handelt, zeigen die Diskussionen und Anfeindungen, denen die Künstlerin Swaantje Güntzel ausgesetzt war. Güntzel hatte einen roten Verkaufsautomaten mit kleinen Spielfiguren aus Kunststoffen, die aus den Mägen von Laysanalbatrossen stammten, gefüllt. Dieses Plastikspielzeug für Kinder gaukelte den Tieren vor, sie seien satt. Ihr Magen war schließlich voll. Trotzdem verhungerten die Vögel. Das Entscheidende an einem vollen Magen sind die Nährstoffe, und Kunststoffe sind ein Substrat für alles Mögliche, aber nicht für Fett, Eiweiß, Kohlenhydrate und Vitamine. Güntzel hatte die Plastikfigürchen gereinigt, in den Automaten gesteckt und ausgestellt. Die Besucher der Ausstellung wurden nach Güntzels Aussage aber keineswegs nachdenklich, sie hinterfragten nicht selbstkritisch ihr Konsumverhalten. Vielmehr waren viele Ausstellungsbesucher empört: Diese Form von Kunst sei für Kinder ungeeignet. Man könne so etwas nicht zeigen. Die Besucher fühlten sich allem Anschein nach angeklagt und so auch bemüßigt, sich zu verteidigen. Der ganze Plastikmüll in den Weltmeeren komme doch aus Südostasien und nicht aus ihren abendländisch-zivilisierten Haushalten.

Der Begründer der Psychoanalyse, Sigmund Freud (1856–1939), würde sagen, dass es sich dabei um eine Angstabwehrreaktion, genauer: Reaktionsbildung, handele. Was einem an eigenen Verhalten nicht gefällt, bekämpft man bei anderen besonders leidenschaftlich. Doch egal, wie freudianische Psychologen diese Reaktion interpretieren: Kunststoffe, für die wir während der Nutzung nahezu blind sind, erhitzen als Müll unsere Gemüter. Bilder von vermüllten Stränden und verendeten Tieren lassen die oft knisternden Kunststoffe in unserer Lebenswelt immer sichtbarer werden. Das ist auch der Unterschied zur Herausforderung des Klimawandels. Der Klimawandel bleibt (noch) weitestgehend abstrakt. Der Klimawandel wird meist nur sichtbar in Graphen in Vorträgen von Wissenschaftlern. Die ans Herz gehenden

Bilder bleiben aus. Dazu gibt es keine Bilder von verendeten Vögeln oder Meeresbewohnern und auch keine Bilder von zugemüllten Stränden. Die stärkere Materialität bringt uns das Problem näher. Wenn wir einen baugleichen Joghurtbecher im Fernsehen am (Alb-)Traumstrand und auf unserem gefliesten Wohnzimmertisch stehen sehen, finden wir uns als Akteure in einer Erzählung wieder. Der Zusammenhang zwischen dem SUV in Ingolstadt und dem Starkregenereignis in Münster bleibt abstrakt und erschließt sich kognitiv nur mit größerer Anstrengung. Wir haben sofort eine Story parat, wie die Plastiktüte in der Tiefsee landete, aber wir haben kein plausibles Narrativ über den Zusammenhang zwischen unserer Steckdose und fehlenden Frischluftschneisen in unseren Innenstädten. Wir gehen dann einfach nur in die mit Strom klimatisierte Shoppingmall oder ins Outlet-Center.

29. Mehr Nachhaltigkeit: von der Kann-Phase über die Soll-Phase in die Muss-Phase

Ich habe im vorigen Kapitel die Geschichte von Swaantje Güntzels Ausstellung wiedergegeben, die sie auf der Tagung des von mir koordinierten Projekts in Berlin referierte. Die Menschen zogen sich angesichts der Morbidität der ausgestellten Kunststoffspielzeuge, die Güntzel aus Mägen von Laysanalbatrossen hatte, argumentativ zurück. Die Folgen einer solchen Argumentationsform sollte man zu Ende denken, und dies lohnt, ein ganzes Kapitel zu schreiben und zu lesen. Die Argumentation schadet nämlich unter Umständen nicht allein dem Karma (wenn es denn so etwas Schönes gibt, was ich als Agnostiker leider nicht glauben kann) desjenigen, der sich ihrer bedient, sondern auch der Umwelt.

In einer pluralistisch-demokratischen Gesellschaft folgt dem Sprechen das Handeln. Politik und deren Ausfluss in Gesetzen und Verordnungen sind das Ergebnis von Aushandlungsprozessen in unterschiedlichen Arenen, die mit Sprache ausgefüllt werden. Je weiter die Digitalisierung unseres Medienkonsums vorangetrieben wird, desto mehr hallt es in diesen Arenen, desto mehr Menschen haben Flüstertüten und schreien und schreien. Neben den Unterhaltungssendungen mit Politikern und Unterhaltungsgrößen wie Günther Jauch und Anne Will nach dem Sonntagskrimi gibt es noch die parlamentarische Arena, die Bühne, welche die Straße bietet, es gibt Hintergrundgespräche, Lobbyismus, Kongresse, Tagungen, die sozialen Medien, die klassischen Meinungs- und Leserbriefseiten in den Zeitungen, Bücher wie dieses und auch das ganz alltägliche Gespräch beim Bäcker, an der Supermarktkasse oder in der Stammkneipe. Aus der Summe all dieser so vorgebrachten Äußerungen entsteht etwas, das man öffentliche Meinung nennen könnte, und nach dieser richten sich die Parteien. Unternehmen möchten Gewinne maximieren und politische Parteien möchten die Anzahl der auf sie abgegebenen Stimmen bei Wahlen maximieren. So liegen die Interessen. Da braucht man sich nichts vorzumachen. Die öffentliche Meinung treibt die politischen Parteien vor sich her, wenngleich die Machtverhältnisse – und mit ihnen die Lautstärke im Diskurs – unter den Menschen in der Bundesrepublik Deutschland sehr ungleich verteilt sind.

Wenn die Menschen Swaantje Güntzel nun vorhalten, dass die größten Plastikeinträge in die Weltmeere aus dem asiatischen Raum stammen, dann ist das ein Fakt, ein wahrer Satz. Doch wie bei den meisten Gegenständen, die der Mensch betrachtet, sollte man beim ersten Faktum nicht stehen bleiben. Es sind bestimmte Bedingungen, die dafür sorgen, dass dieses Faktum als solches eintritt, und der Fakt an sich ist kein Freibrief zu beliebigem Verhalten. Letzteres lässt sich an mehreren Beispielen belegen. Als Erstes wäre da folgende Analogie: »Erst wenn niemand mehr sein Kind tötet, höre ich auf, mein Kind körperlich zu züchtigen.« Bei dieser Analogie schlägt einem der Unsinn mitten ins Gesicht. Bezogen auf Plastikemissionen in der Umwelt würde dies bedeuten, dass sich erst alle anderen einwandfrei verhalten müssten, bis ich in die Gänge käme, das als richtig Erkannte zu tun. Eine unzulässige Banalisierung von Kants kategorischem Imperativ lautet: »Was wäre, wenn das jeder täte?« Nehmen wir an, jeder sucht sich einen, der moralisch schlechter handelt als er, und wartet ab, bis dieser endlich im eigenen Sinne rational und gut handelt, bevor er selbst vom Sofa herunterkommt. Dann würde sich niemals etwas verbessern.

Möchte man sich nicht bloß rhetorisch von Schuld freisprechen, dann muss man auch nach den Bedingungen fragen, die dazu geführt haben könnten, dass aus dem asiatischen Raum so viel Plastikmüll in die Weltmeere wandert. In einer globalisierten Welt sind die mächtigen und reichen Staaten nahezu immer mitverantwortlich für das, was in den weniger mächtigen und weniger reichen Staaten geschieht.

Der Politikwissenschaftler Francis Fukuyama proklamierte nach dem weitgehenden Ende des real existierenden Sozialismus das Ende der Geschichte. Erst in einem Aufsatz und dann in einem Buch, das großen Erfolg verzeichnen konnte, weil ihm nahezu alle, die das Cover ausgiebig studiert hatten, widersprachen. Doch er hatte zu einem Teil recht. Auch wenn sich das pluralistisch-liberal-demokratische Staatsprinzip nicht weltweit durchsetzen konnte, das europäische Modell des Kapitalismus wurde in die ganze Welt exportiert, selbst in die sozialistischen Nationalstaaten. Das Wirtschaftswachstum ist nun der Gradmesser des Erfolges aller Regierungen, seien sie nun demokratisch oder autoritär oder irgendetwas dazwischen. Die asiatischen

Länder haben diesen Politikstil übernommen. Er ist ein Exportartikel Europas. Erst wurde das Modell nach Nordamerika geliefert und adaptiert und dann von dort aus in die ganze Welt. Alles muss wachsen, und in demselben Tempo wachsen dann auch die Müllberge - nicht nur an den Orten, an denen produziert wurde, sondern dort, wo die Waren verkonsumiert werden. Von Amazon und anderen Internetanbietern kann man über die Weltmeere Plastikprodukte schippern lassen, die teilweise unter unmenschlichen Bedingungen hergestellt wurden und deren Warenqualität jeder Beschreibung spottet. Dinge, die nur produziert wurden, um schnelles Geld zu machen und sie in Deutschland meist bahnhofsnah in 1-Euro-Shops zu verkloppen. Diese Geschäfte duften oft noch nach Container. Wieso sollten Produkte aus Asien in Europa vermarktet werden dürfen, wenn diese kaum etwas anderes als Elend, Leid und unnötige Kosten in die Welt bringen, und zwar sowohl beim Produktionsprozess als auch als Müll? Schöbe man hier in Europa einen ordnungspolitischen Riegel vor, dann würden die Produzenten von Kunststoffartikeln in Asien ihr Verhalten vielleicht ändern. Der Kunde wird meist erst dann zum regierenden König, wenn er aufhört zu konsumieren, denn erst dann wird er umworben. Der Stammkunde hat nichts zu melden, der kauft ja sowieso. Der Neu- oder der zurückgewonnene Kunde ist den Unternehmen etwas wert. Wir als politische Wesen hätten also Einfluss auf die Märkte in weit entfernten Ländern und auf das Verhalten der Regierenden, wir als Konsumenten haben ihn realiter nicht. Zu viel Werbung hat sich in unseren Gehirnen eingenistet, zu stark sprechen Schnäppchen unser Belohnungszentrum im Gehirn an und allzu energiesparend gehen wir mit unseren Körpern um. Wir werden kein Menschenvolk von Nachhaltigkeitsaposteln, das die Anbieter von Waren am Nasenring durch die Marktmanege zerrt. Letztendlich reizten und lockten der Hedonismus, die Konsumlust und die Freude am billigen Konsum einfach mehr als das ökologische Gewissen. Wie Fritz Breithaupt in seinem sehr lesenswerten Buch *Die Kultur der Ausrede* schreibt, ist das sogenannte schlechte Gewissen nur ein Mangel an einer passenden Ausrede. An der Supermarktkasse finden wir dann doch ausreichend Ausreden, und seien es auch nur ausgleichende Maßnahmen. Wer auf der Fernreise am Strand einen Beutel Plastikmüll aufsammelt, sieht sich selbst als Teil der Lösung, obwohl er als weltoffener Globetrotter das Problem ist. Der westliche Urlauber fliegt dabei nur seinem eigenen Müll hinterher.

Wir Menschen aus dem globalen Norden haben bereits Unmengen an Plastikmüll in wenig industriell entwickelte Staaten gebracht. Mit unserem Geld haben wir ihnen den Müll schmackhaft gemacht und viele Länder haben sich darauf eingelassen. Für uns heißt es: Aus den Augen, aus dem Sinn. Was dort mit dem Plastikmüll geschieht, haben wir aus der Hand gegeben. Wir haben gedacht, dass wir uns von der Verantwortung freikaufen könnten. In den Augen derer, die Güntzel bei ihrer Ausstellung das Argument entgegenbrachten, es seien doch immer die anderen, die die Schuld trügen, verfängt wohl immer noch die Vorstellung, dass man sich von Umweltsünden wie im spätmittelalterlichen Ablasshandel freikaufen könne.

Deutschland rühmt sich seiner Erfolge im Export, profitiert also von den globalen Märkten. Daraus resultiert die politische Macht, die Deutschland in Europa und in der Welt hat. Aus dieser Macht resultiert große Verantwortung, und Verantwortung wird man nicht dadurch gerecht, dass man mit dem Finger auf andere zeigt, sondern durch das eigene verantwortungsvolle Handeln. Dies sollte man immer allen sagen, die ihr eigenes Nichthandeln mit dem Argument, erst sollten alle anderen handeln, bevor sie einen Finger rühren würden, rechtfertigen. Denn je mehr Menschen so etwas in die Welt hinausposaunen, desto wahrscheinlicher passiert gar nichts, und das könnte fatal für viele von Menschen besiedelte Gebiete sein. Wenn viele kleine Fischer keine Fische mehr fangen, dann ziehen sie weiter. Jede meiner Tag für Tag getroffenen Mikroentscheidungen trägt zu globalen Veränderungen bei – und zwar unbesehen der Taten anderer. Früher hieß es, jeder könne etwas tun (Kann-Phase). Darüber sind wir in vielen planetaren Grenzen schon hinaus. Wir sind bereits in der Phase, in der jeder sein Scherflein dazu beitragen sollte (Soll-Phase), die Umwelt zu schützen, und stehen an der Schwelle, dass man den Menschen imperativ zurufen muss: »Ihr müsst jetzt etwas tun!« Oder vielmehr: »Es gibt einiges, was ihr unterlassen müsst, damit dieser Planet für Menschen bewohnbar bleibt.« (Muss-Phase) Unterlassen ist für den Erhalt dieses Planeten viel entscheidender als dieses ständige Tun und Machen, zu dem wir den ganzen Tag aufgefordert werden. Das »Du musst« muss dabei gesetzliche Formen annehmen. Allein mit Einsicht kommen wir nicht mehr weiter. Verbote kommen oft vor der Einsicht. Erst gab es die Gurtpflicht für Autofahrer und deren Mitinsassen und dann erst kam die Einsicht. Doch diesmal wiegen die Argumente noch viel schwerer als

1975, als die Bonner Regierung die Gurtpflicht zur Jahreswende zum Jahr 1976 einführte. In der Wochenzeitung *DIE ZEIT* argumentierte der Journalist und Autor Rudolf Walter Leonhardt (1921–2003) damals noch, dass es fragwürdig sei, dem Individuum zu verbieten, »auf eigene Kosten riskant zu leben«. Bei Plastik wie beim Tabakgenuss geht es um die Gefahren, denen Dritte ausgesetzt sind, und nicht nur um das eigene Wohl. Unter diesen Dritten befinden sich meines Erachtens eben auch die Tiere, auch die Pflanzen und in ihrem Zusammenspiel die Biosysteme der Erde, die eben nicht *unsere Erde* ist, sondern auch ganz gut ohne uns kann.

Weniger Verkehrstote und rauchfreie Kneipen – über die ich mich als uneinsichtiger Raucher gar nicht freue – hätte es allein über Einsicht nicht gegeben. Der Kolumnist Max Goldt hat mal sinngemäß geschrieben: »Vernünftige fahren hier nicht Rad. Den anderen ist es verboten.« Nur so geht es. Leider. Ich wünschte, die Geschichte würde uns ein anderes Bild des Menschen und seiner Taten zeigen. Ich wünschte, die Geschichte wäre von Einsicht und nicht von Katharsis geprägt, aber dem scheint nicht so zu sein. Einsicht ist nicht allen Menschen in gleichem Ausmaße vergönnt. Woran das liegt, vermag ich nicht zu sagen; es interessiert mich letztendlich auch nicht sonderlich. Viel wichtiger ist die Konsequenz, die wir daraus zu ziehen haben: Es braucht Verbote, um uns unsere Freiheit zu ermöglichen. Johann Wolfgang von Goethe (1749–1832) lehrte uns das schon nicht ganz leicht verständlich in einem seiner Sonette:

So ist's mit aller Bildung auch beschaffen:
Vergebens werden ungebundne Geister
Nach der Vollendung reiner Höhe streben.

Wer Großes will, muß sich zusammenraffen;
In der Beschränkung zeigt sich erst der Meister,
Und das Gesetz nur kann uns Freiheit geben.

Die Lösung unserer Probleme mit der Natur wird auch nicht über technischen Fortschritt gehen, sondern nur über gut begründete und damit einsichtige Verbote. Innovationen seien nötig, heißt es überall. Exnoviation braucht es jedoch viel mehr. Sonst geht es uns wie Goethes Zauberlehrling, nur mit dem Unterschied, dass kein Meister das

Unheil, das wir angerichtet haben, wieder ins Lot bringt. Wir alle sollten weniger darüber nachdenken, was wir alles brauchen, sondern lieber überlegen, was wir nicht brauchen. Dazu gehört meines Erachtens trinkbares H_2O aus Frankreich oder von den Fidschi-Inseln, das in unseren Supermärkten für horrendes Geld in Plastikflaschen zu kaufen ist. Wir sollten diese Form der Hydrierung unserer Körper einer Exnoviation unterziehen und im Namen der Zukunft eines bewohnbaren Planeten die paar Arbeitsplätze vergessen, die dann wegfallen. Verdursten müssten wir dennoch nicht, wie Kapitel 30 zeigt.

30. Schlechte Nachrichten aus der Flaschenpost: Weg mit der Nuckelflasche

»Sie müssen nur den Nippel durch die Lasche ziehen und mit der kleinen Kurbel bis nach oben drehen, dann erscheint sofort ein Pfeil und da drücken Sie dann drauf, und schon geht die Sache auf«, sang Mike Krüger in einem seiner erfolgreicheren Songs. Andere auf Tonrillenträger gepresste Lieder von Krüger sind vergessen, was sicherlich kein großer Verlust für die Menschheit ist. Doch in diesem Lied erfasste der Star aus vier *Supernasen*-Filmen etwas Bedeutendes. Damals wurde die Gebrauchstechnik von Alltagsgegenständen stark angetrieben von genial erscheinenden Ingenieursideen, worüber man im Rausch der Begeisterung über sich selbst vergaß, dass nicht vorrangig die Ingenieure die Konsumgegenstände nutzen, sondern im Alltagsstress gefangene Konsumenten.

Irgendwann in den 1990er-Jahren sollten dann die Verschlüsse für Flaschen und Milchkartonagen intuitiver zu handhaben sein. Der größte grobmotorische Fingerlegastheniker sollte durch kurze Anschauung, ohne nachzudenken, wissen, was er zu tun habe. Der Konsument, das angeblich scheue Reh, sollte keine Enttäuschungen oder Blamagen mit der Verpackung erleben. Verpackungen sollten kinderleicht in der Handhabung sein. Immer kinderleichter wurden die Getränkeverpackungen, bis wir heute vor Getränkeregalen voller kindischer Getränkeverpackungen stehen. Die Kunden werden von der Getränkeindustrie wie Kinder behandelt. Und den Kunden gefällt das auch noch. Infantilisiert lutscht es sich noch besser an Ausgüssen von Plastikflaschen, die der weiblichen Brust nachempfunden sind. So soll sich der Konsument geborgen fühlen, als befände er sich in einer einfachen Welt, in der es keine Ursachen und keine Folgen gibt, auch nicht die des Getränkekonsums.

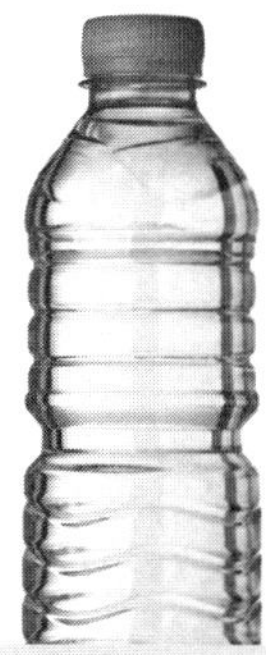

Die Mehrwegflasche aus Plastik wird in einem Bottle-to-Bottle-Verfahren recycelt. Das ist der beste Weg, Kunststoffe wiederzuverwerten.

Doch die einfach zu handhabenden, aber kompliziert designten Verschlüsse haben laut Umweltbundesamt ihren Preis. Sie bestehen aus unterschiedlichen Kunststoffen, die zwar für sich genommen recycelt werden könnten, aber nicht ökonomisch lukrativ voneinander getrennt werden können. Verbundkunststoffe nennt man solche Zusammenstellungen unterschiedlicher Kunststoffsorten. Aber das ist nicht das einzige Problem. Littering nennt man in den Sozialwissenschaften das achtlose oder zumindest fahrlässige Entsorgen von Müll in der Umwelt. Die Verschlüsse laden geradezu zum Littering ein. Das beginnt schon bei relativ simplen Schraubverschlüssen. Beim Öffnen einer PET-Mehrwegflasche steht wenig attraktiv beim Verschluss ein getrenntes Band ab. Viele Menschen verspüren nun den Drang, daran zu drehen und zu ziehen, bis man sich entweder leicht verletzt hat oder ein kleines Stück Kunststoff in Händen hält. Das ist wie eine schriftliche Einladung zum Littering. Jetzt kann man sagen, dass nur dumme und einfältige Ignoranten dieses Stück Plastik in den Wald schnippen. Vielleicht hat man damit sogar recht, aber man muss auch immer damit rechnen, dass es eine Vielzahl an ignoranten Menschen gibt. Ebenso kann man nicht damit rechnen, dass dieser Planet von lauter Öko-Hippies bevölkert wird, die Autos blöd finden und Lastenfahrräder als prima Alternative zum Sport Utilitiy Vehicle (SUV) ansehen. So werden die Menschen weiterhin irgendwann in ihrer Hosentasche das abgerissene Kunststoffband vom Flaschenverschluss finden und es in ihre Umwelt schnippen, nachdem sie ausreichend daran herumgedrückt haben. Das verträumte Herumspielen, das Gefühl der Herausforderung, dieses Band abzutrennen, nutzt die Gaming-Industrie schon lange. *Candy Crush Saga* und andere Smartphone-Games nutzen den Spieltrieb des Menschen und füllen so wahrscheinlich die Kühlschränke auf so manchen Jachten mit den Gewinnen aus Bestellungen virtueller Güter und aus dem Aussenden von sicherlich nicht sonderlich volksbildender Werbung. Die Verschlüsse von Getränken sollten so gestaltet sein, dass beim Öffnen kein Spieltrieb ausgelöst wird, gegen den Menschen der Postmoderne sich kaum wehren können, und es sollten ebenfalls keine Kunststoffkleinteile anfallen, mit denen man unterwegs kaum weiß, wohin.

Kritisieren kann man ein so hervorgerufenes Verhalten, klar. Vielleicht erreicht man auf diese Weise ein paar Menschen, die dann wirklich mit dem kunststoffbeschichteten Aluminium herumspazieren, aber einfacher ist es doch, solche Konstruktionen vom Markt zu nehmen. Welcher jugendliche oder erwachsene Mensch möchte denn auch von der Getränkeindustrie so infantilisiert werden, als hinge er noch an Mamas Brust? Was sich gut verkauft, muss nicht unbedingt gut sein. Es ist einfach nur erfolgreich. Die von uns gewählten Personen, die uns freundlicherweise Gesetze schenken, sollten nicht nur die Menschen im Blick haben, die in ihrer oralen Phase hängen geblieben sind, sondern auch diejenigen, die noch nicht geboren, ja noch nicht einmal gezeugt worden sind. Die haben keine Lust, am Wochenende kleinste Plastikteile aus dem Waldboden zu buddeln, um die Biodiversität zu erhalten, damit sie einen Planeten haben, den sie glücklich im Schweiße ihres Angesichts bewirtschaften können.

Deswegen ist es bei Durst am besten, Wasser aus den Hähnen in Bad und Küche zu trinken. In der Bundesrepublik Deutschland ist das Leitungswasser von höchster Güte und in der Regel besser wissenschaftlich geprüft als Wässer aus fremden Ländern, die ein Lastkraftwagen über Hunderte von Kilometern durch die Gegend fährt, nur damit wir anderen Menschen vorführen können, wie kultiviert und vermögend wir sind. Diese Wässer, die der Umwelt multiplen Schaden zufügen, kosten manchmal das Tausendfache von Leitungswasser. Das spottet aller Theorie von Angebot und Nachfrage, die in ihrem Aufeinandertreffen den optimalen Warenpreis hervorbringen. Weder in Qualität noch in Nachhaltigkeit ist der Preis vernünftig, genauso wenig wie Menschen, die glauben, ihrem Körper etwas Gutes zu tun, wenn sie in Wanne-Eickel ein Wasser aus einem artesischen Brunnen, der auf den Fidschi-Inseln steht, trinken. Ihnen sei gesagt: H_2O ist H_2O ist H_2O.

Die Deutsche Bahn sowie alle Betreiber von öffentlichen Gebäuden sollten sich aufgefordert sehen, wenigstens die Waschbecken in den Toiletten so zu gestalten, dass es möglich ist, eine mitgebrachte Flasche aufzufüllen. Bei der Deutschen Bahn wäre man ja sogar dankbar für Trinkwasser. Das ist nicht nur eine Frage des Umweltschutzes. In Zeiten, in denen nahezu jeder Sommer einen neuen Hitzerekord in den zubetonierten Städten mit sich bringt, ist das nicht nur ein Akt der Nächstenliebe, sondern sorgt dafür, dass Menschen, denen es mehr an Geld als an Arbeit mangelt, nicht durch Dehydrierung Sanitätskräfte beschäftigen, die an anderer Stelle vielleicht dringender gebraucht würden. Noch schöner, weil es irrigerweise den Hygienekonzepten unserer Zeit mehr entspricht, wäre eine von den öffentlichen Toiletten räumlich getrennte Möglichkeit, mitgebrachte Wasserflaschen aufzufüllen. Sowohl die Menschen als auch die Umwelt würden es danken.

31. Kunststoffrecycling: Mogelpackungen und Mogelquoten

Es scheint so, als wäre nachhaltiges Konsumieren ein gesellschaftlicher Megatrend. Man liest über Unverpackt-Läden, Werbebotschaften versprechen die harmonische Einheit von Genuss und Nachhaltigkeit, und selbst große gewinnorientierte Unternehmen scheinen gewillt zu sein, auf überbordende Verpackungsmaterialien zu verzichten, um die Gunst der Konsumenten zu gewinnen. Doch der Schein trügt. Die Zahlen des Umweltbundesamtes verzeichneten zwischen 2010 und 2016 eine Zunahme des Verpackungsverbrauchs an Kunststoffen um mehr als 15 Prozent. Zwischen 1991 und 2016 ergab sich gar eine Zunahme von mehr als 88 Prozent. Die Verpackungsindustrie sichert auf diese Weise Arbeitsplätze sowie die Wettbewerbsfähigkeit der deutschen Verpackungsindustrie im internationalen Wettbewerb. Ökonomisch ist das also sehr nachhaltig. Die Leute mit Arbeitsplätzen haben somit ausreichend Geld, um sich Produkte aus Plastik und SUVs zu kaufen oder in eine Bürgerenergiegenossenschaft einzutreten, um dann im Winter umso hemmungsloser ihre Boxershorts zu föhnen, weil's dann kurz so schön warm ist.

Das ist ein sogenannter Recycling-Code. Was Recycling überhaupt zur Nachhaltigkeit beitragen kann, wird jedoch kaum in Klartext formuliert.

Ökologische Nachhaltigkeit hingegen kann sich bei diesen Produktionssteigerungen nicht einstellen; selbst wenn die Kunststoffe einem – wie es in der deutschen Verpackungsverordnung heißt – »hochwertigen Recycling« zugeführt werden. Dies liegt daran, dass die Herstellung des Werkstoffes, die Umformung in die Verpackungseinheit, das Einsammeln, das Sortieren und der eigentliche Recyclingprozess Energie benötigen, die auch mit erneuerbaren Energien nicht restlos ohne CO_2-Ausstoß bereitgestellt werden kann. Denn: Ohne Ausstoß von Treibhausgasen und auch ohne Kunststoffe lassen sich weder ein Solarpanel herstellen noch eine Windkraftanlage errichten.

Daher ist es in der seit 1991 geltenden und mehrmals überarbeiteten Verpackungsverordnung auch nur folgerichtig, dass der Vermeidung von Verpackung Vorrang vor Recycling gegeben wird. Wie kann es dann aber sein, dass eine Verordnung, die demokratisch legitimiert ist, dermaßen fehlschlägt und der Branche, die reguliert werden sollte, einen für die Chemiebranche überdurchschnittlichen Wachstumsmarkt beschert? Das Umweltbundesamt sieht die Hauptursachen des Anstiegs des Verpackungsmülls vor allem im Verbraucherverhalten, zum Beispiel in den wunderbar leichten Kunststoffflaschen, den praktischen, aber aufwendigen Kunststoffverschlüssen, den Bestellhelden, die Lieferhelden mit ihrem Lieblingsburger im Gepäck an ihre Haustür beordern. Aber auch die Industrie selbst ist nicht unschuldig. Die großen Kleiderbeutel, mit denen die Bekleidungsgeschäfte beliefert werden, sieht der Kunde gar nicht. Er sieht nur die Polyestermode an den Kleiderbügeln, von der aus er mithilfe seiner Waschmaschine Mikroplastik ins Abwasser leitet.

Die Verpackungsflut hat ihre Ursache jedoch auch darin, dass viele Forderungen, die in der deutschen Verpackungsverordnung an Industrie und Handel gerichtet werden, unter einem Akzeptanzvorbehalt stehen, und zwar ohne nähere Ausführungen darüber, wie die Wirtschaftsakteure belegen müssen, dass eine bestimmte Verpackung vom Kunden nicht akzeptiert werden würde. Verbraucher reagieren auf Veränderungen der Verpackungen – meiner Anschauung nach – allerdings nicht so zickig, wie es die Unternehmen befürchten. Der Konsument zeigt sich nicht als scheues Reh: Der Verbraucher akzeptiert doch auch Produkte, deren Verpackung durch die schiere Größe eine Menge suggeriert, die letztendlich nicht enthalten ist. Die Verbraucherzentrale Hamburg listete 2019 auf mehr als 200 DIN-A4-Seiten Mogelpackungen auf. Als nur ein Beispiel sei der Weichspüler Lenor genannt: Zum gleichen Preis und bei gleicher Verpackungsgröße erhält der Kunde nun 30 Milliliter weniger Weichspüler. Dies bedeutet auch, dass beim Transport in Kauf genommen wird, dass Luft transportiert wird. Diese Form der Kundenakzeptanz ist jedoch in der Verordnung nicht gemeint, sondern es geht allein um Gewinnmaximierung. Eigentlich sollte das Akzeptanzgebot in der Verordnung vielmehr als Gewinnmaximierungsgebot interpretiert werden. Das käme der Wahrheit näher.

Was hilft denn der Jutebeutel, wenn ich darin immer mehr Kunststoffe nach Hause schleppe, außer dass niemand sieht, welche Plastikberge jeden Tag versetzt werden? In meinem Jutebeutel findet sich heute jedoch nur mein Duschgel mit kühlendem Menthol in einer Polypropylen-Verpackung. Mehr als 17 Millionen Tonnen Polypropylen wurden 2016 für Verpackungsmaterialien aufgewendet. 2014 wurde der globale Umsatz von Polypropylen auf mehr als 80 Milliarden Dollar geschätzt, was ungefähr dem Vierfachen des aktuellen Bruttoinlandsprodukts Islands entspricht. Polypropylen eignet sich sehr gut für die Wiederverwertung. Studien haben ergeben, dass der Energieaufwand für das Recyclingverfahren geringer ist als der für die Neuproduktion von Polypropylen. Von dem weltweiten Aufkommen von Polypropylen wurde jedoch nur etwa 1 Prozent dem Recycling zugeführt. Unter Recycling fasst man allerdings meist auch thermische beziehungsweise energetische Verwertung, was nichts anderes bedeutet als CO_2- und Stromerzeugung durch Verbrennen. 53 Prozent der Kunststoffabfälle werden in der Bundesrepublik Deutschland einfach verbrannt und der Recyclingquote hinzugerechnet. So kommt dann das Umweltbundesamt auf die Feststellung: »Die Abfallwirtschaft verwertet die gesammelten Kunststoffe nahezu vollständig.«

Von den 6,15 Millionen Tonnen Kunststoffabfällen in Deutschland wurden 2,14 Millionen Tonnen in Müllverbrennungsanlagen energetisch verwertet und 1,1 Millionen Tonnen in Fabriken als Brennstoff verwendet. Als Rezyklate, also als Werkstoff für neue Produkte, wurden 2017 lediglich etwas mehr als 1,7 Millionen verwendet. Der Löwenanteil davon wird auf dem Bausektor genutzt, aber auch für neue Verpackungsmaterialien. Auf Deponien wanderten 2017 nur 0,6 Prozent. Dies gilt allerdings nur für die deutschen Deponien. Wo die Kunststoffe landen, welche Deutschland und auch andere industriell weit entwickelte Staaten exportieren, das lässt sich nicht immer eindeutig belegen. Es hat die Menschen der westlichen Welt auch lange Zeit kaum interessiert. Klar ist, dass riesige Mengen an Kunststoffen in der Umwelt verbleiben – sei es zu Lande oder in Flüssen, Seen und Meeren.

32. Die Kehrseite des Kunststoffrecyclings: Ein bisschen Schwund ist immer

Der Volksmund sagt: »Ein bisschen Schwund ist immer.« Damit hat er recht, vor allem dann, wenn es um Recycling geht.

Es gibt in der Nachhaltigkeitsdebatte drei große Strategien, um Nachhaltigkeitsziele zu erreichen. Sie werden Effizienz-, Suffizienz- und Konsistenzstrategien genannt. Die skurrile Vorstellung, man könne durch Recycling etwas für den Erhalt eines lebenswerten Planeten über die eigene Lebenszeit hinaus tun, gehört zur letzteren Kategorie. Man recycelt keinen Stoff zu 100 Prozent. Technisch mag dies in wenigen Ausnahmefällen möglich sein, aber es wird immer jemanden geben, der die PET-Mehrwegflasche zweckentfremdet, einfach vom Boot aus ins Meer wirft oder Opfer eines unglücklichen Zufalls wird und so nicht umhinkann, die Flasche anderweitig zu entsorgen. Eine Welt voller Nachhaltigkeitsasketen mag für viele ein Traum sein, aber man kann von einem realistischen und nicht pessimistischen Menschenbild ausgehen, wenn man annimmt, dass die Getränkefirmen immer mehr Vollgut verlässt, als an Leergut wieder hineinkommt.

Diesen Gedanken kann man weiterspinnen. Setzt man Roh- und Werkstoffe der Welt mit 100 Kilogramm an und recycelt in jeder Runde 96 Prozent, dann kann man sich ausrechnen, dass man nur Zeit gewinnt, mehr aber nicht. Um das weiter zu verdeutlichen, rechne ich mal in Tagen und starte das Gedankenexperiment an einem Montag. Trotz dieser wirklich sehr hohen Recyclingquote von 96 Prozent pro Tag wären am Sonntag nur etwas mehr als 75 Prozent, also etwas mehr als 75 Kilogramm vom Referenzwert am Montag übrig. Wenn ich das nun mit dem Wirtschaftssystem, in dem wir leben, in Zusammenhang bringe, komme ich zu einem beängstigenden Schluss. In unserem System muss jeder Bereich der Wirtschaft ständig wachsen. Dies gilt freilich auch für die Kunststoffindustrie, und sie tut dies auch zum Wohle des Wirtschaftsstandortes Deutschland sowie der vielen Arbeitsplätze und damit der Familien, die sie damit absichert. Doch diese Absicherung ist nur ein Nebeneffekt eines anderen Zwecks, womit sich die gute

Tat schnell relativiert. Der wenig anerkannte und von der Mehrheit der wissenschaftlich organisierten Volkswirtschaftsszene nicht mal ignorierte Prof. Dr. Bernd Senf zeigt dies in zahllosen YouTube-Videos mit immenser Spieldauer. Zinsen auf Guthaben und Schulden wachsen exponentiell. Um sie begleichen zu können, braucht es Wertschöpfung, und die gibt es nur über Arbeit. Die Arbeitsleistung eines Mitarbeiters wächst aber nicht exponentiell. Sie wächst nicht mal linear. Dazwischen klafft dann irgendwann eine Lücke, was mathematisch einfach nachzuvollziehen ist. Wenn diese Lücke durch technischen Fortschritt nicht mehr geschlossen werden kann, dann tritt das Phänomen der Wirtschaftskrise auf. Um dies zu verhindern und die Zinsschuld begleichen zu können, muss die Kunststoffbranche wie alle Branchen jedes Jahr wachsen, obgleich die Zahl der Menschen in Deutschland eher ab- als zunimmt. Die Unternehmer strengen sich doch nicht so an und treiben ihre Ingenieure und Materialwissenschaftler zu Höchstleistungen an, damit Familie Meyer im August zum Ballermann kann und die Tochter Meyer am Strand gummilosen, also plastikfreien Geschlechtsverkehr haben kann. Das ist nicht deren Antrieb. Diese Unternehmen werden von Hoffnung und Angst angetrieben: Sie wollen aus Kapital mehr Kapital machen. Das ist eine Binse. Die einen nennen das Ehrgeiz, die anderen Gier, je nach Narrativ ihrer Ideologie. Die Handlung bleibt dabei dieselbe.

So viel zur Hoffnung, nun zur Angst: Die Unternehmer befürchten auch, ihre Schulden nicht zurückzahlen zu können. Die Banken sitzen ihnen im Nacken. Sie wollen Zinsen für die Leistung des Geldverleihens, um aus Kapital ohne den Umweg über die Ware mehr Geld machen zu können. Angestrebt wird in der Bundesrepublik Deutschland immer so ein Wachstum von etwa 3 Prozent. Wird dieser Wert erreicht, dann tun alle so, als seien sie glücklich und zufrieden. Hat man einen ökonomisch nachhaltigen Boom von 4 Prozent im Jahr, dann werden Politiker wiedergewählt, die Löhne steigen, die Arbeitnehmer mit einer sehr guten Ausbildung und selbstbewusstem Auftreten können sich die Jobs aussuchen, und der Staat kann für gut ausgestattete Schulen sorgen oder Waffen kaufen, je nachdem, welche Prioritäten er sich setzt.

Übertragen wir das auf das Recycling von Kunststoffprodukten und gehen der Einfachheit halber davon aus, dass die Kunststoff erzeugende und verarbeitende Industrie jeden Tag um 4 Prozent wächst und es aber nur möglich ist, 96 Prozent der Kunststoffe in gleicher Qualität zu recyceln. Um am Montag die nachgefragten Waren herstellen zu können, braucht eine Fabrik, die hier analog zum gesamten Industriezweig gesehen wird, 100 Kilogramm eines bestimmten Kunststoffes, ob nun neu erzeugt oder recycelt, lassen wir in diesem Gedankenexperiment mal keine Rolle spielen, denn wir nehmen an, die Kunststofferzeuger seien findige Leute, die mit Wissenschaft und Technik alle Qualitätsverfallsprobleme haben lösen können. Am Sonntag würden nur etwas mehr als 75 Kilogramm recyceltes Material vom Umlauf der 100 Kilogramm vom Montag zurückkehren. Die Industrie braucht aber mehr zum Herstellen, jeden Tag 4 Prozent mehr. Die Nachfrage ist riesig, die Auftragsbücher sind voll, die Kunden stehen Schlange. Deswegen braucht der Kunststoffhersteller am Sonntag schon 131,60 Kilogramm Rohstoff, um die Nachfrage bedienen zu können, was eine Differenz von notwendigem Kunststoff von weit mehr als 50 Kilogramm ausmacht. Nach 14 Tagen hat der Kunststoffhersteller schon einen Bedarf von 173,16 Kilogramm.

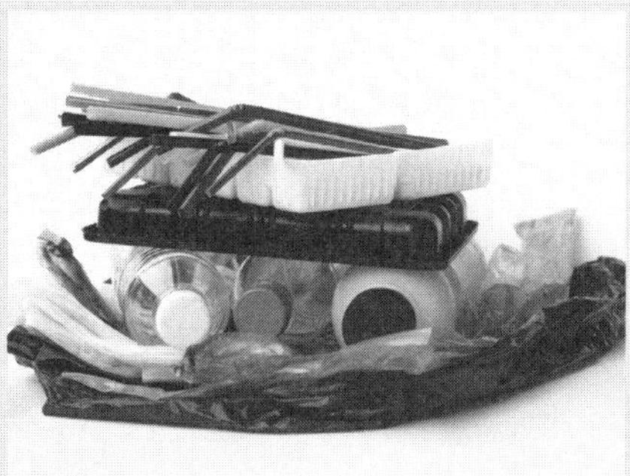

Seit 1991 gilt in Deutschland eine Verpackungsverordnung. Sie hatte zum Ziel, Verpackungsmüll zu reduzieren. Zwischen 1991 und 2016 hat jedoch der Verpackungsmüll um 88 Prozent zugenommen.

Wird also Recycling in einem marktwirtschaftlich organisierten System wie dem unsrigen als Lösung für eine Welt, die von Plastik zugemüllt ist, vorgeschlagen, dann gewinnt man nur Zeit, und davon nicht einmal besonders viel. Bedenkt man jetzt noch, dass die Qualität mit jedem Recyclingdurchlauf abnimmt, dann kann man zwar immer noch sagen, dass Recycling besser ist, als Kunststoffprodukte ins Meer zu kippen oder in den Wald zu werfen, aber damit es ein realistisch anwendbarer Lösungsansatz sein könnte, bräuchte es eine lang andauernde Wirtschaftskrise voller Arbeitslosigkeit und schlecht ausgestatteter Schulen oder weniger Waffen in der Welt.

33. Der 5-Punkte-Plan der Bundesregierung gegen Plastikmüll: Erste Schritte werden gewagt

Dieser Artikel erschien erstmals am 2. Dezember 2018 im Blog des Projekts »Plastikbudget« unter anderer Überschrift.

Kein anderer Werkstoff ist so spezialisiert einsetzbar, so kostengünstig zu produzieren und wird von der Menschheit in so vielfältiger Form genutzt wie Plastik. Kunststoffe gelten als das Material des Wiederaufbaus nach dem Zweiten Weltkrieg und hielten spätestens ab den Sechzigerjahren des vergangenen Jahrhunderts Einzug in alle Bereiche des Lebens. Sie machten Luxusgegenstände in Küche und Wohnzimmer erschwinglich, erweiterten durch Zeitersparnis die Freizeitmöglichkeiten und vermochten diese Zeit durch den Erwerb und Gebrauch von Konsumgütern aus Plastik zu füllen: Der Mixer beim Kuchenbacken, Funktionskleidung beim Camping, Hula-Hoop auf dem Schulhof oder die unzerbrechliche PET-Flasche sind Bestandteil unserer Konsumkultur. Doch die Geister, die wir riefen, werden wir nun nicht mehr los. Wortwörtlich. Denn: Kunststoffe zerfallen in immer kleinere Teilchen von Makroplastik in Mikroplastik und dann in Nanoplastik. Sie transformieren sich nicht, werden nicht umgewandelt, zumindest nicht in von Menschen überschaubaren Zeiträumen. Letztendlich kehren sie freilich zu ihrem Ursprung zurück und werden nach Millionen von Jahren wieder zu Erdöl, dem fossilen Energieträger, der die Weltwirtschaft antreibt.

Als Thor Heyerdahl im vergangenen Jahrhundert auf seinen abenteuerlichen Fahrten im Dienste der experimentellen Archäologie auf einsamen Meeren von der Zivilisation mit Plastikmüll gegrüßt wurde, galten Kunststoffe im Meer noch nicht als Problem. Mehr noch: Die wertlos gewordenen Plastikgegenstände halfen sogar dabei, Meeresströmungen zu berechnen. Erst als die Müllberge immer mehr anwuchsen, wurde man sich des Problems bewusst und begann, möglicherweise gefährliche Stoffe in der Nahrungskette, an dessen Ende der Mensch steht, zu fürchten. Erst war es nur die Umweltbewegung, die das Gesinnungstextil Jutebeutel als Ausweis einer Sorge um die Umwelt trug, heute ist man sich quer über alle Ideologien und politischen Parteien einig, dass Plastikemissionen in die Umwelt einzuschränken seien. So hat das Bundesumweltministerium einen 5-Punkte-Plan für weniger Plastik und mehr Recycling beschlossen. Die Maßnahmen ruhen auf fünf Säulen: Aufklärung und Bewusstseinsbildung der Konsumenten, Selbstverpflichtungen von Industrie und Handel, Verbot der Produkte, die an Stränden am häufigsten entdeckt werden, finanzielle Anreize zu ressourcenschonendem Handeln und internationale Kooperation. Diese Diversifikation von Strategien zur Eindämmung der Plastikemissionen adressiert Konsumenten, Handel und Hersteller von Produkten aus und mit Kunststoffen. Bündnisse dort, wo man auf die Expertise der Unternehmen angewiesen ist, Verbote dort, wo Bündnisse nicht eingehalten werden oder ressourcen- und umweltschonende Praxis zum Ausscheiden aus dem Wettbewerb führen könnte, und leicht verständliche und barrierearme Informationsmöglichkeiten für die Konsumenten – so lässt sich der 5-Punkte-Plan des Umweltministeriums zusammenfassen. Den Dialog und nicht die Konfrontation zu wählen und darüber hinaus die inter- und transdisziplinäre Forschung zum Problem des Plastikmülls zu fördern, könnte sich langfristig auszahlen. Der politische Kampf gegen Plastikmüll sollte auf festen Beinen wissenschaftlicher Erkenntnis stehen. Sowohl das Bundesumweltministerium als auch das Bundesministerium für Bildung und Forschung beschreiten diesen Weg.

Jedoch sind in diesem Papier bereits Tendenzen zu erkennen, die einen Cry-Wolf-Effekt heraufbeschwören könnten, da Alternativen zu Kunststoffen nicht zwingend nachhaltiger sind. Wer Plastikmüll verringern möchte, sollte andere ökologische Ziele nicht aus dem Blick verlieren und sich nicht nur auf sichtbare Sauberkeit verlassen. Daher ist weitergehende Forschung unabdinglich.

In den Vergnügungsmeilen unserer Städte, in den Innenstädten, die zum Shoppen einladen, auf Rastplätzen, rund um unsere Bahnhöfe, einfach überall dort, wo Menschen zusammenkommen, entdeckt man nach dem Ende der Spektakel, die der »Erlebnisgesellschaft« (Gerhard Schulze) dargeboten werden, mitunter Unmengen von Plastikmüll. Ordnungsliebhabern mag dann das Geräusch von Reinigungsfahrzeugen mit ihren Bürsten wohltuend in den Ohren klingen, doch sie bringen nicht nur den Plastikmüll lediglich an einen anderen Ort, sondern emittieren mit ihrem Reifenabrieb und ihren Bürsten erhebliche Mengen an Mikroplastik. Die augenscheinliche Sauberkeit trügt: Nach der Reinigung hat man mehr Plastikmüll als vorher. Und da gerade von Reifenabrieb die Rede ist: Von einer Verkehrswende findet man in dem 5-Punkte-Plan des Bundesumweltministeriums noch kein Wort. Aber in dem Plan geht es auch erst um die ersten fünf Punkte, die ersten fünf Schritte auf einem langen Weg, an dessen Ende die Entlastung von Mensch und Umwelt von Plastikmüll stehen soll. Das Bundesumweltministerium wagt diese ersten Schritte. Gemeinsam mit Wissenschaftlern aus unterschiedlichen Fachbereichen werden immer mehr Fragen geklärt, Paradoxien erkannt, die intersektionale Kooperation gestärkt und durch adäquate Wissenschaftsvermittlung Sachverstand in die öffentliche Debatte gebracht. Es sind die ersten Schritte, die manchen Kritikern stolpernd erscheinen mögen, aber es sind Schritte in die richtige Richtung.

34. Der Luftballon – nichts als heiße Luft und Plastikmüll

»99 Luftballons auf ihrem Weg zum Horizont«, sang leicht leiernd Nena in den 1980er-Jahren, landete einen weltweiten Erfolg und eroberte die Herzen nahezu aller männlichen Pubertierenden. Eine deutsche Sängerin stand mit einem Lied über ein Produkt aus Kunststoff an der Spitze der amerikanischen Charts. Der Mensch, er träumt vom Fliegen, kann es aber nicht. Deswegen lässt er anstelle seiner selbst Luftballons in den Himmel aufsteigen, in denen er seine Träume vermutet. Tom Petty (1950–2017) hingegen sang: »What goes up, must come down«, und weist uns so auf das Umweltproblem hin, das Nena verschweigt. Die 99 Luftballons sind nicht »auf dem Weg zum Horizont«. Einen Horizont gibt es schließlich gar nicht. Wie das Ende des Regenbogens ist er nicht erreichbar. Der Horizont ist ausschließlich abhängig vom Beobachter und dessen Standort.

Luftballons, so dringend benötigt wie Luftschlösser, Luftbuchungen und Luftkrieg – nämlich gar nicht.

Auf Veranstaltungen mit Bürgern behaupte ich oft, dass man nur selten Menschen trifft, die bewusst Kunststoffe in die Umwelt emittieren. Es gilt inzwischen sogar als sozial unerwünscht, seine Zigarettenkippe auf die Straße zu schnalzen. Meist ernte ich Nicken. Schließlich verirrt sich nur selten jemand, der alte Autoreifen unter Brücken oder im Wald entsorgt, auf Veranstaltungen, deren Gegenstand die Reduktion von Plastikmüll ist. Sodann schalte ich eine Sequenz in meiner Power-Point-Präsentation weiter, und das Publikum erblickt Hunderte rote Luftballons in Herzform, die in einen blauen Himmel steigen. Meine Hoffnung ist, dass sich die Menschen ertappt fühlen und ihre Blindheit gegenüber dem Material vor Augen geführt bekommen. Klar interpretiert man diese Situation als symbolischen Akt, der die Liebe zwischen zwei Menschen anzeigen soll, aber Tom Petty wird recht behalten, auch wenn das unterschiedlich schnell gehen kann und für die Liebe zwischen zwei Menschen ebenso gilt wie für den Ballon.

Viele Luftballons kommen scheinbar natürlich daher. Sie sind aus Naturkautschuk, also benötigt man zur Herstellung kein Erdöl und Kautschuk ist ein nachwachsendes Material. Doch Natur- und Klimaschutz basieren nicht auf der vom Menschen konstruierten Grenze zwischen Natur und Kultur, wobei man die Seite der Natur als nur gut und die Seite der Kultur als nur schlecht darstellt. Tiere treffen diese Unterscheidung nicht, zumindest hat noch kein Tier mit einem Menschen über diese Unterscheidung diskutiert. In der fiktionalen Literatur wäre solch ein Gespräch zwischen einem Orang-Utan und einem Menschen zwar ein spannendes Unterfangen, aber in der Realität steht der Mensch mit seinen Kategorien und Taxonomien ganz allein auf dem blauen Planeten, den er vor seiner Zerstörung durch ihn selbst ganz gut sortiert und benannt hat. Beim Schutz der Erde vor unserem Müll sollte man weniger darüber sinnieren, was nur in unser aller Köpfen vorgeht, sondern vielmehr die Folgen der eigenen Handlungen bedenken. Naturlatex, also Kautschuk, verrottet nicht besonders schnell. Ein Tier, das sich das zähe Material einverleibt, kann daran sterben, und wenn es nicht stirbt, so hat es keine Freude daran.

Stellen wir Menschen nicht immer so in den Mittelpunkt. Die Egozentrik der Verteidiger der Luftballonindustrie (ja, die gibt es) verursacht Nackenschmerzen durch das viele Kopfschütteln, das einen bei deren Argumenten überkommt. Georg Etscheit, der zu ihrer Gründerzeit bei den Grünen dabei war, für die *Süddeutsche Zeitung* wie auch für *DIE ZEIT* geschrieben hat, bloggt und schreibt inzwischen gegen die Energiewende und sieht sich als grüner Kritiker von grünen Vorhaben. Er schreibt etwas wehleidig in seinem Blog: »Ja, das waren noch Zeiten, als man noch unbeschwert einen Luftballon aufsteigen lassen konnte.« Nachdem er Umweltschützer als »sauertöpfisch« beleidigt hat, wird er wehmütig und erzählt von einem romantischen Kindheitserlebnis mit einem Heliumluftballon, den er steigen ließ und den ihm ein Kind aus den Niederlanden zurückschickte. Er hat den Brief noch heute. Wenn den Menschen die Argumente ausgehen, erzählen sie oft emotionale Geschichten in der Hoffnung, dass die Seite, die die eigenen Ansichten nicht teilt, sich nicht traut, die Gefühle des anderen Menschen zu verletzten. An Emotionen perlen Argumente ab wie Wasser an den Blättern einer Lotosblüte. Sagt ein Mensch, er sei fürchterlich traurig, weil es keine Luftballons mehr gebe, kann man nicht sinnvoll entgegnen: »Das ist ein unwahrer Satz.« Bei den Umweltproblemen können wir jedoch keine Rücksicht auf die Gefühle konservativ gewordener ehemaliger Grüner nehmen und sagen Georg Etscheit dann ganz sauertöpfisch, also mit heruntergezogenen Mundwinkeln: »Lieber Herr Etscheit, Ihre Traurigkeit tut uns sehr leid, aber die Tatsache, dass etwas nur alt genug sein muss, dass es Menschen aus ihrer Kindheit kennen, macht dieses Etwas nicht automatisch zu einer Sache, die wir bis in alle Ewigkeit konservieren müssen.« Es geht nicht, dass wir in Erinnerungen schwelgen, die nur um uns selbst kreisen. Die Kinder, die auf diesem Planeten noch das Licht der Welt erblicken werden, haben bestimmt noch zahlreiche Alternativen, um rührselige Geschichten zu erleben. Zudem erscheint es kaum vorstellbar, dass in Zeiten des weltumspannenden Internets Kinder über Luftballons miteinander kommunizieren müssen, wie das in Etscheits Jugend anscheinend noch der Fall gewesen sein muss.

Arthur Oosterbaan, von Beruf Biologe und Museumskonservator, erklärte dem Deutschlandfunk, wie gefährlich auch die Schnüre der von Etscheit so geliebten Ballons sind. Die Tiere strangulieren sich damit. Sie sterben. Da kann man doch mal im Namen dieser Tiere sauertöpfisch sein, am besten so sauertöpfisch wie die Verantwortlichen in Amsterdam. Sie haben Luftballons in ihrem Stadtgebiet bereits verboten. Die ersten progressiven Verantwortlichen von öffentlichen Veranstaltungen reagieren bereits auch in Deutschland. Zu ihnen gehört Christopher Michl, der Geschäftsführer der Interessengemeinschaft Christopher Street Day Stuttgart. Wie die *Stuttgarter Nachrichten* berichten, will der Verein sich eine Alternative überlegen. Das Motto der Aktion lautete »Homophobie fliegen lassen«. Jetzt wurde endlich erkannt, dass die Homophobie symbolisch dann auch wieder irgendwo anders herunterkommt. Wer einen Luftballon findet, sollte es also nicht Nena nachtun, die im Song »99 Luftballons« singt: »Hab 'nen Luftballon gefunden, denk an dich und lass ihn fliegen.« Er sollte lieber an dieses Buch denken und den Luftballon fachgerecht entsorgen, genauso wie Homophobie. Für die Zukunft der Natur macht es keinen Unterschied, ob man einen leeren Luftballon in den Wald wirft oder einen Heliumluftballon steigen lässt. Daher sollte man auch bei Feiern und Festen auf Luftballons verzichten. Stimmung kommt auch ohne sie auf und das gesparte Geld kann man besser - und umweltgerechter - einsetzen.

35. Das Projekt »The Ocean Cleanup«

Der technische Fortschritt ist nicht aufzuhalten! Dieser Fortschrittsglaube war ein wesentlicher Bestandteil der Moderne und klingt auch in der weitaus skeptischeren Postmoderne noch immer wie Musik in den Ohren. Der Glaube an die grundsätzliche technische Lösbarkeit der Probleme unserer Zeit macht gute Laune, verbreitet allenthalben Optimismus und wirkt wesentlich erfrischender und aktivierender als Weltuntergangsszenarien. Das meinen zumindest viele. Ich nicht. Diese neoliberale Erzählstruktur produziert sympathisch wirkende Helden wie beispielsweise den Niederländer Boyan Slat, der mit seinem Projekt »The Ocean Cleanup« den menschgemachten Kunststoffmüll aus den Weltmeeren entfernen möchte. Seine Mission ist vorläufig gescheitert, auch wenn er immer wieder kleinste Fortschritte medienwirksam als Durchbruch präsentiert. Entlarvender Hohn und Spott sind jedoch nicht angebracht. Die ersten mutigen Tüftler in ihren Flugmaschinen hatten viele Wunden zu lecken und sogar Tote zu beweinen, bis der Mensch schließlich die Lüfte eroberte. Es gibt viele Erzählungen über verlachte und trotzdem geniale Wissenschaftler oder Entrepreneure, denen posthum Terra-X-Sendungen im ZDF gewidmet wurden. Auch die Idee eines Rechens, der die Meere von Plastik befreit, sollte man nicht gleich im Meer versenken. Oder vielleicht doch, aber bitte nur metaphorisch. Man will die Menge von Kunststoffen im Meer ja nicht noch mehr erhöhen.

Solange man mit der Produktion von Kunststoffen, die man bald in den Meeren findet, gute Geschäfte machen kann, helfen solche Bilder nichts.

Das Projekt »The Ocean Cleanup« zeigt, wie sich Menschen in ihre Träume und Thesen verlieben und dass es in jeder Gesellschaft Kontrollinstanzen braucht, die unverblümt ausrufen, dass der Kaiser gar keine Kleider trägt und dass frisches, jugendliches Auftreten eben nur frisches, jugendliches Auftreten ist und nicht mehr.

Boyan Slat, der 1994 geboren wurde, brachte mit seiner Idee mehr als 100 Wissenschaftler auf seine Seite. Die Idee bestand darin, eine Art Barriere aufzubauen, die Meeresströmungen auszunutzen und – ähnlich einem Fischer, der mit Netzen arbeitet – den Plastikmüll aufzufangen. Die von ihm geschätzten und bislang nicht investierten 350 Millionen Euro, die eine Sperre ermöglichen sollten, die Plastik in relevanter Menge aus dem Meer fischt, können nach seiner Rechnung durch Recycling wieder hereingespült werden. Wenn man verliebt ist, dann erscheint eben alles möglich, und Menschen verlieben sich manchmal unsterblich in die eigenen Ideen. Unbedacht bleibt, dass der von Slat und seinen Mitarbeitern konzipierte Rechen erstens nicht zwingend gut recycelbares Material erntet, da er sich sein Material nicht aussuchen kann und das Material freilich schon angegriffen ist. Das führt zweitens dazu, dass er viel klimaschädliche Energie aufwenden muss, um den Kunststoff zu bewegen und zu sortieren. Doch die Frage, ob die Bedingungen eines kapitalistischen Systems die Idee ökonomisch tragfähig erscheinen lassen, soll hier nicht im Vordergrund stehen. Ich widme mich stattdessen der Nachhaltigkeit von Slats Idee. Abgesehen von den Fischen, die er mit seinem Rechen gefährdet, wirft er ein riesiges Plastikgerät ins Meer. Seine Konstruktion besteht aus Polyethylen. Die Kräfte des Meeres sind nicht unberechenbar, aber sehr stark. Reißt die Anlage aus ihrer Verankerung am Meeresboden, dann befindet sich mehr statt weniger Kunststoff im Meer. Doch nicht nur die Kräfte des Meeres stellen ein Risiko dar, sondern auch die Schifffahrt, durch die meine so unglaublich preisgünstige Körperwaage aus Kunststoff von China auf dem Wasserwege zu mir nach Münster in Westfalen gelangt. Die Barriere hält keinem mit Schweröl angetriebenen Frachter stand. Ein Kapitän eines Frachters, der mit Schweröl betrieben wird, ist nur in seltenen Fällen jemand, der entgegen seiner Anweisungen einen Umweg in Kauf nimmt, um Slats Rechen zu umfahren.

Alles in allem handelt es sich also um eine unrealistische Idee. Doch auch nicht realisierbare Ideen haben eine Wirkung. Entweder führt die mediale Aufmerksamkeit, die dem smarten jungen Mann zuteilgeworden ist, zu einer Bewusstwerdung des Problems in der Gesellschaft und zu einer Verhaltensänderung oder die Menschen bleiben, wie sie sind: »Ach, der Slat löst uns´re Probleme schon, unser Leben kann so weitergehen wie bislang. Wie schön! Schatz, wir gehen shoppen.« Gerade das Versagen seines Systems führt doch vor Augen, was der westliche Mensch mit seiner Art zu leben angerichtet hat und wie schwer es ist, die Folgen zu beseitigen. Slats Erfolg könnte also gerade in seinem Scheitern liegen. Boyan Slat wurde nicht verlacht, er bekam eine »Vorschuss-Lorbeerkrone« (Heinrich Heine) aufgesetzt, unter anderem vom *Time Magazine*. Die Lorbeerkrone bekommen nicht die Genies aufgesetzt. Es geht nicht um Wissen, Technik, Empirie oder Theorie. Es geht darum, dass den Leuten vermittelt wird, dass sich schon jemand um die Folgen unseres Handelns kümmern wird. Der Preis wurde eigentlich für unsere psychische Entlastung verliehen.

Es sind die Sätze, die ein »die« enthalten. Sie klingen so: »Plastikmüll im Meer? Da ham *die* doch schon was erfunden, so 'nen Rechen.« Welch psychische Entlastung, selbst wenn es nicht klappt. Es reicht den Konsumenten bereits, dass daran geglaubt wird, dass der technische Fortschritt schon alles richten wird. Technischer Fortschritt richtet jedoch gar nichts. Er schafft meist nur weitere Probleme. Dies zeigt sich aber immer nur in der Rückschau. Klar, ohne Kunststoffe, die das Schildpatt ersetzten, hätten wir die Schildkröten ausgerottet, und auch klar, ohne Plastik könnten wir Elefanten wahrscheinlich nur noch auf Schwarz-Weiß-Fotos bewundern. Schließlich musste der Mensch dringend Billard spielen. Man sieht dabei nun mal so cool und viril aus, insbesondere wenn man gleichzeitig im Mundwinkel eine Zigarette hat und einen Smoking trägt. Man hat ja auch ein beeindruckend langes Phallussymbol in der Hand und versenkt etwas Wertvolles in Löcher. Das gefällt. Doch jede technische Lösung löst nur kurzfristig und braucht ihrerseits technische Lösungen, um ihre Nebenwirkungen abzufangen. Nun sterben die Narwale, die Einhörner der Meere, nicht mehr durch die Harpune. Jetzt verenden die Meeresbewohner eben durch den Ersatzstoff für ihr Elfenbein, das sie auf ihrer Stirn behalten dürfen, wenn sie trotz vollen Magens verhungern.

Die Hoffnung auf den technischen Fortschritt ist eine sehr junge Erzählung, die die Menschheit sich zurechtgelegt hat, um psychisch gesund zu bleiben. Nur so können wir weitermachen wie bisher, und die Kunststoffindustrie kann weiterwachsen, jedes Jahr um etwa 3 Prozent. Schließlich müssen die einzelnen Firmen die Kredite plus Zins zurückzahlen, die sie aufgenommen haben, um Investitionen zu tätigen, die unsere Welt und die Welt der Narwale zerstören. Wir Menschen sollten uns einschränken in unserem Konsum, in dem, was wir Spaß nennen, und nicht unsere Hoffnung an junge Männer mit wilden Ideen hängen. Die Erzählung vom großen Retter in stylishem Sakko und frechem Shirt wird nicht aufgehen. Wieder einmal nicht. Leben wir doch lieber jeden Tag zwei Stunden wirklich nachhaltig, legen uns auf eine Wiese und gucken die Wolken an. Dazu braucht's kein Plastik. Warten wir nicht auf die Rettung aus der Technik. Und wenn wir schon darauf warten, dann bitte faul herumliegend, ohne Thermomix und Plastiklöffel.

36. Wie wir den Plastiklöffel abgeben

Was betriebswirtschaftlich Sinn ergibt, ergibt nicht zwingend auch volkswirtschaftlich Sinn. Wobei hier die Gleichsetzung von Sinn und ökonomischem Gewinn nur deshalb leicht aus den Fingern rinnt, weil es sich reimt. Ökonomie ist die Gegenüberstellung von Aufwand und Ertrag. Man fragt sich, ob sich etwas lohnt. Jeden Werktag muss ich in Hamm umsteigen, um an die Ruhr-Universität in Bochum zu kommen. Beim Gleiswechsel komme ich an einem Stand mit echt leckeren Brötchen und ganz gutem Kaffee vorbei. Dort kann man sich davon überzeugen, wie ineffizient der Kapitalismus mit den Gratisangeboten der Natur umgeht. Dazu muss man ein wenig ausholen.

Die Geschichte beginnt vor Millionen von Jahren. Plankton, ein griechisches Wort, das auf Deutsch »das Umherirrende« bedeutet, ist ein Sammelbegriff für Kleinstlebewesen im Meer. Viele dieser Tierchen existieren bis heute unverändert. Eine Gattung wurde vom Menschen Krill getauft. Krill ist ein Begriff aus der norwegischen Sprache. Er bedeutet in etwa »was der Wal frisst«, und genau das tun Bartenwale auch. Krill ist ihre Hauptnahrung. Aber auch der Mensch verwertet Krill. Er wird von Menschen geschluckt, die glauben, sie bräuchten Nahrungsergänzungsmittel, weil sie zu wenig Omega-3-Fettsäuren zu sich nähmen, und denen dieser essenzielle Stoff nur auf die exklusivste Weise schmeckt. Aus Fischöl ist er manchen Menschen zu billig. An seiner chemischen Zusammensetzung ändert das nichts, aber um Wahrheit geht es beim Anpreisen von Waren ja nur in Ausnahmefällen.

Nun schwammen nach der kambrischen Explosion des Lebens wie heute auch Unmengen an Kleinstlebewesen in den Meeren. Und wie das Leben so läuft, endete ihr Erdendasein mit dem Tode. Sie sanken hinab auf den Meeresgrund. Bis dahin hatten sie ein stressiges Leben geführt, denn ohne Bewegung wären sie schon viel früher auf den Meeresgrund gesunken und verendet. Unter den richtigen Bedingungen verwesten diese Tiere nicht, und sie wurden in einem sehr langsamen Prozess zu dem, was wir heute schwarzes Gold nennen, was aber eigentlich eine ziemlich schmierige, eklige und auch giftige Angelegenheit ist.

Es dauerte, bis der Mensch die Energie aus diesen Leichen zu nutzen wusste. Es dauerte bis zur industriellen Revolution und von da an noch ein paar weitere Jahre bis zur Erfindung von Fortbewegungsmitteln, die diese Leichen verbrennen konnten und die Michael Schuhmacher, Sebastian Vettel und andere Formel-1-Helden zu berühmten und reichen Menschen werden ließen.

Die Plastik- oder Benzinwerdung ist ein ziemlich aufwendiger Prozess. Dazu reicht weder die Lebensdauer des Menschen aus noch die des ältesten Tieres, eines etwa 10 000 Jahre alten Schwamms. Jeder noch so gewiefte Betriebswirtschaftler würde bei diesen Produktionsabläufen verzweifeln. Die Amortisation der vielen Lebensarbeitszeiten könnte er in seiner Lebenszeit kaum berechnen, würde der Mensch über Millionen von Jahren Erdölfarmen anlegen. Von der Farm hätte man allerdings immerhin eine Adresse oder Geodaten. Die Erdölvorkommen musste man erst einmal mehr oder minder zufällig finden. Das bedeutete einen unglaublichen Aufwand.

Dann braucht es kluge Ingenieure und viele Arbeiter, die es ermöglichen, die schwarze Masse nach oben zu befördern. Dabei geht schon mal was schief und es gehen schreckliche Bilder von verendenden Tieren und Ölteppichen um die Welt. Aus solchen Unfällen entstehen Umweltkosten. Die Öllachen sollen sich ja nicht ausbreiten und noch größeren Schaden anrichten. Und es entstehen nicht nur Umweltkosten. Die Marketingabteilung hat jede Menge zu tun, die Public Relations wieder auf ein Level zu bringen, dass die Firma nicht so weit infrage gestellt wird, dass es zu Boykottaufrufen kommt. Das ist ein Riesenaufwand, der viel Papier und andere Ressourcen schluckt, die zukünftigen Generationen genauso abgehen könnten wie das größtenteils verbrannte Erdöl. Nur etwa 5 Prozent des geförderten Erdöls werden zu Kunststoffen verarbeitet, und nur etwa 1 Prozent dieser Kunststoffe wird wieder zu Öl umgewandelt, das beispielsweise verbrannt wird, um in Supermärkten Gegenstände aus Kunststoffen oder in Kunststoffverpackungen zu erwerben, die man letztlich doch nur wegwirft.

Ein großer Tanker bringt nun das Rohöl in eine Raffinerie. Dort wird das Öl umständlich in eine Form gebracht, mit der man zu arbeiten vermag. Anschließend wird ein geringer Teil davon zum Kunststoffhersteller gebracht. Großer Forschungsaufwand wurde und wird betrieben, um daraus Granulate zu produzieren. Zur Herstellung dieses Granulats wird Energie benötigt, die man wiederum nicht ohne CO_2-Ausstoß zur Verfügung stellen beziehungsweise verkaufen kann.

Diese Granulate werden in der Regel nicht beim Hersteller in die gewünschte Endform gebracht. Daher sind viele Lastkraftwagen nötig, um das Granulat zu dem Produzenten zu bringen, der es so bearbeitet, dass ein Plastiklöffel entsteht. Darin steckt der Schweiß von Arbeitern und natürlich wieder jede Menge Energie, deren Erzeugung die Erde aufheizt und den Verkauf von Klimaanlagen fördert, die auch wieder jede Menge Plastik benötigen, worüber sich der Kunststoffhersteller erneut freut.

Die Plastiklöffel können selbstverständlich nicht in den Gitterboxen beim Hersteller liegen bleiben. Der Hersteller muss sie wieder in Geld verwandeln. Er muss ja seine Arbeiter bezahlen, seine Schulden bei der Bank, seine Investoren und außerdem möchte er neue Hallen für noch mehr Plastiklöffel finanzieren. Der Plastiklöffel muss also verkauft werden. Dazu wird er zunächst in verschiedene große Lager gebracht, von denen aus er in den Großhandel transportiert wird. Das geht, wie soll es auch anders sein, ebenfalls nur mit Energie, die wieder irgendwo herkommen muss. Der Lkw fährt nicht von allein, auch dann nicht, wenn er autonom und mit Elektroantrieb fährt. Wollen wir mal von den Seltenen Erden und dem deutschen Strommix schweigen. Letzterer kommt ohne klimaschädlichen Kohlestrom (noch) nicht aus.

Ein Strauß Plastiklöffel als Sinnbild für die Achtlosigkeit unseres heutigen Konsumverhaltens.

Die Kaffeehauskette, die mir den Plastiklöffel gratis zum Kaffee anbietet, hat vielleicht mit etwas Zusatzaufwand, der wieder Ressourcen des Planeten gekostet hat, durch Sonderverhandlungen einen guten Preis erzielt und verteilt die Plastiklöffel nun an alle ihre Bahnhofsläden.

Es ist kurz nach halb sieben an einem gewöhnlichen Werktag am Bahnhof in Hamm. Die Temperatur beträgt nicht einmal zehn Grad. Ein heißer Kaffee mit etwas Zucker und Milch – das wäre es jetzt. Ich bezahle mit meiner EC-Karte. Der Akku des Lesegeräts ist voll aufgefüllt. Die Server laufen heiß. Es sind viele Rechenoperationen nötig, die Energie kosten, bis die 1,30 Euro den Besitzer wechseln. Ich gehe zu dem kleinen Tischchen vor der Bude zwischen den Gleisen und nehme mir einen Plastiklöffel. Während ich die Stufen zum Gleis 10 hochsteige, rühre ich um. Einmal, zweimal, dreimal. Ich stehe am Gleis, werfe den Löffel in den Schotter zwischen den Schienen.

Sieht irgendwie ordentlicher aus, als wenn ich den Löffel in den Raucherbereich schnippe. Allerdings braucht man so noch mehr Energie, um den Löffel von dort unten wieder heraufzuholen, bevor man ihn dann fachgerecht entsorgen kann. Und auch für das Verbrennen in der Müllverbrennungsanlage, durch das man wenigstens ein kleines bisschen der in die Produktion und die Benutzung dieses Plastiklöffels geflossenen Energie zurückgewinnen möchte, ist letztlich Energie nötig. Der Löffel wandert ja nicht von alleine in die Müllverbrennungsanlage. Wie unwirtschaftlich kann Wirtschaftlichkeit eigentlich sein? Ich nehme einen Schluck, verbrenne mir die Zunge, verschütte den gesamten Kaffee, ärgere mich und steige in den nur leicht verspäteten RE 6 in Richtung Bochum.

Der Mensch ist die Krone der Schöpfung, aber die Geschichte hat gezeigt, dass unter einer Krone nicht immer ein kluger Kopf steckt, der die Last der Verantwortung trägt, die ihm die Krone aufgibt.

37. Wo befindet sich eigentlich die Umwelt? oder: Der Igel in der Plastikeisschale

Dieser Artikel erschien am 8. März 2019 unter anderer Überschrift im Blog des Projekts »Plastikbudget«. Die Überlegungen verdanke ich den klugen Gedanken von Jürgen Bertling, Steven Engler, Anna Magdalena Bönisch, Nora Schecke, Miriam Wienhold, Jenny Zorn und Abeer Abdulnabi Ali. Hier liegt eine leicht überarbeitete Fassung vor.

Die Fördermaßnahme des Bundesministeriums für Bildung und Forschung (BMBF), in welche unser Teilprojekt »Plastikbudget« eingebettet ist, trägt den Titel »Plastik in der Umwelt«. Der Stakeholder-Dialog, den mein Team und ich am 18. und 19. Februar in den Räumlichkeiten des Fraunhofer Instituts FOKUS in Berlin abgehalten haben, warf unter anderem die Frage auf, wo denn die Umwelt zu finden sei. Diese Frage ist nicht so trivial, wie sie auf den ersten Blick erscheinen mag. Eine Gleichsetzung mit Natur scheint nicht geboten. Seit Beginn des Holozäns, insbesondere ab etwa 7000 Jahren vor Christus, transformierte der Mensch die Natur in eine Kulturlandschaft. Heute können nur noch wenige Schutzgebiete in der Bundesrepublik Deutschland als wilde Natur bezeichnet werden, und diese Kennzeichnung erfolgt ebenfalls aus der Sphäre der Kultur.

Wann befinden sich nun anthropogene Polymere – also Kunststoffe –in unserer Umwelt? Wo endet die sogenannte Technosphäre und wo beginnt diese Umwelt? Und sind – je nach Reichweite des Umweltbegriffes – die Kunststoffabfälle in der Technosphäre, gleichsam im menschlichen Kulturraum, grundsätzlich nicht problembehaftet? Während des zweitägigen Stakeholder-Dialogs wurden vier unterschiedliche Sichtweisen herausgearbeitet, die ich hier kurz vorstellen möchte.

Ein sehr weit gefasster Begriff der Technosphäre des Menschen umfasst alle Prozesse, in denen Kunststoffe zu irgendeinem Zeitpunkt der Wiederverwertung zugeführt werden können. Diese Wiederverwertung kann sowohl ein Upcycling sein, wenn beispielsweise eine

Kassettenhülle zu einem Visitenkartenhalter umfunktioniert wird, als auch das Recycling, wie bei PET-Mehrwegflaschen, oder das Downcycling der meisten anderen menschlichen Abfälle aus Kunststoffen. Bei einem weit gefassten Begriff der Technosphäre ist irrelevant, ob Plastik im Wald aufgesammelt, aus dem Meer gesaugt, in der Kläranlage der Zukunft herausgesiebt werden kann oder die Kiste mit Softdrink-Flaschen beim Getränkehändler umgetauscht *(bottle-to-bottle)* wird. Entscheidend bleibt allein die Rückführung in die Kreislaufwirtschaft. Kunststoffe bleiben hier – egal an welchem Ort – Wertstoffe, die ökonomisch genutzt werden können. Plastiklittering gibt es in dieser weiten Definition genauso wenig, wie Gold- oder Platinlittering existieren. Anthropogene Polymere bleiben Wertstoffe; es stellt sich nur die Frage nach der Zugänglichkeit innerhalb der Sphäre der Umwelt.

Ein wesentlich engerer Begriff der Technosphäre lässt diese an der Grenze zu animalischem Leben enden. Der Grünstreifen an der A40, welche die Stadt Essen durchläuft, mag für die Menschen Teil ihrer Lebenskultur sein, aber für zahlreiche Tierarten stellt er die komplette Lebenswelt dar: Er ist alles, was diese Tiere kennen und jemals kennenlernen werden. An einem Straßenrand im Erphoviertel in Münster beobachtete ich vor einigen Jahren einen Igel, der in eine Eisschale einer weltweit agierenden Fast-Food-Kette gekrochen war und nicht mehr ohne Hilfe herauskam. Wir beide, der Igel und ich, befanden uns auf einem gepflasterten Bürgersteig, von Natur keine Spur, sieht man mal vom kraftvollen Löwenzahn ab, der Straßenbauern langfristige Geschäfte sichert. Bei dieser engen Definition der Technosphäre beginnt Plastik in der Umwelt zu sein, sobald Tiere mit Plastik in Kontakt kommen können. Am Rande: Ich habe den Igel natürlich befreit.

Schillernd zwischen diesen beiden Positionen bewegt sich eine dritte Sichtweise, die die Verortung der Umwelt mit der Frage verknüpft, welche Funktion das jeweilige Polymer erfüllt. Aus der Sicht einer weiten Definition der Technosphäre ist der Kunststoff ein Wertstoff und damit nie ohne potenziell sinnvolle Funktion, zumindest dann, wenn man unter Sinn eine mögliche Positionierung des Werkstoffes in Wertschöpfungsketten verstehen mag. Jedoch kann man diese Verortung der Umwelt nach der Funktion des Plastikgegenstands auch spezifizieren und fragen, ob die Funktion des Kunststoffes noch der Intention des Ingenieurs entspricht. Das Gummi eines Reifens von einem Muscle Car mit röhrendem V8-Motor wie auch das eines smarten City-Flitzers mit Elektroantrieb ist weder als Meeresgewürz noch als Bestäubung von Innenstädten vorgesehen, sondern soll ausreichend Grip für schnelle Kurvenfahrten liefern. Nach dieser Vorstellung beginnt das Plastiklittering dort, wo die Funktionalität eines Gegenstandes endet, wohl inspiriert durch die berühmt gewordene Definition von Schmutz der Strukturalistin Mary Douglas (1921–2007): »Schmutz ist nur Materie am falschen Ort.«

Einen laxen Umgang mit Nichtwissen, mit welchem die Wissenschaft sogar bei zunehmender Erkenntnis zu ringen hat, zeigt die letzte Möglichkeit der Verortung von Umwelt. Ganz teleologisch (vgl. Kapitel 25) geht es dabei nur um die Frage der Schädlichkeit. So ist ein Kunstwerk aus Kunststoff im Park vielleicht ein guter Landeplatz für Taube, Star und Rabe und gar eine besondere Form von Plastik in der Umwelt. Plastik kann sich nach dieser Sichtweise also getrost in der Umwelt befinden, entscheidend ist nur die Frage, ob es Schaden anrichtet oder nicht. Die Humantoxikologie steht noch am Anfang der Erforschung einer möglichen Schadwirkung von Kunststoffen, die im menschlichen Körper gefunden werden, auch wenn die Presse schon eifrig Schlagzeilen produziert. Auch bei Tieren sind nicht alle Auswirkungen abschließend geklärt. Diese Haltung ist kaum vereinbar mit dem Vorsorgeprinzip.

Letztlich lässt sich zwischen diesen unterschiedlichen Positionen eine letzte Wahrheit nicht finden. Doch ob nun funktional oder nicht, ob in der Technosphäre, in der Umwelt oder gar in der Natur und ob stark, kaum oder gar nicht schädlich: Der Mensch verändert seit den 1950er-Jahren durch Plastikemissionen die Welt in einem Ausmaß, dass zukünftige Geo- und Archäologen geneigt sein könnten, unser Zeitalter als ein Plastikzeitalter zu kennzeichnen.

Nachwort

Kunststoffe sind großartige Werkstoffe, ohne die unser aller Leben weniger bunt, weniger einfach, weniger von Wohlstand geprägt wäre. Eine adäquate Analogie zu Kunststoffen sind Drogen, die auf der abendlichen Party für ordentlich Spaß sorgen, um am darauffolgenden Tag Katerstimmung zu verbreiten, und die mittel- und langfristig Krankheit und Tod versprechen. Nicht die Kunststoffe sind das Problem. Es sind die Menschen, die mit ihnen umgehen. Das Hauptproblem sind aber auch nicht die Verbraucher, die sich ständig falsch verhalten, weil sie doof sind. Als Verbraucher kann man uns alle als doof bezeichnen. Die Werbung hat uns dazu gebracht, bei Industriebieren Geschmacksunterschiede zu imaginieren, obwohl nur die eine Flasche grün und die andere durchsichtig ist. Wir glauben, dass wir Pfirsich-Maracuja-Joghurt von Apfel-Birne-Joghurt unterscheiden können. Kann aber signifikant kaum jemand. Bitte, falls Sie mir das nicht glauben, machen Sie mit Ihrer Familie beziehungsweise im Falle eines Biertestes mit Ihrer Freizeitclique mal einen großen Geschmackstest. Sie werden sich wundern, wie wenig Sie Ihrer Zunge vertrauen können. Natürlich sind wir als Verbraucher manipulierbar. Wer glaubt, auf ihn träfe das nicht zu, ist einfach nur durch Reklame besonders gut manipuliert worden. Unsere Irrtümer führen zu dem Irrtum, dass wir den Gang der Geschichte, sei es die politische Geschichte, die Klimageschichte des Planeten oder die Müllgeschichte der westlichen Zivilisation, durch aufgeklärte Konsumenten beeinflussen können. Es war ein großer Irrtum zu glauben, dass es eine gute Idee sei, eine Banane einzuschweißen, es ist aber ebenfalls ein Irrtum zu glauben, der verführbare Konsument könne eine Macht entfalten, die das System des Wachstums und des infolgedessen wachsenden Wohlstandsmülls zum Kippen bringt.

Nein, es liegt nicht am Material und auch nicht am allzu dummen und fehlgeleiteten *homo consumensis*, auf den man als bildungsbürgerlicher Grünen-Wähler mit Elektroauto unter dem Carport herabblicken kann. Unser Problem ist ein System, das mit aller Macht so etwas Seltsames und Wunderliches wie Wirtschaftswachstum erzeugen will. Nun mag sich der ein oder andere wundern, warum hier Wachstum als etwas Seltsames bezeichnet wird, obwohl Fernsehen, Radio und

Presse nahezu jedes Ereignis danach abklopfen, ob sich die sogenannten Börsianer nun freuen oder nicht. Manchmal frage ich mich, was mich deren Laune interessieren soll. Diese Börsianer interessieren sich doch auch nicht dafür, ob bei mir zu Hause das nicht gespülte Geschirr ein horrendes Wachstum aufweist oder ob ich mich gerade freue, mich gerade erschrecke oder gerade Kummer habe. Alle warten ganz gespannt: Wie reagiert die Börse? Was machen die Märkte? Was sagen die Wirtschaftsweisen? Wie ist der Geschäftsklimaindex, der nur die Stimmung von ein paar sehr reichen Menschen misst, denen mein Abwasch- und Wäschestau übrigens auch egal ist? Dies zeigt natürlich nicht, dass Wachstum seltsam ist, sondern vielmehr mein Verhältnis meinem Abwasch gegenüber. Doch seltsam wird es, wenn man sich vor Augen hält, dass es in 40000 Jahren Menschheitsgeschichte kaum Wachstum gegeben hat. Zu dem in diesem Buch beschriebenen Wolfgang Seidel, der im 16. Jahrhundert das Rezept für Kasein aufgeschrieben hat (vgl. Kapitel 3), kam kein VOX-Investitionslöwe, der ihm sagte, dass sie das Kasein nun gemeinsam ganz groß machen würden. Technische Innovationen erlebten die Menschen in der Regel in ihrem Leben gar keine, und wenn doch, dann nur eine. Vielleicht gab es mal einen verbesserten Pflug im Dorf, von einer disruptiven Veränderung sprach deswegen aber niemand. Man lebte so dahin, ständig gebeutelt von Kriegen, Dürren, Krankheit, Hunger, und hatte dem Unbill wenig entgegenzusetzen. Alles geschah den einfachen Menschen, die ihren Platz in der Gesellschaft von Geburt an kannten, und sie nahmen es mehr oder weniger murrend hin. Sie durften nicht investieren, kamen gar nicht auf die Idee, eine ausgearbeitete Schnapsidee groß werden zu lassen. Gewinne wurden nicht zum Zwecke von mehr Gewinnen reinvestiert. Das Geld, das man den Arbeitern und Bauern in Form von Fronarbeit, durch Naturalien oder klingende Münze abnahm, wurde verfeiert. Die Adligen führten Kriege mit dem Geld, hatten einen nicht ganz so zurückhaltenden Lebensstil wie die deutschen Kanzler und bauten Kathedralen, mit denen heute Tourismusunternehmen ihre Gewinne machen.

Erst mit der Industrialisierung kam das Kapital (nicht zu verwechseln mit Geld) in die Welt, das seinen Zweck fast nur noch darin findet, über den Umweg irgendeiner gar nicht so relevanten Ware mehr Kapital zu produzieren. Man muss die Marxisten nicht mögen, um dem Nationalökonomen Karl Marx hier beizupflichten. Das Geld vereinfacht nicht nur den Austausch von Waren. Die Ware ist einfach ein blöder Umweg zur Kapitalmehrung, die das eigentliche Ziel ist. Ein Umweg, den man gehen muss, um Gewinne zu erzielen, die man dann investiert, um noch mehr Gewinne zu erzielen. Die Ware, die produziert wird, spielt dabei kaum eine Rolle. Die wichtigste Eigenschaft der Ware ist, dass sie gekauft wird. Das soll ihr einziger Zweck sein. Darin erfüllt sie sich. Es ist ein Irrtum zu glauben, dass es die Konsumenten sind, die den Hals aus Untugend nicht vollkriegen. Seit der Menschwerdung waren Hunger und Elend an der Tagesordnung, deswegen schmecken uns die ungesunden Chips auch so exzellent. Wir können kaum anders, als zu schlemmen. Das wird ausgenutzt, damit werden Geschäfte gemacht. 80 Prozent Fett und 20 Prozent Zucker, schon können wir nicht mehr widerstehen. Deswegen müssen wir die Natur politisch und nicht durch Appelle an die Konsumenten schützen. Wir müssen einsehen, dass wir alle letztlich arme Würstchen sind, die ihren Lastern erliegen. Schauen wir uns um in der Welt, mit dem moralisch Fragwürdigen wie Fast Food, Fast Fashion, Sexismus, Provokation, Chauvinismus und Beleidigungen lässt sich nicht nur sehr gut Geld verdienen, sondern es lassen sich auch Wahlen gewinnen. Die liberale Demokratie ist bedroht von einer einseitigen Interpretation als kapitalistische Gesellschaft, in der der Irrtum vorherrscht, dass technischer Fortschritt und die Märkte die Welt schon in Ordnung bringen werden. Dabei ist offensichtlich, dass uns das Marktgeschehen ans Ende der Rohstoffe und in die Plastik- und Klimakatastrophe führen wird, und das unabhängig davon, dass uns dies beim Siege des Sozialismus im großen Wettbewerb der Ideologien ebenfalls geblüht hätte.

Es ist mitnichten so, dass die Ware im Mittelalter demselben Zweck huldigte wie heute im Spätkapitalismus. Die Ware war damals ein Symbol für Standesunterschiede. Die Zünfte legten eine Höchstmenge für die Herstellung fest und die Preise sollten den Ständen die ihnen zustehenden Waren zuführen. Es war eine starre Welt, in der nichts durcheinanderkommen sollte. Und Innovation und Wachstum bringen so einiges durcheinander. Doch dann kam nach einer Zeit der industriellen Ausbeutung, nach zahlreichen großen und kleinen Kämpfen zwischen Unternehmern und Arbeiterschaft die Massengesellschaft mit ihrem Massenkonsum, mit ihren Versprechungen und Verheißungen an die Zukunft. Der Kapitalismus ruft uns ständig »Alles wird gut!« zu und wir glauben das nur allzu gern. Doch das Gute entpuppt sich zu oft als Schlechtes. Das Gegenteil von gut ist gut gemeint. Das Automobil sollte unsere Städte sauberer machen. Dort dampften allzu viele Pferdeäpfel vor sich hin. Nun stellen wir fest, dass wir durch unsere Rennsemmeln die Städte dreckiger statt sauberer gemacht haben, unter anderem durch den Reifenabrieb, durch den Mikroplastik in die Umwelt emittiert wird. Genauso wie heute die Bürsten an den Kehrmaschinen den Müll nur an einen anderen Ort bringen und Mikroplastik in unseren Straßen hinterlassen. Es sieht nur sauberer aus, die Müllmenge insgesamt hat sich erhöht. Unsere Vorstellung von Sauberkeit durch Kunststoffbürsten und -borsten oder Fliesenradierer ist ein Irrtum, beruhend auf unseren wahnsinnig schlechten Sinnesorganen. Wie viel müssten wir putzen, würden wir noch besser sehen? Oder würden wir dann einfach beim Putzen weniger Dreck machen?

Die Entwicklung zu zivilisiertem Wohlstand, zumindest in Mitteleuropa und in den Vereinigten Staaten von Amerika, klingt wie eine Erfolgsgeschichte und sie ist es auch. Ich sitze hier vor einem tollen Plastik-Notebook und tippe diese Zeilen. Welche Wonne! Kein Tier musste für die Herstellung der Plastiktasten, auf die ich gerade hämmere, sterben. Ich habe eine vegane Tastatur. Das ist doch ökologisch, oder doch nicht? Wäre es nicht ökologischer, eine Metallschreibmaschine zu nutzen, die keinen Strom benötigt? Sollen wir zurück in die Steinzeit? Geht das überhaupt? Wollen wir wieder an Blinddarmentzündungen sterben? Rückschritt als Fortschritt zu verkaufen, ist auch ein Irrtum. Ein Zurück der Natur kann es nicht geben. Die Büchse der Pandora lässt sich zwar wieder verschließen, aber die Geister daraus sind nicht wieder einzufangen. Und die Geister brachten eine verlängerte Lebenserwartung, verbannten Hungersnöte aus Europa und machten eine Demokratisierung des Konsums möglich.

Es wohnen, ach!, zwei Seelen in meiner Brust. Ich möchte, dass es den Menschen gut geht, dass sie sich erfreuen an ihrem neuen fetten Jeep Grand Cherokee, ihrer Körperfettwaage aus Plastik, an den sinnlosen Superfood-Produkten aus dem Supermarkt und daran, wie sie auf ihren Kunststoffskiern die Alpenberge hinuntersausen und beim Après-Ski dann zu schrecklicher Musik alle Hemmungen fallen lassen. Mir gefällt, dass die Medizin Fortschritte gemacht hat, auch durch Erzeugnisse aus Kunststoffen. Mir gefällt es doch, dass es heute weltweit statistisch wahrscheinlicher ist, an den Folgen von Fettleibigkeit zu sterben als an Hunger. Das ist alles so wunderbar – und doch allzu schön, um wahr zu sein. Niemand spricht es deutlich aus, aber Umwelt- und Klimaschutz wird uns an Möglichkeiten ärmer machen. Die Schere – so sagen ja viele – zwischen armen und reichen Menschen geht auseinander. Nicht überall gleich und die Schwellenländer holen rasant auf. Trotzdem steigt die Zahl der Dollar-Milliardäre – sie hat sich weltweit von 2010 bis 2018 nahezu verdoppelt – als auch die Zahl der Rentner, die ihre Lebensmittel von der Tafel holen müssen. Zwischen 2018 und 2019 stieg die Zahl der älteren Menschen in Deutschland, die über ihre Rente ihre Ernährung nicht mehr anders finanzieren können, um 20 Prozent an, gibt laut Informationen der *Süddeutschen Zeitung* Jochen Brühl, der Vorsitzende des Bundesverbandes der deutschen Tafeln, zu Protokoll.

Und es sind nicht nur die bösen Kapitalisten, die solche Entwicklungen befeuern. Es ist auch die Politik, die unser Handeln lenken will, in manchen Fällen zu unserem Besten, auch wenn das den Verbrauchern nicht immer gleich klar wird. Was würde denn eine Plastiksteuer in einer anhand von Einkommensunterschieden geschichteten Gesellschaft bedeuten? Sie würde bedeuten, dass an einer kaum zu bestimmenden Grenze zwischen den Einkommensstufen jemand weniger Material besitzen darf als ein anderer, der ein höheres Einkommen hat und den es nicht zu stören scheint, dass diesen Mehrbetrag nun der Staat bekommt. So werden durch staatliche Lenkung Menschen vom Konsum bestimmter Produkte ausgeschlossen. Erhöht man zum Beispiel die Kerosinsteuer und Fliegen wird deswegen teurer, dann werden einige Menschen von der Lust ausgeschlossen, Plastikmüll auf dem Mount Everest zu verteilen. Den Milliardären ist das aber nahezu egal. Vielleicht freut es die Reichen sogar, leichter an Exklusivität ranzukommen.

Leider wird mir aber gleichzeitig zunehmend klar, dass Exklusion der einzig gangbare Weg unter den spätkapitalistischen Verhältnissen ist, um diesen Planeten auch für nachfolgende Generationen bewohnbar zu halten. Will man beispielsweise die Alpen schützen, so gilt es, weniger Menschen in die bayerischen, österreichischen und italienischen Berge zu lassen. Es gilt, Kreuzfahrten derart zu verteuern, dass Bürokaufleute, also Menschen aus der soliden Mittelschicht, nicht auf die Idee kommen, mehr als eine Fähre zu nutzen. Dasselbe gilt für Kunststoffe mit keinem oder nur geringem Nutzen. Die soll entweder gar keiner mehr erwerben und anschließend in die Umwelt emittieren dürfen oder nur noch ganz wenige Menschen. Sozialdemokratisch ist dieser Gedanke sicherlich nicht, aber mit Aufklärung – also mit Broschüren, Websites, YouTube-Videos, Demonstrationen, Schulstreiks, Fernsehdokumentationen und langen und oft auch langweiligen Sonntagsreden und Büchern wie dem hier vorliegenden – haben wir es lange genug versucht. Es half einfach nichts. Es geht nicht um Wissen. Eine Person irgendwo in Afrika, die leider weder lesen noch schreiben kann und sich mehr um das Essen für morgen sorgt als um die richtige Auswahl eines Weichspülers, lebt nachhaltiger als jeder westliche Umweltaktivist, der allein durch seine Geburt im globalen Norden mit der dort vorhandenen Infrastruktur die Welt für den Menschen zu einem gefährlicheren Ort gemacht hat. Die Infrastruktur verschafft lokal begrenzte Sicherheit, aber gleichzeitig globale Unsicherheit für Mensch und Tier. Die von mir erdachte Person in Afrika oder von mir aus in einer Favela, die lebt nachhaltig, ohne einen Begriff von Sustainability zu haben, ohne vom Klimawandel und dem Plastikproblem auf den Weltmeeren zu wissen. Gleichzeitig wird diese Person aber mit hoher Wahrscheinlichkeit auch weniger Möglichkeiten haben, sich der Veränderung des Planeten – sei es durch die Plastikemissionen oder durch den Klimawandel – anzupassen. Sie besitzt nicht die Möglichkeit, sich eine Klimaanlage zu kaufen, wenn es zu warm wird. Wir reichen Deutschen werden das aber tun. Wenn noch einige heiße Sommer ins Land gehen, werden wir uns anpusten lassen, vom kalten Windstoß der Mitsubishi-Klimaanlage.

Der Wohlstand, das gute, schöne Leben ist das Problem. Die Klimaanlage braucht Strom, und Strom bedeutet CO_2-Emissionen, auch wenn es sich um grünen Strom handelt. Denn auch ein Windrad muss ja gebaut, erhalten und irgendwann entsorgt werden. Besäßen nur die oberen Zehntausend Gegenstände, die Mikroplastik emittieren, dann hätten wir kein Plastikproblem. Aber wollen wir so eine Welt, in der nur die Reichen Spaß an Tamagotchi, SUV, Allwetterfunktionskleidung und Co. haben? Die Anhänger einer Postwachstumsgesellschaft glauben daran, dass das eine schöne neue Welt sein könnte, entschleunigt und mit einer Rückbesinnung auf das, was wirklich zählt. Ich glaube nicht daran. Diejenigen, die freiwillig auf all den Luxus verzichten, haben eine Fallback-Option. Sie wissen, sie könnten auch anders. Sie sind Helden, weil sie ein Opfer bringen. Doch was ist mit den zahlreichen Antihelden, von denen es in der Regel mehr gibt; die vom IKEA-Schrank träumen, vom Sommer auf Malle, vom Eigenheim mit Steingarten vorm Haus, von einem Kombi mit moderner Dieseltechnologie, in den sie die Kunststoffprodukte aus dem Baumarkt laden können? Von denen gibt es wesentlich mehr Menschen, nicht nur in der westlichen Welt. Haben wir Zeiten eines Wirtschaftswachstums, dann holen sich die Menschen ihr Stück vom Glück; sie gehen in die Innenstädte oder auf Onlineportale und kaufen ein. Und dann haben wir eben als Nebeneffekt Mikroplastik im Bier, Laysanalbatrosse, die verhungern, weil ihre Mägen voller Plastikspielzeug sind, die Rastplätze auf den Autobahnen sind vollgemüllt, und in Afrika zünden Kinder und Jugendliche unsere alten Elektrogeräte an, um den Werkstoff Kupfer wieder dem Markt zuzuführen, in dessen Strukturen das Kupfer dann wieder mit Kunststoffen ummantelt wird.

Eine weltweite Rezession wäre dagegen gut für Umwelt, Klima, jedoch nicht für den Wohlstand, jedenfalls nicht für den Wohlstand der Mehrheit. Wenn Finanzmärkte zusammenbrechen und in der Folge Massenarbeitslosigkeit herrscht, dann erholt sich die Natur. Der Anblick von Zeltstädten, wie sie sich nach Zusammenbruch der Investmentbank Lehman Brothers bildeten, macht jedoch traurig. Natürlich ist jeder mitfühlende Mensch der Ansicht, dass die Welt nicht so sein sollte. Dass es so nicht gerecht ist. Aber so sieht eine Postwachstumsgesellschaft unter kapitalistischen Vorzeichen real aus. 2008 brach das Wachstum nahezu weltweit ein. Die Kaufkraft schwand. Es gab Kurzarbeit, Entlassungen, Armut. Die Weltwirtschaft hat sich in relativ kurzer Zeit relativ gut erholt. Damit endete abrupt die Erholungsphase der Natur, der Lebensgrundlage von uns allen, die sich nach über 250 Jahren Industrialisierung eine etwas längere Verschnaufpause verdient hätte. Wir freuen uns aber. Der Sohnemann bekommt eine Lehrstelle, der eigene Arbeitsplatz ist sicher, wir kaufen einen Thermomix und suchen online nach einer schicken Badehose für den Urlaub auf den Malediven oder auf Bali. Wir sorgen vor für das Alter mit dem Geld, überlassen es einem Fonds, auf dass das Geld sich vermehre. Doch wir unterliegen einem Irrtum, wir sorgen gar nicht vor, wir entfesseln die destruktive Kraft des Kapitals, dass sich durch die Natur frisst, den Planeten erhitzt und Kunststoffe produziert, jedes Jahr mehr, denn auch die Kunststoffindustrie will wachsen, muss wachsen, um die Investitionsschulden samt Zinsen zurückzahlen zu können.

Es ist so traurig, aber genauso wahr: Armut könnte die Bewohnbarkeit dieses Planeten retten. Die gute Nachricht in dieser Hinsicht ist aber, dass die Armut sowieso eintreten wird. Wir sollten sie dennoch vorverlegen, denn heute können wir sie noch demokratisch konzipieren, planen, organisieren und durchführen. Die Rechnung ist simpel: Auf einem Planeten mit endlichen Ressourcen kann es kein unendliches Wachstum geben. Das ist keine Meinung, sondern zwingende Logik. Holen wir alles Erdöl und Erdgas aus dem Boden und verbrennen es, wird es zu Verwerfungen in unserer Umwelt kommen, die so teure Anpassungsmaßnahmen erfordern, dass das Wachstum zwangsläufig gehemmt wird. Die Folgen sind Rezession und Depression, Massenentlassungen und ein Rückgang des Materials, das sich die Menschen verfügbar machen können. Selbst wenn die Umweltveränderungen nicht so gravierend ausfallen werden, wie die Wissenschaft das heute annimmt, stehen wir immer noch vor dem Problem, dass die Rohstoffe – darunter Lithium und zum Bau von Häusern brauchbarer Sand – ausgehen werden, was ebenfalls in eine Wirtschaftskrise münden wird. Dann gewinnt die erst so unwichtig erscheinende Ware in dem Spiel, in welchem aus Geld einfach nur mehr Geld generiert werden soll, wieder an Bedeutung. Gehen wir die Problematik anders an und verteuern die Rohstoffe so sehr, dass weite Teile der Bevölkerung sich diese nicht mehr leisten können, dann wird das ebenfalls zu einer Wirtschaftskrise führen und mehr als Zeit ist damit wahrscheinlich auch nicht gewonnen.

Wieso handeln wir nicht gemäß unserem Wissensstand? Warum kaufen wir Coffee-to-go-Becher und bestellen Beleuchtungen für die Innenseite der Toilette bei einem Händler mit sinnlosen Buchstabenkombinationen als Firmenname auf Amazon.de aus China? Wie der Philosoph Slavoj Žižek bereits 2009 angemerkt hat, wissen wir um all die Umweltkrisen, aber wir glauben nicht an sie. Ich habe mit Klimawissenschaftlern gesprochen, die die Zukunft der Menschheit in dunkelsten Farben malen, aber eine halbe Stunde über Altersvorsorge und langfristige Kapitalanlagen sprechen. Gerade noch ging in ihrem Vortrag die Welt im Jahr 2050 halb unter, und dann wollen diese Menschen in dieser Zukunft noch Gewinne von ihrem angelegten Geld haben, um in ihrem blühenden Garten dicke Wälzer lesen und schreiben zu können. Allein, hier fehlt der Glaube an die eigenen Worte. Das kann man immer daran ablesen, wie sehr Menschen das, was sie sagen, auf ihr eigenes Leben projizieren. Dabei sollte man sich jedoch nicht ansehen, wie tugendhaft die Menschen sind, wie sehr sie sich anstrengen, klimaneutral und plastikarm zu leben. Besser, man fragt sie nach ihrer Lebensplanung. Dann erkennt man, dass sie selbst nicht daran glauben. Vielleicht möchten sie einfach einem Trend folgen, um zu gefallen, um ihrem Freundeskreis zu imponieren, wenn sie mit ihren Lastenfahrrädern den Bürgersteig vor dem Unverpackt-Laden versperren. Dann kann es sein, dass sie bald auch ein anderer Trend abholen kommen könnte.

Ich bin überzeugt davon, dass Nachhaltigkeit, Verzicht, die Suche nach dem einfachen Leben, Lebensmittelunverträglichkeiten, insgesamt der angebliche Megatrend »Neoökologie« (Zukunftsinstitut) in gleichem Maße abnimmt, wie die Verfügbarkeit von Material abnimmt. Werden wieder Besitztum und die Völlerei zur Heldentat, dann wird es schwer, sich als Abstinenzler profilieren zu können. Die Menschheit wird den Planeten weiterhin zumüllen, sei es mit dem hohen Ausstoß von Methan auf dem Oktoberfest in München, mit sinnlosen Giveaways aus Plastik oder aber auch mit Kohlendioxid durch Individualverkehr. Jeder, der anders zu leben versucht, hat meinen größten Respekt, ich glaube nur nicht, dass wir etwas ändern können, solange die kapitalistische Wirtschaft an Wachstumssucht krankt. Solange uns die Industrie mit Einfachzucker, Salz und Werbung in die Fettsucht treibt und das schöne, gute Leben uns lockt, wird das nichts mit der Nachhaltigkeit und mit der Einsparung von Kunststoffen. Man muss es uns schon verbieten. Auf Einsicht zu setzen, ist ein großer Irrtum. Verbote sind der Preis, den wir für den sagenhaften Aufstieg der Kunststoffe bezahlen müssen. Bleiben wir diese Forderung schuldig, machen wir neben der Klimakrise und dem Ende natürlicher Ressourcen eine weitere Front auf und begeben uns noch tiefer in einen Krieg gegen die Natur, den wir nur verlieren können.

Zeittafel Plastik

1530: Wolfgang Seidel beschreibt die Herstellung von Kunsthorn aus dem Grundstoff Milcheiweiß (Kasein)

1770: Joseph Priestley stellt einen Radiergummi aus Naturkautschuk vor

1819: Thomas Hancock beschichtet zum ersten Mal maschinell Naturkautschuk

1823: Charles MacIntosh entwickelt Regenmäntel aus Baumwolle mit einer Schutzschicht aus Kautschuk

1826: Otto Unverdorben entwickelt mittels Kaltdestillation Anilin, dieser Stoff spielt eine entscheidende Rolle bei diversen Farb- und Kunststoffen; die BASF integriert den Stoff Anilin sogar in ihren Unternehmensnamen: Badische Anilin- und Sodafabrik (Anilin)

1828: Friedrich Wöhler stellt Harnstoff her; Harnstoff wird als Stickstoffdünger eingesetzt und spielt heutzutage eine wichtige Rolle in der chemischen Industrie, zum Beispiel bei Harnstoffharzen, die als Klebstoff bei der Imprägnierung und Isolierung verwendet werden

1839: Charles Goodyear mischt Kautschuk und Schwefel, mittels Hitzezuführung entsteht Gummi

1844: Thomas Hancock bekommt ein Patent für die Erfindung von Gummi

Frederic Walton erfindet Linoleum, immer noch ein gängiger Bodenbelag

1846: Christian Friedrich Schönbein gewinnt durch die Anreicherung von Baumwolle mit Salpetersäure Zellulosenitrat oder umgangssprachlich Schießbaumwolle; diese wurde für die Herstellung der Kunstseide »Chardonnet-Seide« verwendet, heutzutage wird das Zellulosenitrat für Feuerwerke verwendet

Der kautschukähnliche Stoff Guttapercha wird zum Isolieren von Telegrafendrähten eingesetzt

1850: Charles Goodyear erfindet Hartgummi (mithilfe von Schwefel erhärteter Naturkautschuk); dieser wurde für Schmuck, Tabakpfeifen und Telefone verwendet

1853: Charles Goodyear produziert in großem Stil Hartgummi

1856: Samuel Peck und Alfred Critchlow erfinden Schellack, einen Stoff, der als Beschichtung von Schallplatten verwendet wurde, ebenso zur Politur, als Siegellack für Briefkuverts, heutzutage verwendet man ihn bei der Pflege von Möbeln, als Überzug bei Süßigkeiten, für Nagellack und Haarlack, zum Tätowieren, zur Herstellung von Zeichentusche, in der Zahntechnik

1860: Die Firma Phelan & Collander, eine Firma, die Billardkugeln produziert, bietet bei einer Ausschreibung für die Entwicklung eines Ersatzstoffes für Elfenbein einen Preis von 10 000 Dollar; John Wesley Hyatt bewirbt sich mit Billardkugeln aus Zellulosenitrat, sein Produkt kann zwar nicht überzeugen, dennoch gilt er als erster Produzent von Kunststoff überhaupt

1862: Auf der Weltausstellung in London stellt Alexander Parkes das nach ihm benannte Parkesine, einen Urahn unseres heutigen Plastiks, vor und wird dafür prämiert; für die Massenproduktion war dieses Produkt jedoch zu kostenintensiv

1869: John Wesley Hyatt stellt den Kunststoff Zelluloid her, ab 1872 wurde er im großen Stil produziert

1872: Hyatt entwickelt die erste Spritzgussmaschine, um Formen aus Zelluloid herzustellen; noch heute werden Tischtennisbälle aus Zelluloid hergestellt, zudem findet es Verwendung bei Schießpulver, Raketentreibstoffen, Feuerwerk, Sprühpflaster

1873: Kämme aus Hartgummi kommen auf den deutschen Markt

1877: Otto und Gustav Lilienthal stellen Kunststein aus Kasein her, ein paar Jahre später auch mit Leinöl

1880: Zelluloid wird bei den Rheinischen Gummi- und Celluloid-Fabriken (RGCF) produziert

1884: George Eastman erfindet den fotografischen Film aus Nitrozellulose

1889: Hilaire Bernigaud Graf von Chardonnet de Grange zeigt auf der Weltausstellung das erste Reyon-Spinnverfahren mit »Chardonnet-Seide«

1892: Charles Frederick Cross, Edward John Bevan und Clayton Beadle stellen aus mit Natron behandelter Zellulose und Schwefelkohlenstoff Viskose her, aus dem später Kunstseide/Reyon gewonnen wird, seit 1924 auch Rayon

1893: Kämme aus Zelluloid kommen auf den deutschen Markt

1896: Die ersten Puppen aus Zelluloid kommen auf den deutschen Markt

1897: Der Stoff Galalith wird aus Kasein und Formaldehyd hergestellt; Galalith ahmt Horn nach, noch immer ist es ein oft verwendeter Grundstoff bei der Fertigung von Knöpfen, Anstecknadeln, Spielzeugen, Griffen

1898: Hans von Pechmann stellt Polyethylen her

1900: Frederic Stanley Kipping entwickelt Silikon, erst 1942 wird Silikon industriell hergestellt

Der Stoff Zelluloid wird vor allem als Trägermaterial beim Film eingesetzt

1904: Kasein wird für die technische Produktion eingesetzt

1905: Jacques Edwin Brandenberger stellt Zellophan her, später entwickelt er die Zellophanfolie aus Viskose, auch heutzutage noch ein wichtiger Begleiter in der Küche

1907: Leo Hendrik Baekeland entwickelt Bakelit, den ersten völlig künstlichen Kunststoff; dieser wurde vor allem für Schmuck, bei der Fertigung von Autos und Flugzeugen verwendet

1908: Arthur Eichengrün entwickelt aus Zelluloseacetat den Kunststoff Zellon

1909: Fritz Hofmann entwickelt den ersten synthetischen Kautschuk, Butadien, ein Gemisch aus Kalk und Kohle

1910: Die Bakelite-Gesellschaft produziert im großen Stil Bakelite; auch heutzutage ein wichtiger Stoff, da er hitzebeständig und deswegen vielseitig einsetzbar ist

Ernst Richard Escales spricht zum ersten Mal von Kunststoff

1912: Fritz Klatte stellt Anwendungen für Polyvinylchlorid (PVC oder umgangssprachlich Vinyl) vor; PVC wurde im 2. Weltkrieg wichtig, da die Kabel auf Militärschiffen damit isoliert wurden

Billardkugeln aus Bakelit werden in den USA hergestellt

1920er: Coco Chanel bringt Schmuck aus Bakelit auf den Markt

1926: Eckert & Ziegler stellt eine serientaugliche Spritzgussmaschine für Körper aus Plastik her

1928: Polyvinylchlorid wird im großen Stil produziert

1929: Die Firma Bayer produziert Alkadyl, ein synthetisches Polyesterharz

1931: Wallace Hume Carothers erfindet Neopren

1932: Die Firma Röhm & Haas produziert Plexiglas, ein großer Erfolg und ein günstiger Ersatz für Glas

1935: Wallace Carothers erfindet Polyamid/Nylon

1938: Die Produktion von Nylon wird aufgenommen, es wird zum Beispiel für die Borsten von Zahnbürsten verwendet

Polystyrol erobert den Markt; Polystyrol wird zur Wärmedämmung eingesetzt, auch Joghurtbecher, Schaumstoffschalen bestehen aus Polystyrol, in der Elektrotechnik greift man ebenso auf Polystyrol zurück, da es gut isoliert

Roy Plunkett erfindet Teflon, einen Stoff, der zum Beispiel für die Beschichtung von Pfannen eingesetzt wird

1940: Die erste Charge Nylonstrümpfe wird beim Nylonday in den USA verkauft, bereits im ersten Jahr wird ein Rekordumsatz erwirtschaftet

1941: John Rex Whinfield und James Tennant Dickson entwickeln Polyethylenterephthalat (PET), immer noch das vorherrschende Material für Kunststoffflaschen, Folien und Textilfasern

1942: Nylon findet Verwendung für Fallschirme und bei der militärischen Ausrüstung, in den Nachkriegsjahren stehen Nylonstrümpfe für Wohlstand und wirtschaftlichen Aufschwung

Harry Coover entwickelt den Sekundenkleber (Methylcanoacrylat)

1948: Acrylnitril-Butadien-Styrol-Copolymer (ABS) wird entwickelt, ein Plastik, das auch heutzutage noch in Lego, in Instrumenten, beim Auto- und Rohrbau Verwendung findet

1949: Fritz Stastny stellt Styropor her, auch heutzutage für Isolierung und Verpackungen verwendet

1950: Die amerikanische Firma DuPont stellt Polyester her, Polyester wird im Textilbereich verwendet, vor allem für Vliesstoffe und Mikrofasern, für Folien, ebenso für fotografische Filme als Trägermaterial

1950er: Immer mehr Kunststoffe werden immer günstiger produziert

1953: Daniel Fox stellt Lexan/Polycarbonat her, einen sehr widerstandsfähigen Kunststoff, der heutzutage beispielsweise in iPods verwendet wird oder bei CDs, DVDs und Blue-rays, ebenso bei Brillengläsern und optischen Linsen, Koffern, Solarpanelen, Helmen, Campinggeschirr

1954: Guilio Natta entwickelt Polypropylen, es kommt noch heutzutage bei Verpackungen, Kindersitzen und Rohren zum Einsatz

1958: Polyacetal kommt auf den Markt, es findet vor allem Verwendung für belastbare Maschinenstücke

1959: Verner Panton stellt einen Stuhl aus Acrylester-Styrol-Acrylnitril (ASA) aus einem Guss her, dies ist der Anfang der Pop-Art im Bereich des Möbeldesigns

1960: Erdöl hat hohen Stellenwert in der Kunststoffindustrie

Plastikflaschen verdrängen in den 60er-Jahren immer mehr die Glasflaschen

1962:	Polymide finden auch außerhalb der Textilindustrie Einsatz
1965:	Stephanie Kwolek stellt Kevlar her, ein leichtes und widerstandsfähiges Plastik, das für schusssichere Kleidung beim Militär und bei der Polizei verwendet wird
1982:	Ultem, ein Polyetherimid, wird produziert; dieser hochwertige Kunststoff findet Einsatz in der Elektronik und dem Flugzeugbau
1983:	Zum ersten Mal wird mehr Kunststoff als Stahl in Deutschland verbraucht
1987:	BASF stellt Polyacetylen her, das eine doppelt so hohe Leitfähigkeit wie Kupfer besitzt
	In Amerika wird die Stereolithografie für die Fertigung von Mustern verwendet
1988:	In Österreich kommen Geldscheine aus Polymeren in Umlauf
2000:	Alan Heeger, Alan MacDiarmid und Hideki Shirakawa erfinden elektrisch leitfähige Polymere
	Im Durchschnitt verbraucht ein Westeuropäer 92 Kilogramm Kunststoff, ein Bewohner der USA 130 Kilogramm, wohingegen im Mittleren Osten nur 8 Kilogramm pro Einwohner verbraucht werden
2015:	Jeder Deutsche produziert 220 Kilogramm Verpackungsmüll
2016:	Das deutsche Unternehmen Bayer entwickelt ein Verfahren, das es ermöglicht, mittels des Einsatzes von Kohlenstoffdioxid Erdöl bei der Herstellung von Kunststoff zu ersetzen
2018:	Nur knapp die Hälfte aller Kunststoffe werden in Deutschland recycelt, doch langsam findet ein Umdenken statt, immer mehr Glas- und Aluminiumverpackungen werden statt Kunststoffverpackungen verwendet
2019:	Seit 1950 wurden über acht Milliarden Tonnen Plastik produziert

Literaturverzeichnis

Jedes Nachdenken steht auf den Schultern von Giganten, Riesen, Normalwüchsigen und Zwergenarmeen. Daneben tritt die Auswertung zeitgenössischer Quellen. Das Buch basiert neben der hier angeführten Literatur und den hier folgend angegebenen Quellen auf einer Auswertung des Onlinearchivs des Wochenmagazins *DER SPIEGEL* seit seinem ersten Erscheinen und der Zeitschrift *Kunststoffe*, die 1911 zum ersten Mal erschienen ist.

Acton, Q. Ashton (2013): Issues in Women's Health and Women's Studies Research. 2013 Edition. Atlanta: Scholarly Edition.

Anderson, Benedict (2005): Die Erfindung der Nation. Zur Karriere eines erfolgreichen Konzepts. 2., um ein Nachw. erw. Aufl. der Neuausg. 1996. Frankfurt am Main/New York: Campus.

Anderson, John (1976): The tale of the Torrey Canyon. Dortmund: Lensing.

Bacon, Francis (1823): Exemplum tractatus de fontibus juris and other Latin pieces of Lord Bacon. Edinburgh: Waugh and Innes.

Baekeland, Leo H. (1909): Bakelite, ein neues synthetisches Harz. In: Chemiker-Zeitung, Bd. 33.

Baren, Maurice (1992): How it all began. The stories behind those famous names. Otley: Smith Settle Ltd.

Barthes, Roland (1964): Mythen des Alltags. Frankfurt am Main: Suhrkamp.

Bauer, Thomas (2018): Die Vereindeutigung der Welt. Über den Verlust an Mehrdeutigkeit und Vielfalt. Stuttgart: Reclam.

Behringer, Wolfgang (2007): Kulturgeschichte des Klimas. Von der Eiszeit bis zur globalen Erwärmung. München: C. H. Beck.

Bertling, Jürgen; Bertling, Ralf; Hamann, Lenadra (2018): Kunststoffe in der Umwelt: Mikro- und Makroplastik. Ursachen, Mengen, Umweltschicksale, Wirkungen, Lösungsansätze, Empfehlungen. Kurzfassung der Konsortialstudie. Abrufbar: https://www.umsicht.fraunhofer.de/content/dam/umsicht/de/dokumente/publikationen/2018/kunststoffe-id-umwelt-konsortialstudie-mikroplastik.pdf (zuletzt eingesehen am 05.01.2020).

Bertz , Eduard (1900): Philosophie des Fahrrads. Dresden: D. Reissner, S. 201.

Bijker, Wiebe E. (1997): Of Bicycles, Bakelites, and Bulbs: Toward a Theory of Sociotechnical Change. Cambridge: MIT.

Blätter für deutsche und internationale Politik (Hrsg.): Unsere letzte Chance. Der Reader zur Klimakrise. Berlin: editionBlätter, 2019.

Blesin, Julia-Maria; Jaspersen, Miriam; Möhring, Wiebke (2017): Boosting

Plastics' Image? Communicative Challenges of Innovative Bioplastics. In: e-plastory. Zeitschrift für Kunststoffgeschichte 2017.

Bonnet, Martin (2009): Kunststoffe in der Ingenieuranwendung: verstehen und zuverlässig auswählen. Wiesbaden: Vieweg und Teubner.

Bourdieu, Pierre (2018): Die feinen Unterschiede. Kritik der gesellschaftlichen Urteilskraft. 26. Auflage. Frankfurt am Main: Suhrkamp.

Bowden, Mary Ellen (1997): Chemical Achievers. The Human Face of the Chemical Sciences. Philadelphia: Chemical Heritage Foucation.

Braun, Dietrich (2017): Kleine Geschichte der Kunststoffe. 2. Auflage. München: Hanser.

Breithaupt, Fritz (2012): Kultur der Ausrede. Frankfurt am Main: Suhrkamp.

Breznitz, Shlomo (1984): Cry wolf: The psychology of false alarms. Englewood Hills. N. J.: Lawrence Erlbaum Associates.

Brunnengräber, Achim (2016): Problemfalle Endlager. Gesellschaftliche Herausforderungen im Umgang mit Atommüll. Baden-Baden: edition sigma.

Bühler, Peter; Schlaich, Patrick; Sinner, Dominik; Stauss, Andrea; Stauss, Thomas (2019): Produktdesign. Konzeption, Entwurf, Technologie. Berlin: Springer-Vieweg.

Bundesamt für Verbraucherschutz und Lebensmittelsicherheit (2019): Lebensmittelsicherheit 2018 in Deutschland. Pressekonferenz des BVL und der Bundesländer. Abrufbar: https://www.bvl.bund.de/SharedDocs/Downloads/08_PresseInfothek/Presseinformationen/lebensmittelueberwachung2018_praesentation.pdf?__blob=publicationFile&v=3 (zuletzt eingesehen am 28.12.2019).

Burckhardt, Lucius (1980): Design ist unsichtbar. Abrufbar: https://www.lucius-burckhardt.org/Deutsch/Texte/Lucius_Burckhardt.html#Design (zuletzt eingesehen am 28.12.2019).

Cieslik, Jürgen (1986): Das große Schildkröt-Buch. Celluloidpuppen von 1896 bis 1956. Jülich: Marianne Cieslik Verlag.

Collin, Gerd (2003): Zur Geschichte der Bakelit-Duroplaste. In: Klaus Krug und Dieter Wagner (Hrsg.): Zeitzeugenberichte V – Chemische Industrie. Tagung »Industriekreis« der Fachgruppe Geschichte der Chemie, 22. bis 23. August 2002 in Leverkusen. Frankfurt am Main: Brönners Druckerei.

Collin, Gerd (2007): Leo Hendrik Baekeland und das (die) Bakelite. Erknaer Hefte, Bd. 9. Fürstenwalde: format.

Collin, Lasse (o. J.): Evighetsmaskinen. Abrufbar: http://www.lassecollin.se/collinads/evighetsmaskinen.html (zuletzt eingesehen am 06.01.2020).

Darré, Walther (1942): Um Blut und Boden. Reden und Aufsätze. 5. Auflage. München: Eher.

Darwin, Charles (2013): Die Entstehung der Arten. Kommentierte und illustrierte Ausgabe, hrsg. von Paul Wrede und Saskia Wrede. Weinheim: VCH-Wiley.

Demoment, Auguste (1953): Le Comte de Chardonnet, Paris: Editons du Vieux Colombier.

Detering, Heinrich (2019): Was heißt hier »wir«? Zur Rhetorik der parlamentarischen Rechten. Stuttgart: Reclam.

Douglas, Mary (1989): Purity and danger. An analysis of the concepts of pollution and taboo. London: Ark Paperbacks.

Eichholtz, Dietrich (2003): Geschichte der deutschen Kriegswirtschaft 1939-1945. Bd. 1939 - 1941. München: K. G. Saur.

Erkekoglu, Pinar; Koçer-Gümüşel, Belma (Hrsg.) (2017): Bisphenol A. Exposure and Health Risks. Abrufbar: https://www.intechopen.com/books/bisphenol-a-exposure-and-health-risks (zuletzt eingesehen am 25.12.2019).

Fiell, Charlotte; Fiell, Peter (2009): Plastic Dreams. Synthetische Visionen im Design. Chipping Campden: Fiell Publishing.

Ford, Vicky (2017): Overcoming sexual problems. 2nd edition. A self-help guide using cognitive behavioural techniques. London: Robinson.

Fuhr, Lili; Buschmann, Rolf; Freund, Judith; Bund für Umwelt und Naturschutz Deutschland (BUND) (2019): Plastikatlas. Daten und Fakten über eine Welt voller Kunststoff. Abrufbar: https://www.boell.de/sites/default/files/2019-11/Plastikatlas_2019_3._Auflage.pdf?dimension1=ds_plastic_atlas. (zuletzt eingesehen am 05.01.2020).

Fukuyama, Francis (1992): Das Ende der Geschichte. Wo stehen wir? München: Kindler.

Fulcher, James (2004): Kapitalismus. 2. Auflage. Stuttgart: Reclam.

Gasch, Robert; Twele, Jochen (Hrsg.) (2016): Windkraftanlagen. Grundlagen, Entwurf, Planung und Betrieb. 9. aktualisierte Auflage. Wiesbaden: Springer.

Geyer, Roland; Jambeck, Jenna R.; Law Kara L. (2017): Production, use and fate of all plastics ever made. In: Science Advances, 19. Juli 2017, Bd. 3, Nr. 7. DOI: 10.1126/sciadv.1700782.

Goffman, Erving (2016): Wir alle spielen Theater. Die Selbstdarstellung im Alltag. 16. Auflage. München/Berlin: Piper.

Gordon, Eleanor; Nerenberg, Jean (1995): Every woman's Jewelry: Early Plastics and Equality in Fashion. In: Roach-Higgins, Mary-Ellen; Eicher, Joan B.; Johnson, Kim K. P. (Hrsg.): Dress and Identity New York: Fairchild Books.

Harbutt, William (1897): Harbutt's Plastic Method and the use of Plasticine in the Arts of Writing, Drawing & Modelling in Educational Work. London: Chapman and Hall.

Harbutt, William (1907): Figure Drawing. London: Chapman and Hall.

Hau, Erich (2014): Windkraftanlagen – Grundlagen, Technik, Einsatz, Wirtschaftlichkeit. 5. Auflage. Berlin/Heidelberg: Springer.

Höft, Lena (2014): Karl Aloys Schenzingers ›Anilin‹ als durchgesehene und ergänzte Neuauflage. In: Antos, Gerd; Bose, Ines; Bremer, Thomas; Hirschfeld, Ursula; Jäger, Andrea; Nell, Werner; Richter, Angela (Hrsg.): Reflexionen des Gesellschaftlichen in Sprache und Literatur. Hallesche Beiträge, Bd. 3. Publikation des Promotionsstudiengangs an der Internationalen Graduiertenakademie der Martin-Luther-Universität Halle-Wittenberg: Sprache – Literatur – Gesellschaft. Wechselbezüge und Relevanzbeziehungen vom 19. Jahrhundert bis zur Gegenwart. Abrufbar: http://www3.germanistik.uni-halle.de/massenphaenomene/texte/promotionsstudiengang/veroeffentlichungen/Lena_Hoeft_Schenzinger_04_12_2014.pdf (zuletzt eingesehen am 25.12.2019).

Hübner, Dietmar (2018): Einführung in die philosophische Ethik. 2. Auflage. Göttingen: Vandenhoeck & Ruprecht.

Janssen, Thijs (2017): Let's pretend – conservation of an early imitation tortoiseshell. In: e-plastory. Zeitschrift für Kunststoffgeschichte 2017.

Kealing, Bob (2008): Tupperware unsealed. Brownie Wise, Earl Tupper and the Home Party Pioneers. Gainesville: University Press.

Keun, Irmgard (1995): Das kunstseidene Mädchen. 5. Auflage. München: Deutscher Taschenbuch Verlag.

Kilian, Andreas (2015): BUNA-Werk Auschwitz. Die maßgeblichen Entscheidungsgründe der IG Farben für die Standortwahl Dwory-Monowitz. Hamburg: disserta-Verlag.

Kocher, Birgit (2010): Stoffeinträge in den Straßenseitenraum – Reifenabrieb. Berichte der Bundesanstalt für Straßenwesen. Verkehrstechnik, Heft V 188.

Kraemer, Klaus (2019): Geld als Institution. In: Mittelweg 36, 28. Jahrgang, Heft ¾, Juni 2019.

Kunststoff-Museums-Verein (2004): Die Kunststoff-Macher. Wanderausstellung des Kunststoff-Museums-Vereins Düsseldorf. Düsseldorf: Kunststoff-Museums-Verein.

Labrecque, Ellen (2017): Stephanie Kwolek and Bulletproof Material. Ann Arbor: Cherry Lake Publishing.

Latour, Bruno (2017): Die Hoffnung der Pandora. Untersuchungen zur Wirklichkeit der Wissenschaft. 6. Auflage. Frankfurt am Main: Suhrkamp.

Lattermann, Günter (2013): Was sind eigentlich Harze? In: e-plastory. Zeitschrift für Kunststoffgeschichte 2013, Nr. 2.

Lattermann, Günter (2017): Wer hat's erfunden? Adolf Spitteler und die Geschichte des Galaliths. In: Ferrum: Nachrichten aus der Eisenbibliothek, Stiftung der Georg Fischer AG. Bd. 89.

Leonhard, Jörn (2014): Die Büchse der Pandora. Geschichte des Ersten Weltkriegs. München: Beck.

Marx, Karl (o. J.): Das Kapital. Kritik der politischen Ökonomie. Ungekürzte Ausgabe nach der zweiten Auflage von 1872. Paderborn: Voltmedia.

Meadows, Donella H. (2016): Grenzen des Wachstums. Das 30-Jahre-Update. Signal zum Kurswechsel. Stuttgart: Hirzel.

Meikle, Jeffrey L. (1997): American Plastic. A cultural history. New Brunswick/New Jersey: Rutgers University Press.

Miodownik, Mark (o. J.): Plastic Fantastic. BBC-Podcast. Abrufbar: https://www.bbc.co.uk/programmes/b0b450ls/episodes/player (zuletzt eingesehen am 25.12.2019).

Morris, Peter J. T. (1989): Polymer Pioneers. A popular history of the science and technology of large molecules. University of Pennsylvania Press.

Nolte, Peter (1999): Ein Leben für die Chemie. 200 Jahre Christian Friedrich Schönbein. 1799–1999. Metzinger Heimatblätter, Bd. 5. Metzingen: Stadt Metzingen und VHS-Arbeitskreis Stadtgeschichte.

Parsons, J. L. (1925): Count Hilaire de Chardonnet, Scientist and Inventor. In: Industrial and Engineering Chemistry, Ausgabe 17.

Reckwitz, Andreas (2019): Das Ende der Illusionen. Politik, Ökonomie und Kultur in der Spätmoderne. Frankfurt am Main: Suhrkamp.

Remarque, Erich M. (2008): Im Westen nichts Neues. 28. Auflage. Köln: Kiepenheuer und Witsch.

Rosa, Hartmut (2005): Beschleunigung. Die Veränderung der Zeitstrukturen in der Moderne. Frankfurt am Main: Suhrkamp.

Schellnhuber, Hans-Joachim (2015): Selbstverbrennung. Die fatale Dreiecksbeziehung zwischen Klima, Mensch und Kohlenstoff. München: Random House.

Schenzinger, Karl-Aloys (1973): Anilin. Roman eines Farbstoffes. München: Heyne.

Schmidt-Bachem, Heinz (2001): Tüten, Beutel und Tragetaschen. Zur Geschichte der Papier, Pappe und Folien verarbeitenden Industrie in Deutschland. Münster/New York/München/Berlin: Waxmann.

Schmidt-Bachem, Heinz (2011): Aus Papier: Eine Kultur- und Wirtschaftsgeschichte der Papier verarbeitenden Industrie in Deutschland. Berlin/Boston: De Gruyter Saur.

Schnitzlein, Georg (1981): Wolfgang Seidel - ein bayerischer Benediktinerpater im 16. Jahrhundert. In: Deutsches Museum (Hrsg.): Kultur und Technik, Heft 1. 5. Jahrgang 1981.

Schulz, Günther (2000): Die Angestellten seit dem 19. Jahrhundert. München: Oldenbourg.

Schulze, Gerhard (1992): Die Erlebnisgesellschaft. Kultursoziologie der Gegenwart. Frankfurt am Main/New York: Campus.

Schumpeter, Joseph A. (2018): Kapitalismus, Sozialismus und Demokratie. 9. Auflage. Tübingen: A. Francke.

Schwedt, Georg (2013): Plastisch, elastisch, fantastisch. Ohne Kunststoffe geht es nicht. Weinheim: Wiley.

Segelod, Exbjörn (1995): Renewal Through Internal Development. Aldershot: Avebury.

Spiegelman, Art; Kidd, Chip (2001): Jack Cole and Plastic Man. Forms stretched to their limits. San Francisco: Chronicle Books.

Stark, Christian (1931): Die Kollodiumwolle. Ihre Herstellung z. Verwendg f. Zelluloid, Kunstleder, Nitroseide ... Berlin: Krayn.

Stewart, Gail B. (2008): Stephanie Kwolek. Creator of Kevlar. Farmington Hills: Greenhaven Press.

Sudrow, Anne (2010): Der Schuh im Nationalsozialismus. Eine Produktgeschichte im deutsch-britisch-amerikanischen Vergleich. Göttingen: Wallstein.

Thompson, Richard C. et al. (2004): Lost at sea. Where is all the plastic? Abrufbar: https://www.researchgate.net/profile/Steven_Rowland/publication/8575062_Lost_at_Sea_Where_Is_All_the_Plastic/links/0fcfd51001f3893f44000000/Lost-at-Sea-Where-Is-All-the-Plastic.pdf (zuletzt eingesehen am 05.01.2020).

Tschimmel, Udo (1989): Die Zehntausend-Dollar-Idee. Kunststoffgeschichte vom Zelluloid zum Superchip. Düsseldorf: Econ-Verlag.

Türk, Oliver (2013): Stoffliche Nutzung nachwachsender Rohstoffe. Grundlagen - Werkstoffe - Anwendungen. Wiesbaden: Springer Vieweg.

Weaver, Rebecca (1994): Home Entertainment. Oxford: University Press.

Wilhem, Donald (1981): Creative Alternatives to communism. Guidelines for the future. New York: Irvington Publishers.

Wilts, Henning; Gries, Nadja von; Rademacher, Bettina; Peters, Yuuki (2015): Einsparpotentiale beim Kunststoffeinsatz durch Industrie, Handel und Haushalte in Deutschland. Studie im Auftrag der NABU Bundesgeschäftsstelle. Abrufbar: https://epub.wupperinst.org/frontdoor/deliver/index/docId/5866/file/5866_Kunststoffeinsatz.pdf (zuletzt eingesehen am 05.01.2020).

Wyckoff, Edwin B. (2008): Stopping Bullets with a Thread. Stephanie Kwolek and her incredible Invention. Berkerly Heights: Enslow Elementary.

Žižek, Slavoj (2009): Auf verlorenem Posten. Frankfurt am Main: Suhrkamp.

Zollig, Peter (2005): Deutsche Geschichte. Von 1871 bis zur Gegenwart. München/Wien: Carl Hanser.

Über den Autor

Stefan Schweiger hat Politikwissenschaft, Volkskunde und Neuere und Neueste Geschichte studiert. Als wissenschaftlicher Mitarbeiter war er am Kulturwissenschaftlichen Institut Essen an zahlreichen Projekten zu Nachhaltigkeit beteiligt. Aktuell beschäftigt er sich im Projekt »Plastikbudget«, gefördert vom Bundesministerium für Bildung und Forschung, an der Ruhr-Universität Bochum nicht nur mit der Kulturgeschichte von Kunststoffen, sondern widmet sich ebenso der Frage, wie Plastikeinträge in die Umwelt verringert werden können.